掌尚文化

SALUTE & DISCOVERY

致敬与发现

中国社会科学院创新工程学术出版资助项目

发展中的普惠金融：理论、实践与创新

Inclusive Finance in Development: Theory, Practice and Innovation

胡　滨　尹振涛　等/著

经济管理出版社
ECONOMY & MANAGEMENT PUBLISHING HOUSE

图书在版编目（CIP）数据

发展中的普惠金融：理论、实践与创新 / 胡滨等著 . —北京：经济管理出版社，2021.1
ISBN 978-7-5096-7700-1

Ⅰ . ①发…　Ⅱ . ①胡…　Ⅲ . ①金融事业—经济发展—研究—中国　Ⅳ . ① F832

中国版本图书馆 CIP 数据核字（2021）第 012884 号

组稿编辑：宋　娜
责任编辑：宋　娜　张馨予　张鹤溶
责任印制：黄章平
责任校对：陈　颖

出版发行：经济管理出版社
（北京市海淀区北蜂窝 8 号中雅大厦 A 座 11 层　100038）
网　　址：www.E-mp.com.cn
电　　话：（010）51915602
印　　刷：唐山昊达印刷有限公司
经　　销：新华书店
开　　本：710mm × 1000mm /16
印　　张：14.5
字　　数：232 千字
版　　次：2021 年 3 月第 1 版　　2021 年 3 月第 1 次印刷
书　　号：ISBN 978-7-5096-7700-1
定　　价：98.00 元

目 录

绪论　发展数字普惠金融，提高国家金融竞争力

一、全球普惠金融发展态势与格局

普惠金融（Inclusive Finance）始于20世纪70年代，主要采用微型金融概念，孟加拉国乡村银行利用社会压力和连带责任建立起了成功的小额贷款金融模式，成为孟加拉国第一大银行。进入21世纪，很多人开始提倡用“普惠金融”取代“微型金融”的概念，即从资助分散的微型金融机构和金融创新向建立包容性的金融体系转变。这种转变意味着金融服务外延和内涵都进一步扩大，更加重视金融服务的广度和深度。用“普惠金融”的概念取代“微型金融”，还意味着微型金融不再被边缘化，而是与更加广泛的金融体制融合，成为一个国家金融体制的一部分。为了消除金融歧视，让弱势群体享受更多金融服务，联合国于2005年正式提出了涵盖微型金融，并具有更广泛定义的“普惠金融”概念①，即以可负担的成本，有效、全方位地为所有社会成员提供金融服务。据世界银行的定义，“普惠金融”（Inclusive Finance）是指能够广泛获得金融服务且没有价格、非价格方面的障碍，能够为社会所有阶层和群体提供合理、便捷、安全的金融服务的一种金融体系。②普惠金融的内涵已从最初狭义的推广微型金融延伸到“建立一个惠及所有群体的金融

---

① 郭田勇，丁潇．普惠金融的国际比较研究——基于银行服务的视角［J］．国际金融研究，2015（2）：55-64.

② 李涛，徐翔，孙硕．普惠金融与经济增长［J］．金融研究，2016（4）：1-16.

服务体系”之上（Leeladhar，2006；Bebczuk，2008）。

从全球范围来看，普惠金融发展态势可以分为五种主要模式：一是为解决边远地区设立银行分支机构不便的问题，巴西、墨西哥等国探索出了代理银行模式，在缺乏银行分支机构的地区，商业银行与商场、邮局等商业实体达成协议，通过其商业网点为当地居民提供普惠金融服务；二是为解决支付汇款问题，肯尼亚探索出了移动支付模式，通过将金融应用集成到手机SIM卡，从而做到不需要下载移动应用程序即可获取普惠金融服务；三是为解决低收入群体和小微企业难以获得贷款问题，印度尼西亚和孟加拉国探索出了微型金融模式；四是为解决开设账户门槛过高问题，墨西哥、菲律宾等国探索出了简易账户模式，简化开设银行账户的要求与流程，降低或取消账户最低余额，减少账户管理费用；五是为解决缺乏身份证明文件问题，印度建立了生物识别身份系统模式，利用科技消除获取金融服务障碍问题。①

基于世界银行的金融包容专题调查数据（该项调查始于2011年，涉及全球148个经济体中的15万成年人，涵盖范围广泛），笔者对世界各经济体普惠金融发展差异的比较进行具体数据分析。全球包容性指数体系完善且具有代表性，所选样本可以比较好地反映世界大多数国家和地区普惠金融发展的最新状况，其统一化的口径也便于国际比较，可见，就全球范围内普惠金融发展而言，OECD发达国家发展程度最高，“金砖国家”（BRICS）发展程度较高于世界平均水平，而中国居于平均水平（见表0–1）。

表0–1　各项普惠金融发展指标的国际对比情况　（%）

经济体	OECD发达国家	金砖国家	中国	世界平均
正规金融机构账户拥有率	88.39	48.23	63.82	50.49
正规金融机构账户拥有率（农村）	87.16	44.23	58.02	44.13
ATM为主要取款方式	72.53	57.51	33.41	43.25
借记卡	68.71	32.97	41.02	30.40
信用卡	43.87	12.11	8.23	14.79

① 马绍刚，冯丝卉．普惠金融国际实践的主要模式比较［J］．上海金融，2018（1）：43–46.

续表

经济体	OECD 发达国家	金砖国家	中国	世界平均
手机支付比率		2.41	1.33	1.99
手机支付比率（农村）		1.89	0.48	1.38
来自金融机构的贷款比例	14.00	7.65	7.26	9.05

资料来源：World Bank Global Findex Database。

世界上很多国家都开始加快发展普惠金融，从国家层面制定普惠金融发展战略成为一种趋势。此外，G20、世界银行、货币基金组织（IMF）和各区域性发展银行等国际性组织都鼓励和推动各自的成员国在这方面做出实质性的进展。近年来，随着普惠金融在我国战略地位的凸显，我国国务院层面以及金融监管机构高度重视普惠金融发展，充分发挥宏观调控功能，多次出台政策措施完善普惠金融服务体系并上升到国家金融战略发展高度。2015 年 12 月 31 日，国务院印发了《推进普惠金融发展规划（2016~2020 年）》。该规划对于今后五年推进普惠金融发展具有全面的指导意义。中国人民银行于 2017 年 9 月印发了《关于对普惠金融实施定向降准的通知》。2018 年 6 月 25 日，中国人民银行、中国银保监会等五部门联合印发了《关于进一步深化小微企业金融服务的意见》。中国银监会于 2017 年 5 月印发了《了大中型商业银行设立普惠金融事业部实施方案》，推动大中型商业银行设立聚焦小微企业、“三农”、创业创新群体和脱贫攻坚等领域的普惠金融事业部。为贯彻落实《中共中央、国务院关于实施乡村振兴战略的意见》精神,2018 年 3 月，银监会接连发布了《中国银监会办公厅关于做好 2018 年“三农”和扶贫金融服务工作的通知》《中国银监会办公厅关于 2018 年推动银行业小微企业金融服务高质量发展的通知》，加大对扶贫和涉农金融服务考核力度。2019 年 9 月，中国银保监会与中国人民银行联合发布《2019 年中国普惠金融发展报告》，通过数据全面呈现了我国普惠金融发展取得的最新成效。

二、中国数字普惠金融发展现状及其全球定位

在 2016 年的 G20 杭州峰会上，数字普惠金融成为大众关注的焦点话题。

经过G20各成员多日以来的讨论磋商，峰会通过了由普惠金融全球合作伙伴（GPFI）制定的《G20数字普惠金融高级原则》（以下简称《原则》），其中提出了8条原则和具体的66条建议，成为推广数字普惠金融的首个国际性的共同纲领。中国在《原则》的制定过程中起到了主导性作用，正在成为全球数字普惠金融发展的积极践行者和推动者。对于"数字普惠金融"的界定，《原则》并没有统一的定义，"泛指一切通过使用数字金融服务以促进普惠金融的行动"。不过《原则》也给出了"数字普惠金融"的具体内容，涵盖各类金融产品和服务（如支付、转账、储蓄、信贷、保险、证券、财务规划和银行对账单服务等），通过数字化或电子化技术进行交易，如电子货币（通过线上或者移动电话发起）、支付卡和常规银行账户。①

"在这十年中，数字金融已经成功地提高了G20以及非G20国家妇女、穷人、年轻人、老年人、农民、中小企业和其他未获得充分服务的消费者群体金融服务的可得性。"《原则》指出，成功的数字普惠金融商业模式，以及新的监管规则和监管手段已经在世界范围内出现。根据世界银行发布的《2014年全球普惠金融发展报告》，世界银行已在全球70多个国家和地区开展普惠金融合作项目，50多个国家和地区设立了改进普惠金融目标。2017年在世界银行Global Findex中共有671个普惠金融指标，其中我国排在世界前10%、前20%、前30%、前40%和前50%的指标分别有21个、76个、172个、314个和393个；排在50%以后的指标有278个，其中排在后20%和后10%的指标分别有92个和39个。具体来看，中国依然在移动支付方面表现出色。根据货币基金组织（IMF）普惠金融指标体系排名，FAS在2016年共采集我国大陆普惠金融指标数据76个。从各项指标世界排名情况看，我国排在前10%、前30%和前50%的指标分别有44个、64个和66个，排在50%以后的指标有10个，排在后20%和后10%的指标分别有4个和2个。根据G20指标体系排名，从2013年、2014年和2015年的各项指标世界排名情况来看，中国排在所有国家和地区前30%的大类指标共有9个，

① 胡滨．数字普惠金融的价值［J］．中国金融，2016（2）：58-59.

细分指标共有32个。中国在使用电子支付及金融服务质量方面的指标较为突出。

在数字普惠金融时代，尽管我国传统金融机构（银行、证券公司、保险公司等）在发展普惠金融方面基础较好，具有良好的金融基因、机构网点与客户优势，并通过设立普惠金融事业部或普惠金融公司等手段积极拓展普惠金融业务，但是囿于传统金融思维过重、创新思维不足、发展机制瓶颈等原因，党的十九大报告中所指出的人民日益增长的美好生活需要和不平衡、不充分的发展之间的矛盾并不能完全解决。对于多元化金融需求和当前金融发展不平衡、不充分的问题，我国可以利用后发优势，诚如其他世界组织对我国数字普惠金融排名所指出的，我国在移动支付、电子支付及金融服务质量方面较为突出。我国应该加快以5G、移动互联网、大数据与人工智能等技术为基础的金融科技（FinTech）发展，并积极与普惠金融的深度合作，促进我国数字普惠金融飞跃发展，勇于引领世界金融科技与普惠金融发展方向。

三、发展数字普惠金融的主要问题与挑战

数字普惠金融在中国发展迅速，并已成为未来我国金融发展和转型的重要方向。但中国数字普惠金融的发展现已进入“深水区”，仍有一些突出问题亟待解决。

一是未来金融机构发展普惠金融的商业可持续性问题。随着普惠金融的深入发展，如何解决商业性金融机构在此过程中的可持续发展问题，如何解决好国家的政策导向与商业利益的平衡问题，都是迫切需要关注的重点。特别是我国要大力提高商业机构发展普惠金融的主观能动性，保证商业机构获得所需经济利润的同时，实现商业发展可持续。总之，普惠金融不是政策性金融，发展普惠金融不能单纯依靠国家补贴的鼓励。

二是正确看待数字普惠金融的发展，完善数据信息与隐私保护。近年来数字普惠金融在中国高速发展，其发展水平已走到世界前列，为中国普惠

金融发展带来了革命性的影响。但是，相应的风险控制问题已日渐凸显，如数据安全、隐私权保护以及信息披露问题等，现已成为中国发展数字普惠金融当中的重大挑战。完善的数据信息保护是下一步数字金融发展的基础保障。

三是正确理解普惠金融理念，区分真伪数字普惠金融机构。普惠金融不仅是各个金融机构都可践行的理念，同时也是金融机构业务发展的重要导向。国家虽然通过政策来大力引导金融机构发展普惠金融，但并不是所有的金融机构都需要做普惠金融或适合做数字普惠金融。事实上，目前充斥着大量金融机构，或者类似金融机构打着发展数字普惠金融的旗号却行非法高息业务之实。要科学鉴别真伪数字普惠金融机构，这对我国金融监管工作提出了更高的挑战和要求。

四是数字普惠金融有效供给不足，发展不充分、不平衡。研究团队在梳理数据过程中发现，尽管在普惠金融的发展过程中，人们更多关注数字普惠、互联网及金融科技的发展，但对普惠金融投入最大的依旧是传统金融机构。如传统商业银行都成立了事业部来加大对普惠金融的支持力度，通过“线上＋线下”网络渠道优势，大力发展普惠金融业务。普惠金融的发展应当规避供给不足、发展不充分、不平衡问题，通过传统金融机构数字化以及数字金融机构普惠化的方式不断深度融合与合作，不断助力数字普惠金融的高效发展。

五是农村、小微企业普惠金融服务的广度和深度有待提高。尽管当前农村普惠金融工作已取得一定成效，但与乡村振兴战略和建设社会主义新农村的要求相比，仍存在较大差距。突出表现在农村普惠金融参与主体认识不同、理念差异较大，中央与地方工作推进参差不齐，农村普惠金融基础设施建设缺乏统一规划；支付环境较差，信用信息体系建设滞后，单一静态管理，互联网应用基础较差，数字鸿沟现象突出；农村数字普惠金融科技应用水平较低，由数字技术带来的新型金融服务和金融产品组合普及率低，未能有效解决传统农村金融服务成本高、风险大、商业不可持续等难题；农村普惠金融激励约束政策不到位，农村金融机构在分层管理、市场准入和激励政策等方面受到不同程度的不公待遇，导致农村普惠金融发展后劲不足。[①]另外，小微企业普惠金融服务受制于融资难、融资贵的情况。我国小微企业数量众多，占比大，目前小微企业占企业总数超过80%，贡献了60%以上的国内生产总值、50%以上的税收、80%以上的城镇就业岗位、65%左右的发明专利和80%以上的新产品开发。小微企业数量众多，整体实力较弱，金融服务需求强烈，小微企业"融资难、融资贵"、信贷可得性低等结构性问题仍然十分突出，金融资源配置机制还需要进一步改善。

六是金融监管与数字普惠金融发展严重不匹配、不对应。随着金融科技（Fintech）与数字经济的蓬勃发展，我国金融行业迎来了新的发展活力，不仅促进了金融创新的爆发式增长，更对数字普惠金融生态体系产生了重要影响，同时对金融安全、金融风险和金融监管形成了挑战。随着金融科技的混业趋势与分业监管模式的制度性错配使数字普惠金融监管难度急剧加大的同时，但尚未形成一整套系统的适应金融科技发展的监管理念和监管措施。[②]我国作为金融科技与数字普惠金融发展居于世界前列的国家，则应在监管科技（RegTech）领域尽早谋篇布局有所作为，加强监管科技体系建设，建立健全数字普惠金融的"监管沙盒"计划，并构建一个主动、有效、专业的数字普惠金融监管长效机制。

四、数字普惠金融与国家金融竞争力关系

第一，中国金融科技（FinTech）的快速发展为数字普惠金融实现了新突破与新局面，有效地解决了世界性金融难题，并促使中国金融业的"弯道超车"，彰显了全球竞争力。中国金融科技发展处于全球领先地位，从理论上讲，有以下五大原因：一是同发达国家相比，我国金融抑制现象较为严重，传统金融基础设施相对缺位，使金融科技的功能替代效应得以放大，金融科

---

① 胡滨．疏浚新时代乡村振兴的金融之源［J］．中国农村金融，2019（1）．

② 胡滨．对监管科技要尽早布局［J］．当代金融家，2017（11）：卷首语．

技的发展在一定程度上弥补了传统金融基础设施建设的不足，提升金融服务的水平和效率。二是传统的金融行业属于特许经营型行业，存在较高的准入壁垒，而相关法律法规缺位则变相降低了市场准入条件，使没有获得许可的无牌机构可以变相从事实质性的金融业务，而金融混业经营和分业监管的错配则为金融机构和从业者提供了监管空白和套利空间，这也是导致我国金融科技行业发展前期野蛮生长的重要原因。三是拥有庞大人口红利和消费者市场红利的中国，为金融科技的快速崛起提供了大量可落地的商业场景和商业模式。中国这种得天独厚的生长土壤，为金融科技的茁壮发育奠定了坚实的发展基础，而金融科技的发展又反过来进一步降低了金融服务成本，在一定程度上扩展了金融业的生产可能性空间。四是相对于英、美等国家，我国法治体系和监管体系建设相对滞后，隐私观念比较薄弱，数据与信息的保护明显不足，这些为我国金融科技的快速发展提供了极为宽松的甚至是没有约束的外部环境。五是虽然我国金融基础设施建设较为落后，但是我国拥有全球领先的移动互联网，IT技术和电信基础设施，这些后发优势反而使我国金融科技有了“弯道超车”的基础。

第二，在全球金融竞争力上，国际金融标准的制定与确立有利于提高国际话语权与国际影响力，中国数字普惠金融的领先发展，有必要也有能力制定全球数字普惠金融标准体系。传统国际金融标准的制定，几乎集中在传统发达国家，无论是巴塞尔委员会制定的在全球范围内主要的银行资本和风险监管标准《巴塞尔协议》（Basel），还是国际会计准则理事会（IASB）所颁布的易于各国在跨国经济往来时执行的一项标准的会计制度《国际财务报告准则》（International Financial Reporting Standards，IFRS），这些传统发达国家具有非常强的发言权与影响力，而作为发展中国家的中国由于传统金融发展的不足而处处受到制约，必须要学习、吸收、采用这些金融标准或规则。但是随着金融科技的发展与数字普惠金融时代的到来，中国数字普惠金融得益于中国庞大的市场、人口红利、金融科技的爆发等原因而快速发展，“东强西弱”的现象开始出现，但是以西方发达国家为主的传统金融标准与规则的既得利益者，并不愿意放弃眼前传统金融既得利益，也不愿意放弃数字普惠金融标准的未来话语权，对此，中国作为崛起中的数字普惠金融强国，便要敢于参与国际数字普惠金融标准与规则的制定，敢于发声、敢于亮相，以产业发展促进影响力与竞争力的提升，以国家金融竞争力的提升发哺我国数字普惠金融的可持续发展。

第三，中国数字普惠金融实践经验并得到国际认可，具有引领世界普惠金融发展的借鉴意义，彰显了我国金融竞争力。2017 年，GPFI 撰写了报告《数字普惠金融的新兴政策与方法》（以下简称《报告》）。《报告》围绕杭州峰会通过的《G20 数字普惠金融高级原则》，总结了世界各国 17 项具有示范性的政策方法，中国有 5 项入选，包括出台互联网金融指导意见，对支付机构开展分层监管，成立行业自律协会，完善支付基础设施，建立健全征信体系。其他国家的成功经验主要包括：英国和美国的“监管沙箱”，奥地利和卢旺达的“监管科技”，印度的普惠金融综合平台等（见表 0–2）。

表 0–2　GPFI 撰写了报告《数字普惠金融的新兴政策与方法》收录的各国政策经验①

G20 数字普惠金融高级原则	政策经验	典型国家
高级原则一：倡导利用数字技术推动普惠金融发展	普惠金融发展国家战略	巴基斯坦、菲律宾等
	普惠金融综合平台	印度
	出台互联网金融指导意见	中国
	数字化政府转移支付	巴西、墨西哥等
高级原则二：平衡好数字普惠金融发展中的创新与风险	监管沙盒	英国、美国等
	保险服务的数字渠道	加纳、南非等
高级原则三：构建恰当的数字普惠金融法律和监管框架	支付机构的分层监管	中国
	行业自律协会	中国
	分层级的客户身份识别机制	墨西哥、坦桑尼亚
	个人身份验证技术	尼日利亚、乌干达
	监管科技	奥地利、卢旺达

① 白当伟，汪天都．普惠金融国际前沿趋势、重要成果与经验启示［J］．国际金融，2018（2）：69–75.

续表

G20数字普惠金融高级原则	政策经验	典型国家
高级原则四：扩散数字金融服务基础设施生态系统	完善支付基础设施	中国
	建立健全征信体系	中国
	跨平台互联互通	坦桑尼亚、秘鲁
	在线交易数据库	墨西哥
	在零售业中推广数字支付	肯尼亚、墨西哥
	公共产品基础设施投资	赞比亚、秘鲁

资料来源：全球普惠金融合作伙伴（GPFZ）《G20数字普惠金融新兴政策与方法》（2017）。

五、发展数字普惠金融，提高国家金融竞争力的举措

发展数字普惠金融需要站在提升中国金融业全球竞争力的战略高度上考量中国金融科技与普惠金融的未来发展。数字普惠金融迅速发展的窗口期很短，形势可能比想象中的更加紧迫和严峻。有效提升我国数字普惠金融的全球竞争力，需要实施以下几方面的举措：

第一，加强中国数字普惠金融的顶层实际，打造“新型雁阵模式”。国务院《推进普惠金融发展规划（2016~2020年）》是我国首个发展普惠金融的国家级战略规划，规划明确总体目标为到“2020年要使我国普惠金融发展水平居于国际中上游水平”。中国发展数字普惠金融拥有“天时（进入数字金融快速发展的阶段）、地利（拥有全球最大的互联网和移动互联网市场）、人和（拥有具有竞争力的数字普惠金融机构与金融服务）”。应该加快数字普惠金融的顶层设计，实现跨越式发展、“弯道超车”，打造中国数字普惠金融发展的新型“雁阵”模式。一方面，在发达国家已经成熟的传统金融领域，我国可以跟随发达国家发展，在这些领域中发达国家是“领头雁”、中国是“追随雁”，构成“人字形雁阵”，中国可通过追随战略逐步缩小与发达国家的技术差距；另一方面，在数字普惠金融领域，中国与发达国家基本位于同一起跑线，中国与发达国家构成“一字形雁阵”，中国可发挥数字普惠金融 的“天时、地利、人和”的优势，实现率先突围，甚至领跑全球，最终在这些领域中国可能成为“领头雁”，其他国

家成为“追随雁”，中国与其他国家构成新的“人字形雁阵”。[①]

第二，要提高我国在金融科技领域的国际话语权。我国金融市场规模庞大，但是法治环境和隐私保护不健全，而传统金融市场比较发达的国家发展金融科技的逻辑则与我国不同，通常是在发展的同时更加注重权利的保护和监管规则的建立。比如，欧盟于2018年5月25日出台了《通用数据保护条例》（General Data Protection Regulation，GDPR），目标是保护欧盟公民免受隐私和数据泄露影响的同时，重塑欧盟组织机构处理隐私和数据保护的方式。在全球规则已经制定并且话语权掌握在其他国家的情况下，对于未来中国金融科技“走出去”，参与全球治理体系是非常不利的。建立国际话语权，一方面是要建立我国监管部门和国际组织之间的对话交流和沟通机制；另一方面要推动我国现有的全球性头部金融科技公司积极“走出去”，在国际市场中扮演更重要的角色，发挥舆论影响力。我国学者也要积极参与到全球金融科技发展的讨论之中，不能自说自话，要“打开门来做研究”。

第三，要积极制定我国金融科技发展的技术和数据标准，健全监督管理体系和技术标准体系，并适时向全球推广。随着金融和科技的融合发展，经济社会的信息化和智能化水平逐步提高，全球越来越多的国家开始制定支持金融科技发展的战略规划，英国提出的“监管沙盒”计划（Regulatory Sandbox）得到了美国、新加坡、澳大利亚和中国香港等国家和地区的积极响应，其核心目标是弥补现有金融监管机制的不足，平衡金融风险与金融创新，提高金融业的国际竞争力。未来，我国实施“沙盒监管”的时机逐渐成熟，应在借鉴国际经验的基础上，积极推进中国版“监管沙盒”计划。首先，要明确主体，目前最合适的主体是国务院金融稳定发展委员会，笔者建议借鉴国际经验在其下设一个创新中心，作为监管沙盒计划的具体执行主体，统筹、实施、规范、评估进入沙盒的相关金融科技产品和项目；其次，从项目开始，适合进入沙盒的项目开发者向创新中心提出申请；最后，创新中心对这些项

① 尹应凯，侯蕤.数字普惠金融的发展逻辑、国际经验与中国贡献［J］.学术探索，2017（3）：104-111.

目进行评估，判断其准入标准是否符合已有沙盒的准入标准，对于创新性、风险控制等进行一些综合评估后，认为风险可控、具有创新价值的项目进入沙盒进行试点。并主动引导监管科技的应用发展，引领监管技术的标准制定。

第四，加强农村普惠金融体系建设，疏浚新时代乡村振兴的金融之源，从国家基础上提升金融竞争力。党的十九大报告将实施乡村振兴战略作为未来党和国家的一项重要战略任务。乡村振兴战略是决胜全面建成小康社会的必由之路，也是提升金融竞争力的重要基础。积极探索市场主导和商业可持续的普惠金融发展模式。各级政府以及所有利益相关者应充分理解并践行普惠金融理念，通过不断完善征信体系平台等金融基础设施建设，扩大农村金融机构和服务网点覆盖面，提升大规模、常规性支付活动的数字化程度，建立跨机构、跨地区、跨行业、跨部门的信息共享、资源交换和交易结算机制，打通农村金融服务的“最后一公里”，奠定农村普惠金融服务基础。放宽农村普惠金融市场准入，吸收各方优质资源，明确职责分工和考核激励机制。应鼓励合格主体（包括互联网金融公司等）进入农村金融市场，采取有效措施不断完善农村普惠金融体系。

第五，加强普惠金融的基础设施建设，构建中国数字普惠金融的竞争基石。国际横向比较来看，中国最大的优势在于数字普惠金融的发展及中国的新技术应用。但是，其劣势也非常明显，突出表现在金融基础设施方面。完善的金融基础设施是国家数字普惠金融的竞争基石，金融基础设施是提高金融机构运行效率和服务质量的重要支柱和平台，有助于改善普惠金融发展环境，促进金融资源均衡分布，引导各类金融服务主体开展普惠金融服务。① 加强数字普惠金融法律法规体系的先行先试，有法可依有法必依。通过鼓励各类金融机构面向农村提供安全、可靠、便利的金融服务，支持农村金融市场主体多元化发展。加快建立多层级、多维度、多样化的信用数据平台，面向全体政府、企业、个人采集信息，特别要加强农民、城镇低收入人群及小微企业信息的收集，通过全国统一的信用信息共享交换平台，实现政务信息、企业信息、个人信息等各级各类信

① 蓝虹，穆争社．普惠金融的发展实践及其启示［J］．金融与经济，2017（8）：76-81.

息的互联互通、共建共享。立足中国国情，尽快建立与国际接轨又体现中国特色的普惠金融指标体系，并将该指标数据纳入全国和地方的金融统计之中。择机发布年度普惠金融发展报告，推动普惠金融理论与实践的发展。建立国家和地方的普惠金融数据库，并定期进行更新、监测和评价。

第一章　中国普惠金融发展的基础、路径与建议

第一节　普惠金融的基本概念与理论

普惠金融的概念界定有两个层面：一是基本概念，从实践层面上，以金融服务或金融产品为视角进行界定；二是理论概念，以金融发展和金融福祉分配为视角进行界定。现有研究成果表述主要聚焦于基本概念，理论提升尚显不足。同时，在经济实践中，监管部门和金融机构对普惠金融经济行为的界定尚未清晰。本章将在厘清普惠金融基本概念的基础上，提出“5+1”界定法，对普惠金融的经济行为进行界定。

一、普惠金融概念的诠释

1. 对普惠金融基本概念的理解

发展普惠金融的最直接目的，即改变传统金融体系所表现出的金融排斥（Financial Exclusion）现象。全球已有超过 25 亿的成年人没有正规银行账户，并且，发展中国家民众的正规金融机构账户拥有水平远低于发达国家，比如，非洲南部和南亚地区在正规金融机构拥有账户的成年人只有 24% 和 33%，撒哈拉以南的非洲国家不到 20%，而收入较高的西欧国家则在 90% 左右（World Bank，2013；Morduch，2013）。不过，金融排斥并非发展中国家的“专利”，在美国约有 3400 万的家庭（约 6800 万成年人）没有正规银

行账户，他们主要通过另类金融服务供应商（AFSPs）[①] 获得服务（Deborah，2013）。企业融资情况也不容乐观，World Bank（2013）在全球 137 个国家的企业调查表明，发展中国家的企业只有 34% 从银行获得过贷款，发达国家约为 51%。与上述国家相比，中国的情况较为特殊。Fungácová 和 Weill（2014）使用世界银行 Findex 全球数据库，比较分析了金砖国家的普惠金融发展情况，结果显示，中国正规金融机构的账户和存款数量远高于其他金砖国家。但是，中国正规金融机构的信贷使用频率则要低很多，普通民众对亲朋借贷的依赖性是最强的。不难想象，这些重要的金融排斥现象为普惠金融研究提供了丰富的土壤。

普惠金融的基本概念强调共享，与金融排斥针锋相对。理解普惠金融的基本概念，需要从六个方面入手：一是表达一种理念；普惠金融强调的是一种政策向往，其实质是信贷和金融融资渠道等的公平性问题。二是鼓励金融创新。为了让所有人都能够获得金融服务的权利和机会，就必须进行金融体系的全面创新，包括制度创新、机构创新和产品创新等。三是侧重弱势群体。普惠金融的主要任务是要把传统金融机构服务排斥在外的中低收入者、贫困人口和小微企业纳入金融服务范围中。四是满足有效需求。普惠金融致力于满足所有人的金融需求，但这个需求必须是有效的、合理的。五是体现相对平等。普惠金融为所有人提供获得金融服务的平等机会，但这个平等是相对的，不是绝对平等。六是考虑成本。普惠金融的发展虽然具有一定的政策性，但并不是不计成本的，应警惕金融服务的供给过度。

2. 普惠金融基本概念的表述

目前，各方关于普惠金融基本概念的表述并不统一。联合国（Unitied Nations，2006）对此做出了初步界定。[②]2014 年，国务院“中国普惠金融发展战略研究”课题组参考了国际通行定义，并结合中国社会经济发展的特点，对普惠金融做出如下定义：能够全方位、可持续和高效率地为有金融服

① 在一定程度上，也指代第三方金融服务或“影子银行”。

② 参见联合国蓝皮书 .*Building Inclusive Financial Sectors for Development*，2006.

务需求的社会各阶层和群体提供价格合理、方便快捷、成本可担的金融产品和服务。考虑到现阶段中国的基本国情，在服务对象上，中国普惠金融应以农民、小微企业、城市低收入人群及其他特殊群体为主。其中，特殊群体主要包括残疾人、老年人、贫困学生等处于弱势地位的群体。

近年来，对普惠金融基本概念更加全面的是中国国务院《规划》和周小川（2015）[①]的表述。前者认为“普惠金融是指立足机会平等要求和商业可持续原则，以可负担的成本为有金融服务需求的社会各阶层和群体提供适当、有效的金融服务”；后者强调“为每一个人在有需求时都能以合适的价格享受到及时、有尊严、方便、高质量的各类型金融服务”。

二、普惠金融经济行为的“5+1”界定法

不难看出，仅靠上述基本概念的表述，仍然难以准确界定实践中的某一经济行为是否属于普惠金融。[②]鉴于此，本书归纳了普惠金融经济行为的“5+1”界定法。“5”即从现有表述中提炼的普惠金融基本概念的 5 个核心要素：可得性、价格合理性、便利性、安全性、全面性；“1”即面对特定的服务客体。当金融服务或金融产品至少符合 5 个核心要素之一、同时针对普惠金融的特有服务客体时，就可以将其界定为普惠金融的经济行为范畴。

1. 五个核心要素

（1）可得性。它是普惠金融最基本的度量指标。在客观上，它指金融网点或金融产品在地域和空间上的覆盖密度；主观上，它指相关金融服务在总人口（或成年人）中的获得比率。

（2）价格合理性。这是针对金融服务或金融产品定价的指标。一是要具有一定的消费者剩余，让消费者感觉价格优惠，或者不存在价格排斥和歧视。二是要具有一定的生产剩余，让金融机构成本可负担、商业可持续。

---

① 参见《〈中共中央关于制定国民经济和社会发展第十三个五年规划的建议〉辅导读本》，人民出版社 2015 年版。

② 比如，货币数字化是不是普惠金融？在后文脚注中会回答这个问题。

（3）便利性。在可得性前提下，衡量在获得金融服务过程中的时间成本、空间成本和交易成本。

（4）安全性。在可得性前提下，一是相关金融服务的合法性；二是金融账户和托管资金的安全指数；三是发生纠纷时，对金融消费者正当权益的保护力度。

（5）全面性。在存、取、贷、汇、保险等基本金融服务可得的前提下，进一步强调服务的多样性。包括投融资、理财、担保、支付、结算以及征信、金融教育、权益保护等全方位的个人服务和公共服务体系。

2. 服务客体的界定

为了能更好地界定普惠金融，必须进一步界定它的服务客体。只有在核心要素和服务客体同时符合要求时，该金融服务才能称为"真正"的普惠金融。在现有的概念表述中，普惠金融服务客体被界定为"社会各阶层""每一个人"。但是，若简单地理解成"每一个人"，则所有金融服务都可以理解为普惠金融，势必造成普惠金融概念上的宽泛化，甚至无效性。① 根据联合国（2006）和《规划》，普惠金融服务客体主要是指弱势群体，通常包括：低收入者、小微企业、老年和残障人士等特殊人群。由于他们的财富占有少、个体数量多，统计上具有长尾分布特征，因此可以称为"长尾群体"。

若从学理上严格区分，普惠金融的服务客体指非自愿的、被金融机构所排斥的弱势群体。在梳理现有研究的基础上（Kempson &Whyley，1999a，1999b；Devlin，2005；Demirgüç-Kunt et al.，2008；Sarma，2010；何德旭、苗文龙，2015），本书认为，非自愿被排斥的原因，分别在于服务客体的自身禀赋和外部环境，如表 1-1 所示。在自身禀赋方面，被排斥者至少具有收入低、财富少、能力弱、居住偏远这些特征中的一个。传统商业性金融机构为他们提供服务的成本高、收益低，自然"敬而远之"。在外部环境方面，一是市场不完善。比如，很多优质的科技型小微企业难以获得金融机构贷款，一个重要原因就是欠缺专业的市场信息中介（对科技产品、知识产权

① 显然，行业门槛动辄千万元的私人银行服务，不能被视为普惠金融。

的评价、评估、评级），信息不对称等问题迟迟不能解决；征信体系、支付体系、社保体系等金融市场基础设施不健全，也会导致金融排斥；同时，在金融发展的初级阶段，很多商业性金融产品的功能偏弱、创新不够，无力顾及长尾群体。二是法制环境差。当发生“欺骗性”金融交易、金融契约履行能力弱时，金融消费者与投资者的正当权益无法保障，非自愿金融排斥就会发生。三是导向性政策，这在计划主导的发展中国家尤为明显。比如，为了实现赶超经济，政府通常会把金融资源优先配置中于城市和工业，进而产生金融排斥的政策风险；此外，部分国家对正规金融机构设定了严格的监管标准，这制约了它们从事风险偏高的普惠金融服务。事实上，当理顺非自愿金融排斥的七个特征之后，发展普惠金融就可以“对症下药”。

此外，有一部分群体是自愿被排斥的，他们并不是普惠金融的服务客体。一是极少数的、思想或精神极端者，他们会对金融体系和产品服务表现出较强的抵触情绪；二是被宗教思想约束的人，这部分人数相对较多。比如，在伊斯兰国家，妇女较少接受教育，一般不出席一些正式场合，也不去银行机构办理各种金融业务。同时，由于长期受宗教礼法侵染，当地的女性也“乐得其所”，在一定程度上，她们潜在的金融需求可以委托亲朋来间接实现。

表 1–1　自愿被排斥者与非自愿被排斥者的划分

自愿被排斥		非自愿被排斥（普惠金融服务客体）		
原因	代表性的群体	原因	特征	代表性的群体或现象
不需要	思维另类者抵触金融者	自身禀赋	收入低	贫困人口、农民
			财富少	贫困人口、小微企业
			能力弱	残疾人、受教育少者
			居住偏远	农民、老少边穷地区
宗教束缚	伊斯兰国家的部分妇女	外部环境	市场不完善	信息不对称、产品功能弱
			法制环境差	合同执行差、权益保护差
			导向性政策	宏观金融政策、监管标准

资料来源：笔者自行分析和整理。

第二节　普惠金融发展的国际实践及经验

从服务形态和制度变迁上划分，国际上普惠金融经历了“小额贷款—微型金融—普惠金融”的演化历程。这个演化历程的内在逻辑是“服务需求—金融创新—服务供给”。其中，金融创新最为关键，它包括组织创新、技术创新、渠道创新等方面。

1. 国际上普惠金融的历史演进

普惠金融的历史演进表现为“小额贷款—微型金融—普惠金融”的发展轨迹。其起源可追溯到15世纪的欧洲，当时意大利天主教堂建立典当行以抵制高利贷，服务社区穷人。到了20世纪70年代，以孟加拉国乡村银行为代表的小额贷款机构取得了巨大的成功。此后，小额保险和支付结算等金融服务也得到较快发展，“小额贷款”逐渐被“微型金融”所取代。直至2005年，联合国正式提出涵盖微型金融的、内容更为广泛的“普惠金融”（Inclusive Finance）概念。

在此背景下，一些发展中国家纷纷确立各自的普惠金融发展目标，开展普惠金融服务实践。同时，普惠金融国际组织相继成立。2008年9月，普惠金融联盟（AFI）正式成立，并设计了一套普惠金融核心指标；2009年12月，G20成立普惠金融专家组（FIEG），推动成立了全球普惠金融合作伙伴组织（GPFI），制订了推进全球普惠金融发展的战略框架和行动规划。

2. 服务需求与微观组织创新

一个规范的金融制度应该能够全面满足不同收入群体的金融服务需求，因为贫困人群与高收入人群一样，有着强烈的金融服务需求。Collins等（2009）收集了孟加拉国、印度、南非等国的储蓄、保险、支付和信贷等工具的年度数据，在穷人金融投资组合的研究方面取得了进展，结果表明，在孟加拉国，1/3的家庭使用10种以上的金融工具，年度交易金额超过1000

美元，并会在不同情况下使用不同的金融工具。在印度，低收入家庭每过半个月，就会有新的金融计划安排。但是，金融排斥导致低收入人群对新型金融制度充满渴望。追寻着这种渴望，一些非政府组织（Non-Governmental Organizations，NGOs）[①] 通过技术创新突破了现有制度边界，并在自身的逐步演化和完善中，成为新型金融制度的微观供给主体。

在普惠金融演化过程中，微观组织创新至关重要，甚至要领先于制度变迁。以拉丁美洲为例，从事小微金融（代小额贷款和微型金融）服务的机构有四种类型：NGOs、逐利性小微金融机构（Microfinance Institations，MFIs）、商业银行和财务公司，它们一直在不断演化和创新（Marulanda & Otero，2005；刁莉等，2009）。在 20 世纪 80 年代，最早提供补贴性小微信贷的是 NGOs；在 20 世纪 90 年代初期，大量的 NGOs 演变成逐利性 MFIs 和商业银行；在 20 世纪 90 年代末，新型银行机构开始进入，在提高存、取、汇基本服务可得性的同时，也增加了小微信贷市场的竞争程度。此外，从事消费信贷的财务公司也开始成为小微金融领域重要供给主体之一。从世界范围来看，随着孟加拉国格莱珉银行、印度尼西亚人民银行、玻利维亚团结银行等 MFIs 取得成功，在 20 世纪 90 年代中后期，部分发达国家和国际组织（如世界银行）出资数十亿美元以支持 MFIs 的进一步推广。可以说，政府和国际组织出面倡导、并规范 MFIs 的健康发展，是小微金融向普惠金融演化的重要标志之一。但是，在初期，简单复制部分 MFIs 的经验并没有达到预期的效果。其中原因是，新型 MFIs 和小微金融部门的持续发展，需要与成功模式相近似的约束条件和外界环境。

3. 小微金融技术创新

由于交易金额小，服务客体居住偏远、没有信用记录等，为低收入人群提供金融服务的交易成本很高。现代小微金融始于一些 NGOs 的小额贷款实验，在成功降低交易成本后，迅速在全球范围内普及开来。这些成功案例吸

---

① 比如，1974 年由尤努斯创建的格莱珉银行，通过小额信贷技术创新，向传统金融机构认为无利可图的人提供金融服务。

引了“金融服务穷人”的理论研究，其中最早和最有影响力的研究是 Stiglitz（1990）。他指出，格莱珉银行等机构的联保技术利用信息更加完全的同行监督，解决了客户与机构之间的信息不对称，进而降低向穷人贷款的成本约束。Khan 和 Rahaman（2007）也认为，小微金融技术的创新之处体现在没有抵押品、缺乏信用记录的条件下，创新性地采用了同行联保的方式。此时，同行（或者团体成员）对贷款者的信用进行评估，并承担相应的违约连带责任；团体内部也会定期举行会议，敦促成员存款或者还款。Jayo 等（2009）指出，小额贷款分为团体贷款和个人贷款，两者有一个共同之处，就是放贷之前同样需要贷款人的社交网络对其进行信用评估。Bruhn 和 Love（2014）以墨西哥的阿兹泰克银行[①]为样本进行了分析，该行用简单抵押与连带责任人的方式替代传统银行烦琐的审批备案，并且取得了较大的成功。可见，信贷技术创新和商业运营模式变革对实现普惠金融至关重要。此外，还有大量研究聚焦于联保技术的运行机理、如何确保小额贷款按期偿还、如何实现小微金融盈利等方面（Hartarska & Nadolnyak，2007；Hermes & Lensink，2011）。

4. 服务渠道创新

除了组织创新和技术创新之外，服务渠道创新对于普惠金融发展也十分重要，它可以增加金融服务的可得性和便利性。普惠金融的渠道创新分为虚拟和实体两个层面。在虚拟层面，主要是传统金融产品与互联网、移动互联网相结合（Berger,2010），涵盖汇兑、信贷、支付、担保等多种形式。比如，墨西哥 NAFIN 银行建立了一个互联网金融市场并进行担保，允许小供应商使用高信誉买家的应收账款，从而获得运营资本融资（Klapper，2006）。又如 2006~2009 年肯尼亚大力推行的手机银行服务（M-PESA），在传统银行开户成本较高的背景下取得了很大成功。不过，Johnson 和 Arnold（2012）指出，当前 M-PESA 的普惠性有限，只能是传统金融服务的一个补充，而无法

① 墨西哥的一家小微金融机构。2002 年 10 月，阿兹泰克同时设立 800 家分支机构，主要为传统商业银行所排斥的低收入人群提供小额分期贷款服务。

形成替代。M-PESA 主要服务于年轻人，对更需要帮助的中老年人服务很少，而且，与 2006 年相比，该领域市场准入障碍也在逐年增加。在实体层面，主要是金融机构与其他公共服务机构相结合，比如，在巴西、印度、南非等国，部分金融机构可以通过公共邮政网络、彩票店和超市提供金融服务，拓展基础网络（World Bank，2007）。相较而言，实体形式的渠道创新对于偏远地区农村居民的帮助更为直接。

在小微企业融资渠道上，除了传统的银行类机构之外，私募股权基金（PE）、风险投资和天使投资发挥的作用愈加明显。PE 具有两大优势：一是风险分担，二是提供长期资金。因此，一些国家和国际组织正在积极鼓励私募股权基金的设立。风投公司和天使投资人在投资前会对企业进行密集审查，在贷款后会进行较为严格的监督。相对于银行信贷，这种方式可以更有效地解决借贷双方的信息不对称问题。当然，风投公司和天使投资人的投资范围仍然较小，并且主要侧重于高新科技产业，事实上很多其他领域的小微企业同样具有很高的资本回报率和成长空间（Bloom et al.，2013）。

第三节　中国普惠金融发展的实践总结

1. 公众金融纵深发展

金融服务主体日益多元，服务的广度和深度不断延伸。

一是金融服务组织体系更加健全。金融服务机构设置及布局更加合理。在银行业方面，2017 年 5 月银监会等十一部委联合下发《关于印发大中型商业银行设立普惠金融事业部实施方案的通知》，在此之后，工、农、中、建、交五大行的普惠金融事业部相继挂牌成立，并且一共有 185 家一级分行设立了普惠金融事业部分部。其中，农行建立了“三农金融事业部 + 普惠金融事业部”双轮驱动普惠金融业务体系。截至 2016 年底，农业银行已经完成了全部县域的“三农”事业部改革，将全国 1875 个县和 128 个市辖区的 2097

个县域支行纳入“三农”金融事业部管理。在保险业方面，我国法人机构数量已增加到203家，保险机构积极开发针对留守儿童、留守妇女、留守老人、失独老人、残疾人等人群的保险产品，对农村外出务工人员开辟异地理赔绿色通道，并积极开展针对贫困家庭大中学生的助学贷款保证保险 。证券业已形成了直接融资的基本业务链条。同时，消费金融公司、汽车金融公司、互联网金融公司、融资租赁公司、小额贷款公司、担保公司、扶贫公益信贷组织和第三方支付机构等新型市场主体在细分市场领域发挥着重要的补充作用。根据银监会数据统计，截至2018年末，农村地区银行网点数量12.66万个。每万人拥有的银行网点数量为1.31个，县均银行网点56.41个，乡均银行网点3.95个，村均银行网点0.24个。银行业金融机构乡镇覆盖率为95.99%，行政村基础金融服务覆盖率为99.2%，已达到国际上游水平。

二是金融服务力度不断加大。普惠型贷款投放增速可观，截至2020年6月末，全国涉农贷款余额37.83万亿元，同比增长10.5%，实现持续增长；发放扶贫小额信贷余额4735.4亿元。保险业务有效推广，2017年，农业保险承保主要农作物21亿亩，约占全国播种面积的84.1%。责任险提供风险保障金额252万亿元，同比增长113.6%，其中环境污染责任保险为1.6万余家企业提供风险保障306亿元。巨灾保险出单244万笔，风险保障金额达1055亿元。保险扶贫工作探索形成了“监管引领、行业参与、协同作战、合力攻坚”的工作格局。

同时，新兴金融服务快速发展。与其他国家相比，我国数字金融发展的“硬件”条件优势明显，数字普惠金融处于飞跃式发展的起飞阶段。数据显示，目前我国已建成全球最大的4G网络，中国大部分农村都具备手机3G/4G上网的条件截至2018年末，农村地区网上银行开通数累计6.12亿户，较上年新增0.81亿户，增幅15.29%。2018年发生网银支付业务笔数102.08亿笔，金额147.46万亿元，交易金额较上年有小幅增长。手机银行开通数累计6.7亿户，较上年新增1.53亿户，增长29.64%。发生手机银行支付业务笔数93.87亿笔，金额52.21万亿元，分别增长3.04%、34.26%。电话银行开通数累计 2.08 亿户，较上年增加 0.18 亿户，增长 9.57%；发生电话银行支付业务笔数 8081.11 万笔，金额 925.19 亿元，同比分别下降 17.44%、23.83%。

三是金融基础设施建设日益完善。支付清算方面，2012 年以来，我国支付清算系统建设以“一年建设一个系统”的速度快速推进，在较短时间内跻身世界先进水平。针对非银行支付机构与商业银行多头连接开展业务成本高、清算效率低的实际问题，我国还积极建设运行支付机构网络支付清算平台，为支付机构提供统一、透明的资金清算服务。截至 2018 年末，农村地区接入人民银行支付系统的银行网点 9.58 万个，代理银行网点 2.71 万个，合计 12.29 万个，覆盖比率为 97.05%。同时，农信银支付清算系统业务增长迅速。截至 2018 年末，以参与者身份接入农信银支付清算系统的银行网点 4.48 万个，基本覆盖农信社等合作金融机构营业网点。

征信体系和社会信用体系建设方面，2014 年以来，中国人民银行陆续发布《关于加快小微企业和农村信用体系建设的意见》《关于全面推进中小企业和农村信用体系建设的意见》《中小企业信用信息指标》《农户信用信息指标》等，全面部署、规范中小企业和农村信用体系建设，推动中小微企业信用体系建设与“双创”工作挂钩，推动农村信用体系建设与精准扶贫挂钩，着力缓解中小微企业和农户的“融资难、融资贵”、融资慢和信用风险突出问题。

2. 公平金融全面推进

加大对弱势地区、弱势产业和弱势环节的资源倾斜，提升金融服务的均等化水平。

一是金融资源优先向弱势地区配置，促进城乡和区域协调发展。针对中西部地区银行业金融机构网点覆盖率低、金融供给不足的问题，银监会进行了开展投资管理型村镇银行和“多县一行”制村镇银行试点工作。截至 2019 年末，全国共组建村镇银行 1630 家，中西部地区组建 1076 家，占比 66%。已开业的村镇银行资产总额 1.69 万亿元。截至 2018 年末，农村地区银行卡数量余额 32.08 亿张。人均持卡量为 3.31 张。其中，借记卡 29.91

亿张，当年新增3亿张，增长11.13%；信用卡2.02亿张，当年新增0.27亿张，增长15.6%；借贷合一卡1434.35万张。2018年，银行机构和非银行支付机构以非现金支付方式（包括存折、银行卡）代理发放“城乡居民养老保险”14.14亿笔，金额4475.57亿元，代理发放“新农合”1.33亿笔，金额630.62亿元，代理发放各类财政涉农补贴5.77亿笔，金额3202.49亿元。

通过监管政策引领，采取“双基联动”、网格覆盖等方式，将加强基层村委会建设与基层金融服务联系起来，解决信息不对称问题；通过开设便民服务点和流动服务车，创新“马背银行”“拎包银行”与“夜市银行”等做法，打通和做好了边远地区金融服务“最后一公里”和“最后一步路”问题，让老少边穷地区及弱势群体均等享受优质银行服务。截至2018年末，农村地区ATM38.04万台，当年新增0.3万台，万人拥有数量3.93台。

二是积极扶持弱势产业，强化农业基础地位。农业融资可得性全面提升，近年来，农业企业通过债券、股票等方式直接融资发展较快，尤其是2017年中央一号文件关于“支持符合条件的涉农企业上市融资、发行债券”的明确规定，进一步拓宽了农业企业获取资金的渠道。金融支农政策不断完善，包括定向降准、支农再贷款及精准扶贫等方式，并且在试点不断扩大农村可抵押物范围，鼓励将法律法规不禁止、产权归属清晰的各类资产作为贷款抵质押物。截至2020年6月末，全国涉农贷款余额达到37.83万亿元，同比增长10.5%。其中，农户贷款余额11.18万亿元，同比增长达到13.3%。农业保险覆盖逐步扩大。农业保险开办区域已覆盖全国所有省份，承保农作物品种超过200个，玉米、水稻、小麦三大口粮作物承保覆盖率已超过70%。

三是重点关注弱势环节，持续加大小微企业金融支持投入。小微企业金融服务模式创新发展较快，政府积极引导民间资本进入小微企业，为小微企业的融资提供税收优惠，截至2020年末，小微企业贷款余额达到42.7万亿元，实现“贷款增速不低于各项贷款平均增速，小微企业贷款户数不低于上年同期户数，小微企业申贷获得率不低于上年同期水平”的“三个不低于”

目标。同时，新三板挂牌企业近9000家，其中94%以上为小微企业，小微企业的直接融资渠道进一步打开。

3. 民生金融功能拓展

强化金融业的服务特征，注重解决人民群众最关心、最直接和最现实的服务需求，提升服务效果和满意度。

一是对贫困群体的金融服务供给日益强化。实行精准扶贫，打赢脱贫攻坚战，截至2020年一季度末，银行业金融机构发放扶贫小额信贷余额4443.5亿元，支持建档立卡1067.81万户，户均贷款4.11万元，扶贫小额信贷支持的建档立卡贫困户已经占到全国的1/3以上。

二是社会保障事业的金融支持力度不断加大。在助学贷款方面，扩大助学贷款规模，推动基础教育均衡发展，截至2016年底，助学贷款累计发放金额超过1100亿元，支持家庭经济困难学生累计突破1850万人次。在社区医疗服务上，支持社区卫生设施建设，部分银行业金融机构与全国医疗卫生机构建立合作，发行银医卡，方便医疗服务。互联网金融公司与医院练手推出医疗分期付费业务，为消费者提供小额普惠医疗贷款。在环境保护方面，积极践行“绿水青山就是金山银山”的理念，主要银行机构绿色信贷余额从2013年末的5.2万亿元增加到2020年末的11.95万亿元，增加了6.75万亿元，平均每年增加将近9600亿元。银监会将加快修订绿色信贷统计制度，加大推进绿色银行评价工作，促使银行把更多的资金运用到美丽乡村建设上，打造美丽田园风光，助力文明友好型产业发展。在保障性住房上，大力支持城市棚户区改造、廉租住房等保障性住房建设，截至2020年末，保障性住房开发贷款余额4.65万亿元。在小额保险上，自保监会2008年推动保险公司试点以来，小额人身保险基本涵盖了农村人口、进城务工人员以及城镇低保人群。

三是强化民众金融消费保障。在消费者保护机制建设保险公司，金融消费者保护部门着力建立消费者保护长效机制，并加大监管和执法力度，维护金融消费者合法权益。在金融知识教育上，呈现出“政府高度重视、监管扎实推动、协会积极部署、金融机构全力落实、社会公众广泛参与”的银行业工作局面。

第四节　中国普惠金融发展的主要问题

虽然中国普惠金融事业已取得喜人成绩，但通过深入分析发展现状和对照国际经验，可以发现，我国普惠金融体系在针对农民、小微企业以及城市低收入人群等的普惠金融服务覆盖率、便捷性、可得性和安全性等方面尚有较大的提升空间。

1. 农村普惠金融服务广度与深度有待提升

农民人口数量多，贫困人口占比较大。2019 年末，我国农村常住人口为 5.51 亿人，农村贫困人口为 551 万人，贫困地区农村居民人均可支配收入 11567 元。虽然，农民经济收入水平较低，但是农民金融需求巨大，潜在需求水平更高。农民金融服务需求主要集中在生产型和生活型需要，主要包括：农村建设和农业生产的小额贷款需求；医疗、住房、婚丧嫁娶等生活贷款需求；存款、取款、汇款、转账等基础服务需求；农业保险、人寿险和小额财产险等基本保险需求。其中，部分农民选择有一定贷款需求、较强贷款需求和经常急需贷款需求。农民金融服务需求以基础服务需求为主，规模小、分布散、抵押少、用款急的特点，更加强调服务的可得性和便利性。

发展普惠金融“重点在县域、难点在农村”。在城乡二元金融结构背景下，县域和农村金融发展明显滞后于城市地区，农村金融服务供给存在以下四个问题：

一是农村金融机构类型单一，缺乏有效竞争。农村地区因薄弱的基础设施建设、复杂的信息与社交状况、农业生产的高风险及低产值等因素，难以对国有商业银行、股份制商业银行产生吸引力，没有形成分类金融机构定位清晰、分工明确的有效竞争格局。加上近年来国有商业银行在乡镇机构网点收缩，服务农村的金融机构主要是农村信用社、农商行、农业银行和邮储银行等，而农村信贷机构存在共性问题，如资产质量不高、不良贷款率高、资金充足率不足、操作风险和信用风险都比较高。

二是农村金融发展不均衡，信贷可得性偏低。农村地区小微企业贷款增幅低于同期辖区贷款增幅，贷款户数和申贷获得率低于上年同期水平。农村小微企业、农户信用信息建档率不完善，小微企业单笔最高贷款数额不超过350万元，农户单笔最高贷款数额不超过50万元，存在不均衡的现象。城镇低收入人群、困难人群等群体的金融支持缺乏供给，农村地区信贷可得性偏低。

三是农村金融服务便利性差，创新效率偏低。偏远地区网上银行、手机银行开通率较低，银行卡发放率虽有所提高，但使用率徘徊不前。行政村实现集小额取现、跨行转账、便民缴费和消费为一体的农村金融服务站的建设步伐缓慢。多数农村金融消费者没有享受到现代金融方便快捷的服务体验。

四是农村金融服务满意度偏低、维权教育任重道远。农村金融机构网点信息披露不充分，履行告知义务不到位，存在金融消费者个人信息发生泄露和盗用的现象。消费者相对金融机构处于弱势地位，信息不对称，大部分消费者选择等待观望和忍气吞声的处理方式，权益遭受侵害时维权意识不强。维权宣传普及力度不足，仅局限于消保资料的发放，缺乏消保投诉案例的宣传引导，对金融消费者增强维权意识的宣传较少，金融机构在主观上存在回避矛盾和问题的倾向，尚没有形成宣传长效机制。

2. 小微企业普惠金融服务受制于“融资难、融资贵”

我国小微企业数量众多、占比大，小微企业超过7300万户，占企业总数超过80%。小微企业在创造就业方面发挥着重要作用，根据国家统计局的抽样调查，每户小型企业能带动7~8人就业，一户个体工商户带动2.9人就业。

小微企业贡献了60%以上的国内生产总值、50%以上的税收、80%以上的城镇就业岗位、65%左右的发明专利和80%以上的新产品开发。

小微企业数量众多，整体实力较弱，但是，小微企业金融服务需求强烈，主要集中在融资需求，特别是初创资金投入、发展扩张投资以及季节性资金需求极为强烈。日常经济活动需要大量的流动资金，对支付结算的服务要求也较多。小微企业具有一定数额的沉淀资金，需要市场提供理财服务。小微企业金融需求呈现抵押少、周期短、用款急，金融服务成本承担能力弱，风险缓释及处置机制差等特点。

小微企业“融资难、融资贵”、信贷可得性低等结构性问题仍然十分突出，金融资源配置机制还需要进一步改善。一方面，小微企业融资难。小微企业和银行间存在严重的信息不对称，银行难以了解小微企业的财务信息和非财务信息，难以真实把握小微企业的信用状况和履约状况，小微企业融资过程中被拒的比例较高。同时，目前致力于小微企业服务的专门的金融机构和服务机构，如小微企业担保机构、信用评级机构、服务平台等较少，小微企业在申请贷款过程中难以找到担保。

另一方面，小微企业融资贵。据统计，小微企业从银行贷款的利率高达10%~15%，据万得温州民间融资综合利率指数，目前民间融资综合利率超过16%。小微企业的融资成本一般包括四个部分：一是贷款利息；二是抵押物登记评估费用，一般占融资成本的 20%；三是担保费用；四是风险保证金利息，绝大多数借款机构在放款时以预留利息名义扣除部分贷款本金，这些因素毫无疑问加剧了小微企业的融资贵问题。

3. 贫困人口金融服务相对不充分

普惠金融的广覆盖性与精准扶贫的目标高度一致。贫困人口既是普惠金融最难到达的地方，也是精准扶贫的难点。无论是普惠金融还是精准扶贫，都必须将以前没有解决、目前仍难以解决的贫困人口作为重点对象。

贫困人口是普惠金融服务的重要客体，但是，目前金融服务尚没有完全满足他们合理的金融需求。一是贫困地区经济体制机制相对落后。由于利润最大化的内在要求，贫困农村很难吸引金融机构。而政府对涉农金融机构提供的相应优惠政策力度有限或者由于地方财力不足而难以落实，导致农村金融机构没有动力创新农村金融产品和服务。二是贫困地区金融服务水平低。贫困地区金融服务覆盖能力不足。金融机构设置物理网点的成本较高，有相当比例的乡镇没有金融机构网点，仅靠惠农服务点开展最基本的金融存、取款业务。三是贫困地区金融体系发展不完善。贫困地区现金交易量大、现金业务占比高，结算工具运用较为单一。从信用环境建设的实践看，越是经济发达地区，信用环境越好，而越是经济滞后地区，信用环境就越差，人们的信用意识也淡薄，信用担保机构发展滞后。

金融发展不应只是金融机构调整、金融工具创新、金融功能提升，还应该包括金融资源配置的不断优化和金融公平的不断提高。“发展普惠金融”既是一种价值理念，更是金融发展的客观要求，是必须努力实现的政策目标。要妥善把握公平与效率的平衡，遵循金融发展客观规律，坚持“使市场在资源配置中起决定性作用和更好发挥政府作用”相结合的原则，做好顶层设计。

第五节　中国发展普惠金融的政策建议

一、明确普惠金融发展的总体目标和原则

1. 总体目标

根据《推进普惠金融发展规划（2016~2020年）》[①]（以下简称《规划》），普惠金融发展的总体目标为：到2020年，建立与全面建成小康社会相适应的普惠金融服务和保障体系，有效提高金融服务可得性，明显增强人民群众对金融服务的获得感，显著提升金融服务满意度，满足人民群众日益增长的金融服务需求，特别是要让小微企业、农民、城镇低收入人群、贫困人群和残疾人、老年人等及时获取价格合理、便捷安全的金融服务，使我国普惠金

① 《国务院关于印发推进普惠金融发展规划（2016~2020年）的通知》（国发〔2015〕74号文），中国政府网，2016年1月15日。

融发展水平居于国际中上游水平。

2. 基本原则

《规划》指出，要实现普惠金融目标，需要坚持以下原则：一是健全机制、持续发展。即建立有利于普惠金融发展的体制机制，进一步加大对薄弱环节金融服务的政策支持，提高精准性与有效性，调节市场失灵，确保普惠金融业务持续发展和服务持续改善，实现社会效益与经济效益的有机统一。二是机会平等、惠及民生。即以增进民生福祉为目的，让所有阶层和群体能够以平等的机会、合理的价格享受到符合自身需求特点的金融服务。三是市场主导、政府引导。即正确处理政府与市场的关系，尊重市场规律，使市场在金融资源配置中发挥决定性作用。更好地发挥政府在统筹规划、组织协调、均衡布局、政策扶持等方面的引导作用。四是防范风险、推进创新。加强风险监管，保障金融安全，维护金融稳定。坚持监管和创新并行，加快建立适应普惠金融发展要求的法制规范和监管体系，提高金融监管有效性。五是统筹规划、因地制宜。即从促进我国经济社会发展、城乡和区域平衡出发，加强顶层设计、统筹协调，优先解决欠发达地区、薄弱环节和特殊群体的金融服务问题。此外，还需坚持以下原则：

法制先行原则。充分借鉴吸收国际经验，深入总结我国普惠金融发展的探索与实践，将行之有效的做法以法律、法规形式固化下来，明确各方在普惠金融发展中的责任义务，明确普惠金融发展的制度建设和配套政策的基本要求。

社会责任原则。发展普惠金融是全社会共同的责任和义务，要大力宣传倡导普惠金融价值理念，将其确立成为国家金融发展战略要求，融入地方性金融发展规划和金融机构业务的发展战略。

比较优势原则。普惠金融面向中小客户，对成本和风险的控制要求较高。不同金融机构的资源禀赋不同，必须坚持发挥比较优势，以实现成本和风险的有效控制。中小金融机构接近市场、熟悉客户，在普惠金融的成本和风险控制上有天然优势。大型商业银行发展普惠金融，则应立足自身的网点网络布局、资源供给和科技支撑等比较优势，打造差异化的核心竞争优势。

多方合作原则。普惠金融发展面临着区域金融生态较差、客户信用水平偏低、金融基础设施落后等问题。发展普惠金融不能单兵突进，必须坚持合作发展原则。普惠金融的发展涉及政府、龙头企业、大型商业银行、担保机构、其他金融组织等众多利益关联方，尤其应注重发挥多方合力。

二、引领树立普惠金融价值理念

建立健全普惠金融的社会绩效评估制度、完善信息披露、强化社会约束，使发展普惠金融在政府、投资人、金融机构以及金融消费者中达成广泛共识。各级政府要强化责任意识，中央应将普惠金融作为国家金融战略的重要组成部分，将提升金融普惠性要求体现于国家各项金融政策之中，作为对地方政府履职行为的重要参照，提升各部门、各级地方政府对普惠金融工作的重视度。各级地方政府在制定辖内金融发展战略中，都要将促进普惠金融发展摆到突出位置，加大政策支持。各金融机构要强化主体意识，成为业务发展的战略指引，将普惠金融的核心价值理念融入组织架构、业务拓展、绩效考核、员工培训等各个领域和各个环节，将服务“三农”、小微企业以及城市低收入群体，提升金融服务普惠性作为履行社会责任的重要内容。要定期发布普惠金融服务情况报告，接受社会各界的监督和评价。金融机构主要股东要强化服务意识，要按照联合国倡议，逐步推行金融机构主要股东签署负责任投资者承诺书制度，督促被投资金融机构坚持和执行扩大服务范围、加强客户保护、公平对待、公开透明等基本原则。金融消费者要强化权益意识。要充分认识到享受基础金融服务是全体公民的合法权利，主动反映服务诉求，积极参与对金融机构服务质量的监督，督促改进金融服务。

三、编制发布普惠金融指标体系

构建我国普惠金融指标体系，应按照国际接轨、突出特色、循序渐进原则，建立涵盖金融服务可得、使用、服务质量以及金融基础设施等全方面具有中国特色的普惠金融发展指标。

一是科学设定指标内容。在起步阶段，应当遵循简洁高效的原则，从数量有限但最具代表性的定量指标入手，确保其准确性，在不定期调查统计的基础上，逐步增补，条件成熟扩展确定形成全方位、多维度的完整指标体系。

二是健全数据收集制度。推动建立国家层面、跨部门普惠金融指标体系工作组，降低各类指标数据获取的部际间协调成本，提高数据可得性。推动把反映普惠发展状况的关键变量嵌入现有征信、支付结算等基础系统和金融机构的经营业务系统中。把涉及扶贫办（农委）、民政部门、残联等其他部门的金融数据协调纳入各分类日常统计。

三是建立持续监测的常态化机制。将指标体系纳入普惠金融发展规划中，将需求方调查指标纳入国家人口、经济普查等国家性调查活动，将统计调查结果作为设定我国普惠金融发展目标的前置要件，以及后期持续监测改进的关键依据，定期发布我国普惠金融指数和中国普惠金融白皮书。

四是建立多层次的动态评估机制。按照不同层次地区、机构、目标群体开展多维度的现状评估。允许地方结合实际，适当增加具有地方特色的指标，以促进地方有效衡量当地普惠金融发展的真实状况，有针对性地制定政策措施。

G20普惠金融指标体系是国际上较为主流的普惠金融指标体系。2016年，在中国担任G20主席国期间，经过与GPFI成员和执行伙伴的磋商，基于数字金融新业态的发展以及数字金融服务供需两端新数据的获得情况，中国提出了11个用于衡量数字金融服务发展的新指标。扩充和修订的指标体系涵盖了大部分数字金融支付工具、传输方式（访问渠道）和用途，不仅可以用于衡量数字支付的使用情况，还可以衡量数字基础设施的可得性，监测数字金融服务使用过程中达到的成效以及相关技术应用和政策环境是否妥当。此外，中国人民银行于2016年发布了《G20数字普惠金融高级原则》，鼓励各国根据各自具体国情制订国家行动计划，以发挥数字技术为金融服务带来的巨大潜力。

四、加强普惠金融服务体系建设

多样化、多层次的金融服务主体，科学分工、适度竞争的市场格局，是提升金融普惠性的基石。要统筹发挥好正规金融机构和非正规金融组织的作用、政策性金融、商业金融与合作金融的优势、金融机构与中介组织的功能，健全机构间的分工与合作机制，建设协作互补的普惠金融服务体系。一是强化政策性金融服务引导和带动作用。开展普惠金融群体的基础金融服务，这些领域的金融服务国际上大多由政策性金融机构承担，多数不具备商业可持续性。要探索组建专门服务“三农”、小微企业、低收入人群等弱势群体的政策性金融机构，建立政策性的农业保险体系和政策性融资担保制度，将不具备商业金融支持条件的群体纳入政策性金融的服务范围。二是发挥好商业性金融机构的普惠金融主体作用。充分发挥大中型银行普惠金融事业部的作用，制定专门业务规划，配置专项服务资源，积极发展面向“三农”、小微企业和城市低收入群体的普惠金融业务。从国际经验看，发展普惠金融离不开广泛覆盖、运行健康的小微金融机构体系。要注重发挥农村信用社、村镇银行管理层级少、贴近客户、机制灵活的优势，着力做好对分散农户和小微企业的金融服务，在城市地区大力发展金融消费公司等小微金融机构，探索培育服务社区的社区性银行和保险机构，切实做好城市低收入群体的金融服务。三是审慎稳妥规范发展各类新型机构。拓宽小额贷款公司和典当行融资渠道，加快接入征信系统，研究建立风险补偿机制和激励机制，努力提升小微企业融资服务水平。鼓励金融租赁公司和融资租赁公司更好地满足小微企业和涉农企业设备投入与技术改造的融资需求。促进消费金融公司和汽车金融公司发展，激发消费潜力，促进消费升级。积极探索新型农村合作金融发展的有效途径，稳妥开展农民合作社内部资金互助试点。注重建立风险损失吸收机制，加强与业务开展相适应的资本约束，规范发展新型农村合作金融。支持农村小额信贷组织发展，持续向农村贫困人群提供融资服务。四是充分发挥中介组织在普惠金融服务中的“润滑剂”作用。大力发展资产审计、法律咨询、评估、登记、公证等各类中介组织，督促其切实肩负社会责任，适当降低对“三农”、小微企业和城市低收入群体等普惠金融服务对象的服务收费。探索设立政府主导的普惠金融中介组织，整合资产审计、评估、登记、公证、担保等一系列中介职能，专门为弱势群体提供低成本的“一站式”中介服务。五是健全金融机构间的协作机制。鼓励不同类型、不同规模的金融机构在坚持各自定位和特点的前提下，探索开展业务合作和信息共享，逐步构建完善规范的常态化协作机制。加强银行业、保险业、证券业等各金融业态协作，向普惠金融服务对象提供价值更高、成本更低的综合性、复合式的金融服务。加强不同机构间的业务协作，利用政策性银行低成本筹资能力，为农村信用社、村镇银行、农村合作金融组织等小微金融机构批发资金，专项用于发展普惠金融业务。利用大中型商业银行的管理和信息优势，对小微金融机构提供信息科技、业务咨询、人员培育等服务，提升小微金融机构对普惠金融对象的服务能力。

五、大力推进数字化普惠金融发展

移动互联网、大数据、云计算、智能终端等数字技术的发展消除了时间和空间的限制，促进了信息共享，降低了交易成本和金融服务的门槛，有效地扩大了金融服务的覆盖面，为普惠金融服务提供了新的思路。数字普惠金融是以数字化方式提供的普惠金融服务，具有以下几个特征：一是服务覆盖广泛化。随着数字技术的广泛应用，即便没有银行网点、ATM，客户也能通过电脑、手机等终端工具寻找需要的金融资源，完成非现金交易。金融服务更直接，客户覆盖面更广泛。二是客户群体大众化。数字技术的发展，使“长尾市场”的边际成本大幅降低。一方面，通过互联网技术可以将“毛细血管”渗透到社会的方方面面，吸纳社会各个层次的“一分钱、一角钱、一元钱”，达到集腋成裘的效果；另一方面，基于大数据分析能优化配置，实现服务市场细分和精准营销，可将资源恰到好处地输送给资金需求者，满足个性化金融服务需求。三是风险管理数据化。运用云计算和大数据技术，基于对日常交易数据流、信息流的分析，商业银行可以有效判断客户的信用等级与信用水平，显著提高风险识别能力和授信审批效率，这使得向小微企业和低收入群体提供有效金融服务成为可能。四是交易成本低廉化。与实体网点相比，数字技术的推广应用，使资金供求双方可以在网络平台上完成信息搜寻、定价和交易等流程，从而实现对实体网点的部分替代，减少了对人员和设备的占用，大幅降低了商业银行的经营成本，这让客户能够以更低的价格获取金融服务，促进了金融普惠的实现。

推动数字化普惠金融的发展，一是要改善互联网在农村地区的应用条件。虽然近年来我国互联网普及率一直稳步提高，但是与城市地区相比，农村地区互联网的普及率还存在较大差距。造成这种状况最主要的原因是农村地区通信基础设施投资不足，移动通信、光纤宽带、数字电视等互联网基础设施不能有效满足广大农村居民的有效信息需求，造成了互联网在城乡间的数字鸿沟。二是建立数据共享机制，健全社会征信体系。征信机构唯有掌握足够而全面的信用信息，才能更为准确地反映客户的真实信用状况。随着互联网普及率的提高，居民在使用互联网过程中会沉淀大量碎片化、非结构化数据，并成为信用评价的主要数据来源。目前以中国人民银行为主导的征信系统，采集的数据主要来自商业银行等有牌照的金融机构，还不能覆盖所有有金融需求的群体，在数据覆盖面上尚不能完全满足普惠金融迅速发展的现实需求。建议央行加快“信联”建设，形成统一的信息共享平台，夯实社会征信体系的基础，提升商业银行大数据风控能力。

六、加强金融基础设施建设

完备而高效的金融基础设施及服务，是将金融供给主体黏合起来的“水泥”，是帮助跨越金融供需“最后一米”的桥梁。要积极推进金融基础设施的建设，为发展普惠金融提供强有力的支撑。

一是强化风险缓释类基础设施。担保是主要的增信手段，也是风险发生后重要的抵补来源。要不断规范发展融资性担保机构，持续推动担保体系建设。首先，要加强政策引导，督促现有的融资性担保机构加大对“三农”、小微企业和城市低收入居民等的弱势群体的担保服务；其次，鼓励组建政府出资为主、重点开展面向弱势群体开展担保业务的普惠型融资性担保机构，弥补市场失灵；最后，要推进再担保体系建设，研究建立国家再担保体系发展基金，通过资本金注入、联保、分保、再担保等方式，充分发挥其对融资性担保机构的风险、增信功能，增强融资性担保行业开展普惠金融业务的能力。

二是完善提高透明度类基础设施。透明源于信息的对称，完备的信用体系是实现金融供给方和需求方信息对称的基础。要持续提高征信系统的覆盖广度，将尽可能多的机构和个人纳入国家信用体系，降低金融机构接入征信系统门槛。要提升征信系统的深度，在继续推动创建“信用户”“信用村”“信用乡（镇）”，完善信用信息查询共享机制的基础上，整合银行、公安、税务、海关等部门的信息资源，探索增加更多维度的信用属性，着力提升信用信息的质量。要在市场运作、有偿使用的前提下，全金融机构信用共享机制，减少信息收集过程中的重复劳动，降低信用信息获取成本。积极培育第三方征信和评级机构，引导其开展面向小微企业的征信和评级工作。要注重信用信息的安全和保护，防止信用信息的盗用滥用。

三是健全增加效率、降低成本类基础设施。要大力发展安全、高效、可靠、覆盖广泛的支付结算体系，在降低服务费的同时，有效提升基础性金融服务的便利性和时效性。加快推进贫困、边远和农村地区支付结算设施建设，着力降低村镇银行等社区性小微金融机构接入支付结算体系的难度和成本，扩展和延伸支付清算网络的辐射范围。积极支持偏远落后地区支付结算电子化建设，大力发展银行卡业务，稳步推动互联网和手机支付业务，减少当地居民对物理网点的依赖程度。降低对弱势群体的各类支付结算服务收费标准，鼓励其更多参与金融交易。推动金融交易市场建设，健全多层次普惠金融资本市场体系，在继续完善中小企业板和创业板市场的同时，积极支持区域性股权交易市场建设，建立健全做市商、定向发行、并购重组等制度安排，丰富融资工具和交易品种，增强小微企业服务能力。加快发展多元化的区域产权交易市场，充分发挥其信息集聚和价格发现的功能，促进知识产权和各类农权的交易流转。

七、加强消费者权益保护

有效保护金融消费者权益，尤其是弱势金融消费群体的合法权益，是普惠金融理念的内在要求。针对普惠金融服务对象的消费者保护对维护普惠金融体系的安全和稳定具有重要意义。一是完善金融消费者保护的规章制度。建立金融消费者保护工作的总章程，包括工作宗旨、工作原则，工作机制，部门分工、组织协调和监管考评等工作内容，对消费者保护工作有所统筹，从而形成系统的工作体系。二是建立高效的具体工作方法。组织开展金融消费者权益保护基础性调研工作，构建有效的银行业消费者权益保护基础数据库，提高工作的有效性和针对性。优化投诉受理、处理、公示和反馈机制，扩展消费者维权渠道，建立消费者保护信息体系落实考核评估机制，督促金融机构及时总结和改善消费者权益保护工作的效果，发挥消费者权益保护工作监管评价的约束作用。三是规范金融机构服务，督促金融机构加强内部控制，完善服务条款、业务制度和工作流程。规范保险产品的条款设定、定价和销售等环节的信息不对称，注重加强证券领域信息披露，督促遵守证券市场的交易秩序。四是扎实推进金融知识普及。按照官方措施和民间行动两条路线，建立金融知识普及长效机制。组织编写金融教育材料，建立覆盖社会各阶层，各年龄阶段的金融教育体系。充分利用互联网等新媒体，定期或不定期开展组织形式多样的金融知识宣传。民间组织或行业组织主要结合当地主管部门，深入社区和农村进行公益性宣传和培训等。

八、强化组织保障

落实发展普惠金融的工作措施，实现预期政策目标，需要政策制定、政策执行单位和社会各方面的共同努力。要推动建立中央和地方、政府和机构、供方和需方共同参与的条块结合、分工协作、权责明确的组织工作机制。

一是加强普惠金融发展法规建设。逐步制定和完善与普惠金融相关的法律法规，形成系统性的法律框架，明确普惠金融服务供给、需求主体的权利义务，确保普惠金融服务有法可依、有章可循。加快建立发展普惠金融基本制度，对土地经营权、宅基地使用权、技术专利权、设备财产使用权和场地使用权等财产权益，积极开展确权、登记、颁证、流转等方面的规章制度建设。确立各类普惠金融服务主体法律规范，通过法律法规明确从事扶贫小额信贷业务的组织或机构的定位。加快出台融资担保公司管理条例。修订完善现有法律法规和部门规章制度，建立健全普惠金融消费者权益保护制度体系，明确金融机构在客户权益保护方面的义务与责任。

二是开展试点示范和专项工程工作。普惠金融规划的实施应全面推进、突出重点、分步开展、防范风险。对需要深入研究解决的难点问题，可在小范围内分类开展试点示范，待试点成熟后再加以总结推广。各地区要在风险可控、依法合规的条件下，开展推进普惠金融发展试点。推动改革创新，加强实践验证。积极探索发挥基层组织在推进普惠金融发展中的作用。同时，围绕普惠金融发展重点领域、重点人群，集合资源，大力推进金融知识扫盲工程、移动金融工程、就业创业金融服务工程、扶贫信贷工程、大学生助学贷款工程等专项工程，促进实现规划目标。

三是探索建立促进普惠金融发展社会性组织。在银行业协会、保险业协会、证券业协会、信托业协会、小额贷款公司等行业协会组织的基础上，积极吸收倡导推动普惠金融发展各类社会组织，共同组建普惠金融合作性社会组织。开展普惠金融发展理论研究，加强普惠金融理念宣传普及，探索搭建普惠金融主动交流研讨平台。同时，总结推广不同地区、不同机构在普惠金融发展方面的有益探索和成功经验。

九、推进配套政策体系建设

推动发展普惠金融的实质是为了促进金融资源再分配，弥补市场失衡。

要妥善把握公平与效率的平衡，按照“夯实基础、统筹差异、加强协调、提升合力”的思路，调整对普惠金融客体资金投入方式，重点采取间接扶持手段，更好地发挥对金融资源的撬动作用，确保机构运营可持续，业务创新有动力，弱势群体得实惠。

一是对普惠金融性质的机构予以政策支持。借助普惠金融指标体系，对金融机构普惠金融发展情况进行科学评价，对评估达标机构实施政策倾斜。首先是机构准入政策。对评估达标机构，在网点布设方面开设绿色通道，优先支持其发起设立村镇银行。其次是业务准入政策。优先批准评估达标的中小金融机构进入银行间同业拆借市场，发行短期融资券、集合票据等金融工具。最后是财税支持政策。对在偏远地区、机构空白乡镇和人均收入低的弱势群体聚居区等设立金融机构，给予新设机构一定期限的定向费用补贴和税收优惠。对于在行政村开展流动金融服务、布设自助机具、设立便民金融服务中心的机构给予一定费用补贴。对发展规范、支农效果较好的新型农村合作金融组织，给予适当的财政补贴和税收优惠。

二是对普惠金融业务发展予以政策支持。引导金融机构对客户群体进行细分，对于小微企业、农村建档立卡贫困户、城镇下岗失业人员、城市低保户、残疾人、贫困大学生等弱势群体客户做到可识别、可统计。在此基础上，对相关业务给予专项政策支持。首先是实施信贷贴息奖补。对向普惠金融对象发放的，符合条件小额信用贷款给予一定比例财政贴息，并减免营业税和所得税。对此类贷款占比较高的机构给予专项财政补贴，促进信贷资源向弱势群体倾斜。其次是实施专项担保计划。中央财政每年设定一定风险担保额度，对向农村建档立卡贫困户、城市低保户、残疾人等重点支持对象发放贷款提供担保，收取担保费，对贷款损失给予风险补偿，风险补偿金超出担保费的部分列入财政支出，从而有效分担普惠金融服务的相关风险。各级财政也可结合本地实际，建立相应的担保计划。再次是完善保费补贴政策，稳步扩大农业保险保费补贴试点范围。提高中央、省级财政对主要粮食作物保险的保费补贴比例，逐步减少或取消产粮大县的县级保费补贴。最后是补充资金来源。整合支农、支小及其他具有政策导向性质的再贷款，设立普惠金融专项再贷款，支持金融机构发行普惠金融专项金融债，定向支持符合普惠金融政策导向的小额信用贷款；此外，还有实施差异化的监管政策，适当提高符合普惠金融不良贷款容忍度和核销效率，调动金融机构开展普惠金融业务的积极性。

三是对普惠金融服务对象予以政策支持。首先，降低金融服务使用成本，每年免收弱势群体客户一定笔数的转账汇款手续费和自助机具取款手续费，取消小额账户管理费等费用，引导弱势群体更多使用金融服务。对于金融机构由此增加的额外成本和减少的收入给予一定比例的财政补偿。其次，支持增加财产性收入，探索免征农村建档立卡贫困户、城镇下岗失业人员、城市低保户、残疾人等弱势群体的利息所得税和投资收入所得税，降低理财产品购买门槛，鼓励其利用金融工具增加收入。最后，探索设立普惠金融产业发展母基金，通过支持“三农”和小微企业相关的产业投资基金发展，充分发挥财政资金撬动作用，支持普惠金融扶持对象发展。

十、完善激励约束机制

建立完善的激励约束机制是落实各项工作的重要抓手。要加紧将构建普惠目标与机构目标相结合，激励与约束相匹配，实现利害绑定、责任明晰、奖惩到位的长效激励约束机制，确保发展普惠金融不流于形式、不止于短期。

一是合理设置阶段性目标和长期目标。目标的设置要以普惠金融指标体系为依托，借鉴国外普惠金融发展经验，结合我国普惠金融发展情况统计反映的实际状况，设置可操作、可量化、有战略意义的长期目标。长期目标应包含金融服务可得性、使用率、服务质量以及金融基础设施等全方面的因素。要结合形势灵活调整设置阶段性目标，确保逐步实现长期目标。鉴于我国疆域辽阔，各省情况差距颇大，可允许各省结合当地实际，有针对性地制定细化目标。同时，鼓励金融机构结合自身情况对自身目标作特色化处理。

二是科学确定考核的内容和方法。对于阶段性目标和长期目标的实现情况都要进行考核，要防止只重眼前、不重长远的短期冲动。要完善考核结果运用机制，将考核结果与高管薪酬、任职资格、机构评级、市场准入、财税优惠政策等方面严格挂钩，真正体现激励约束。同时，要注重考核过程的透明度，确保公正客观。

三是确保考核出实效。中央和地方监管部门都要组织开展定期不定期的督导检查，确保奖惩措施严格兑现，确保整改及时到位。对于消极整改、虚假整改等行为，在原则上要加大处罚力度，达到震慑效果。

十一、加强国际合作

实现中国普惠金融的健康可持续发展，应积极加强国际间的交流与合作。一是积极推进全球普惠金融发展的战略框架和行动规划。与世界银行、G20国集团等共建全球普惠金融合作机制。二是主动宣扬“中国式”普惠金融发展理念。定期对外发布中国普惠指标体系与发展报告，向国际社会介绍和推广中国的经验与模式。三是强化普惠金融国际经验的借鉴。在政府定位、市场机制、组织体系和监督管理等领域加强经验总结与借鉴。四是全面开展项目合作。立足国内发展需要，深耕周边区域合作，重点挖掘非洲与拉美地区，双边与多边双管齐下，形成“互联互动、优势互补、协同创新、携手共进”的普惠金融发展国际新格局。

第二章 普惠金融的指标体系与国际比较

普惠金融指标体系具有监测、度量及评估等功能，能直观、清晰地反映出不同时期和区域内普惠金融的发展水平。构建科学合理的普惠金融指标体系，运用具体和数量化的统计数据，进行清晰的定量测度，能够进一步明确当前制约普惠金融发展的主要因素和薄弱环节，从而更好地推进普惠金融有重点、有方向地发展。

国际上对普惠金融指标体系的研究起步较晚。Honohan（2005）认为，只有把供给侧和需求侧结合考虑，才能更好地说明金融服务的使用情况。Sarma（2008）在《普惠性金融指数》中提出用银行服务的广度、深度及可利用性衡量普惠金融的发展状况。其中银行服务的广度用开立银行账户的人口比例来表示，深度用银行贷款总量占 GDP 的比重来表示，服务可得性用人均所拥有的银行营业点数或 ATM 表示。Arora（2010）使用了银行服务成本、服务范围及服务便利性三个维度。Gupte 等（2012）认为，应从渗透性、使用性、交易便利程度和交易成本四个方面来构建普惠金融指数，并认为对指数的分析和比较能够有效指导普惠金融政策的制定。Amidzic 等（2014）从指标易于采集、计算、比较等实际操作层面出发，按照因素分析法选择了四个替代指标，结合金融服务的渗透性和使用情况两个纬度，构建持续性强的普惠金融综合指数。

我国高度重视普惠金融指标体系的构建。2015 年 12 月 31 日，国务院印发的《推进普惠金融发展规划（2016~2020）》中明确指出，要建立健全我国普惠金融指标体系。而在国际层面，已有包括 G20 指标体系、世界银行（World Bank Group，WBG）指标体系及国际货币基金组织（International Monetary Fund，IMF）指标体系在内的多个国际组织研究设计的普惠金融指标体系正式投入应用。本书将对上述三类指标体系的具体内容及优缺点进行梳理，并对中国的排名情况进行探讨。

第一节　国际主要普惠金融指标体系解析

一、G20 指标体系

1. 指标简介

普惠金融全球合作伙伴（The Global Partnership for Financial Inclusion，GPFI）是由 G20 国家、部分非 G20 国家以及相关国际组织组成的国际组织，致力于在全球范围内推广和发展普惠金融。2011 年，G20 领导人在戛纳峰会上一致同意接受 GPFI 的建议，支持在国际和国内普惠金融数据方面所做的努力，并根据 GPFI 的工作成果，在 2012 年洛斯卡沃斯峰会上通过了《G20 普惠金融指标体系》（以下简称《G20 指标体系》）。

此后，《G20 指标体系》经历了两次修订。在俄罗斯担任 G20 主席国期间，结合其重点关注的金融素养与消费者教育议题，GPFI 制定出了更为全面的普惠金融指标，旨在加深对普惠金融图景的理解，其中包括涉及金融素养和金融服务质量的指标。扩展后的《G20 指标体系》在 2013 年 G20 圣彼得堡峰会上获得通过。在中国担任 G20 主席国期间，经过与 GPFI 成员和执行伙伴的协商，基于数字金融新业态的发展以及数字金融服务供需两端新数据的获得情况，GPFI 提出了 11 个用于衡量数字金融服务发展的新指标。扩充和修订的指标体系涵盖了大部分数字金融支付工具、传输方式（访问渠道）和用途，不仅可以用于衡量数字支付的使用情况，还可以衡量数字基础设施的可得性，监测数字金融服务使用过程中达到的成效以及相关技术应用和政策环境是否妥当。

《G20 指标体系》从金融服务使用情况、金融服务可获得性与金融服务和产品质量三个维度出发，包括 19 大类的 35 个指标。资料来源方面，GPFI 的指标和数据均来自国际组织现有指标和数据。其中，25 个指标利用了世界银行的 6 项调查（全球普惠金融调查、全球支付系统调查、企业调查、全球金融消费者保护调查、全球营商环境调查、金融素养调查）；8 个指标利用了国际货币基金组织的金融服务可得性调查；1 个指标利用了盖洛普全球调查；2 个指标利用了经合组织的 2 项调查（国家金融素养和普惠金融调查、关于中小企业和企业家融资状况的报告——OECD 打分板、盖洛普全球调查）。根据 GPFI 官网数据库的最新资料显示，由于个别指标还存在按性别、收入、年龄段等细分指标，实际每个国家和地区展示了 107 个指标，目前指标体系覆盖了世界 216 个国家和地区（包括中国大陆、中国香港和中国澳门）。

2. 指标说明

在金融服务使用情况方面，指标细分为“成年人”和“企业”两小类。“成年人”指标共 15 个，可分为以下几类：一是账户指标，细分指标为在正规金融机构或移动支付服务提供商处拥有账户的成年人比例、每千成年人拥有的存款账户数、每千名成年人拥有的电子货币账户数和每十万成年人移动支付交易笔数；二是信贷指标，细分指标为过去一年在正规金融机构至少有过一次未偿贷款的成年人（年满 15 周岁）比例和每千名成年人未偿贷款笔数；三是保险指标，细分指标为每千名成年人中保单持有人数（分为寿险和非寿险）；四是支付指标，细分指标为每千名成年人非现金零售交易笔数、使用数字支付交易账户的成年人比例、通过账户使用移动电话支付的成年人比例、使用互联网支付的成年人比例、使用银行卡支付的成年人比例和使用账户支付的成年人比例；此外，还有高频率使用账户的成年人比例和在正规金融机构储蓄的成年人比例这两个指标。这 15 个指标中，有 9 个指标数据来自世界银行全球普惠金融调查，4 个指标数据来自 IMF 金融服务可得性调查，2 个指标数据来自世界银行全球支付系统调查。

“企业”指标共 5 个，分别为在正规金融机构拥有账户的中小企业比例、中小企业存款账户数、在正规金融机构有未偿贷款或授信额度的中小企业比例、中小企业贷款账户数和使用数字支付的中小企业比例等指标。这 5 个指标中有 3 个指标数据来自世界银行企业调查，2 个指标数据来自 IMF 的金融服务可得性调查（Financial Access Survey）中提取。但由于对中小企业等定义上的差异、数据收集和统计上缺失以及相关调查未能持续全面开展等原因，近几年我国缺失这方面的数据。

在金融服务可获得性方面共有 9 个指标，分别为每十万名成年人拥有的商业银行分支机构数、ATM 数、支付服务代理商数、移动代理网点数、POS 机终端数和拥有移动电话、设备或家庭网络连接的成年人比例等服务网点人均数量指标，每千名成年人借记卡持有情况，拥有 POS 机终端的中小企业比例以及 ATM、POS 机等服务网点互通情况。这 9 个指标中有 3 个指标数据来自 IMF 金融服务可得性调查，4 个指标数据来自世界银行全球支付系统调查，另外 2 个指标数据分别来自盖洛普全球调查和世界银行企业调查。

在金融服务和产品质量方面共有 6 类指标：第一类为金融素养和能力指标，细分指标为金融知识和金融行为，资料来自世界银行金融素养调查、世界银行普惠金融调查及经合组织国家金融素养和普惠金融调查；第二类为市场行为和消费者保护指标，细分指标为信息披露要求和纠纷解决机制，资料均来自世界银行全球金融消费者保护调查；第三类为使用障碍指标，主要衡量信贷障碍，细分指标为信贷条件紧缩指标和信贷可得性指标，资料来自世界银行企业调查、世界银行全球营商环境调查及关于中小企业和企业家融资状况的报告——OECD 打分板。

在上述指标中，中国担任 G20 主席国期间做出的修订及新增指标如表 2-1 所示。

表 2-1　中国担任 G20 主席国期间修订及新增指标

	类别	指标
修订指标	拥有账户的成年人	由“在正规金融机构持有账户的成年人比例”修订为“在正规金融机构或移动支付服务提供商处拥有账户的成年人比例”
	非现金交易	在原指标“人均非现金零售交易笔数”后增加“包括通过电子货币工具（卡基类电子货币工具、移动支付产品和在线货币产品）支付的数量”
增加指标	使用数字支付的成年人	使用交易账户进行数字支付或接受数字支付的成年人比例
	使用移动电话支付	使用移动电话支付账单、购物或从某一账户收支款项的成年人
	使用互联网支付	使用互联网支付账单、购物或在线汇款的成年人比例
	使用银行卡支付	使用借记卡直接从某一账户进行支付的成年人比例
	使用账户支付	通过某一账户收取工资或政府转拨款项的成年人比例
	企业进行数字支付或接受数字支付	从某一账户进行数字支付或接收数字支付的中小企业比例
	服务网点	每十万名成年人拥有的支付服务代理商数
		每十万名成年人拥有的移动代理网点数
		拥有移动电话、设备或家庭网络连接的成年人比例
	借记卡持有	每千名成年人拥有的借记卡数
	企业服务网点	拥有 POS 终端的中小企业比例

资料来源：笔者自行分析和整理。

二、世界银行 WBG 指标体系

1. 指标简介

在普惠金融方面，世界银行所做的调查主要如表 2-2 所示。

表 2-2　世界银行普惠金融方面调查

指标名称	数据属性	覆盖国家和地区数	调查频率	主要内容
全球普惠金融调查	需求侧数据	144	三年一次	账户、储蓄、支付、信贷、应急基金

续表

指标名称	数据属性	覆盖国家和地区数	调查频率	主要内容
企业调查	需求侧数据	145	灵活	中小企业金融
金融能力调查	需求侧数据	20+	灵活	金融知识、态度、技能、行为
生活水平评估调查	需求侧数据	50+	灵活	账户、信贷
全球支付系统调查	供给侧数据 政策环境数据	135	2008 年、2010 年、2012 年、2015 年、2016 年	支付系统建设、转账账户
全球普惠金融责任调查	政策环境数据	110+	2010 年、2013 年、2016 年	金融消费者保护、多样化的金融服务
经商调查	政策环境数据	185	每年	信贷报告系统
农业经营调查	政策环境数据	61	每年	农业金融

资料来源：笔者自行分析和整理。

2. 指标简介

上述指标中，与 G20 普惠金融指标关联较为密切、较为重要的指标为全球普惠金融调查（Global Findex）和企业调查（Enterprise Surveys）。

全球普惠金融调查是在世界范围内通过盖洛普全球调查开展的抽样问卷调查。Global Findex 于 2011 年开始，每三年进行一次从需求端评估普惠金融活动。在 2014 年的调查中，世界银行对 144 个国家和地区（包括中国大陆、中国香港和中国台湾）的 15 万名 15 岁以上的成年人进行了面对面访谈或电话访谈，按银行账户使用情况、储蓄、借款、支付和应急基金五大类形成了 474 个普惠金融指标。其中，银行账户使用情况类细分为银行账户、借记卡、贷记卡、手机账户、存取情况、存取途径等；储蓄类细分为储蓄机构、储蓄目的等；借款类细分为借款余额、借款机构、借款目的等；支付类细分为支付手段、支付用途、收款方式、收款来源、侨汇等；应急基金类细分为筹集应急基金的可能性和应急基金的资金来源。此外，一部分指标还按性别、收入、年龄段、教育水平和农村地区进行了进一步细分。在 2017 年的调查中，Findex 的细分指标增加到 765 个，分别为：没有账户的原因（金融机构距离较远、金融服务较贵、缺乏必要的材料、对金融机构缺乏信任、宗教原因、资金不充足、家庭中有人已经具有账户及不需要金融服务）；使用网络进行转账、在线购物的人群比例（按照年龄、收入、受教育程度及就业与否细分）；应急资金的主要来源（工作收入、银行贷款、变卖资产及其他）；使用手机或互联网连接账户的成年人比例（按照年龄、收入、受教育程度及就业与否细分）。

企业调查（Enterprise Surveys）从 2005 年开始，主要针对中小企业的生产经营状况，采取问卷调查的形式从需求端采集数据，按设立、金融、经营和劳动力等分为 12 大类，共 121 个指标。金融为其中一类，共 15 个指标，涉及中小企业账户、信贷、理财和运营资金调配等方面内容。目前，调查覆盖 145 个国家和地区，但每年仅涉及少量国家和地区，如 2014 年，仅调查了 12 个国家，中国只有 2012 年的数据。

三、国际货币基金组织（Znternational Monetary Fund，IMF）指标体系

1. 指标简介

IMF 的普惠金融指标主要为金融服务可获得性调查（Financial Access Survey，FAS）。从 1995 年开始，FAS 针对各国金融服务提供和使用情况，资料来源于中央银行、监管部门和相关统计机构，从供给端评估普惠金融。指标体系内包括 242 个指标，为 G20 普惠指标体系中 7 项指标的指定数据库，并展示了 15 个指标数据，调查覆盖全球 189 个国家和地区（包括中国大陆、中国香港和中国澳门）。近几年，IMF 侧重于移动货币（Mobile Money）相关指标的采集，通过与全球移动通信系统联盟（GSMA）的合作开展移动货币相关调查。

2. 指标介绍

FAS 的指标主要分为综合指标、金融服务可得性指标和金融服务使用情

况指标三类。其中，综合指标包括人口数、存款需求、国土面积和GDP等；金融服务可获得性类细分为金融机构、金融机构分支机构、ATM和移动货币代理网点的总数、单位面积数和人均数；金融服务使用情况指标可细分为储蓄、贷款、保险和移动货币的人数、账户数、余额等。

第二节 国际主要普惠金融指标体系优缺点分析

1. 优点分析

G20普惠金融指标体系较为全面，结合了多个国际组织普惠金融的调查结果，且数据来源较广，同时覆盖了需求端和供给端的指标数据，覆盖了金融服务使用状况、可获得性及金融产品与质量等多个方面。同时，该指标体系适时纳入了数字支付的相关指标，如电话支付、互联网支付等，较之前更符合金融的发展趋势。

世界银行的指标体系Global Findex和Enterprise Surveys的调查指标体系分类较细、内容丰富，两项调查均通过问卷调查的形式开展，从金融服务的使用方（需求端）采集数据，并针对性别、收入、年龄、所在地区、受教育程度等特征，对个人使用金融服务情况进行了更为细化的分类，还从财务、信贷和投资等运营行为等方面实现了对企业金融服务情况的更充分调查，可以呈现很多更细节的内容。同时，该调查较为灵活，可根据形势变化和实际需求及时更新调查问卷内容，实现新的调查目的，如2014年，Global Findex加强了手机支付方面的调查。

国际货币基金组织的FAS指标体系的特点是数据的可获得性、可持续性和稳健性较好。其调查主要通过政府机构、国际组织渠道（如中国人民银行、监管部门、统计部门）采集金融服务供给端数据，调查成本相对较低，覆盖的国家较全，可以保证每年一次的固定调查频率。

2. 缺点分析

G20普惠金融指标体系存在以下缺点：一是更新速度较慢。其中，在2015年的数据中，仅有部分国家更新了衡量信贷障碍的“边界距离”这一项数据。二是数据缺失严重。体系虽然选择了国际组织的调查项目，但这些调查仍不能确保提供充足的指标数据，以2014年为例，在指标包括的216个国家的指标中，有数据的指标共11977个，平均每个国家有数据的指标为55.45个，仅占总107个指标的51.82%。三是由于指标来源于不同的数据库，关于我国的少数指标存在矛盾的情况。例如，供给端数据显示，我国平均每1000个成年人中，共有293.86人向银行借款（占29.39%）；而需求端数据显示，我国向金融机构借款的成年人比例仅为9.55%，存在较大差距。

世界银行指标体系存在以下问题：一是调查耗费的经济和人力成本较高，影响了指标数据的连贯性。如Global Findex每三年开展一次调查，Enterprise Survey每年选取少量国家开展调查。二是数据结果有一定的主观性，问卷调查可能无法真正延伸到最贫困、受教育程度较低的群体，而且受调查者也可能主观逃避回答真实情况。

IMF的指标体系存在以下问题：一是部分指标存在数据范围的差异。如我国的存款人或存款账户指标只包括事业单位的数据，不包括个人数据，所以根据2016年的数据，我国每千人储蓄人数仅为22个，储蓄账户仅为34个。二是指标定义上存在差异。如对中小企业（Small and Medium Enterprises,SME）定义，世界银行认为只要满足雇员少于300人、资产少于1500万美元、年收入少于1500万美元中的任意两项条件，即为中小企业。而根据我国工信部、国家统计局、国家发改委和财政部与2011年印发的《关于印发中小企业划型标准规定的通知》，不同行业的中小企业标准有所不同，如农业方面，经营收入在2亿元以下的企业应为中小企业；建筑业方面，营业收入或资产8亿元以下的是中小企业；而在运输方面，营业收入在3亿元以下的员工或1000人以下的员工可以算作中小企业。

第三节　中国在国际普惠金融体系中的表现

一、G20 普惠金融指标中国排名

在 G20 指标体系中，中国于 2011~2014 年分别展示了 23 个、9 个、6 个和 81 个指标，于 2015 年仅展示了信贷“边界距离”这一个指标。

从 2013~2015 年的各项指标世界排名情况来看，中国排在所有国家和地区前 30% 的大类指标共有 8 个，细分指标共有 32 个（见表 2-3）。中国在使用电子支付及金融服务质量方面的指标较为突出。在电子支付方面，中国使用移动电话支付的成年人比例（14.30%）高于 G20 国家的平均值（13.40%），并且其细分指标为男性占比（14.69%）、女性占比（13.91%）、中高收入群体占比（20.42%）及年轻人占比（28.91%）均高于 G20 国家平均水平。在这方面，肯尼亚以其飞速发展的移动支付技术和较小的人口基数名列前茅，挪威等北欧国家同样排名较高；在互联网支付方面，中国使用互联网支付的成年人比例（19.16%）及其细分指标女性占比（21.11%）、中高收入群体占比（26.01%）及年轻人占比（39.81%）均高于 G20 国家平均水平，在这方面挪威排名比较靠前。在拥有移动电话、设备或家庭网络连接方面，中国拥有移动电话、设备或家庭网络连接的成年人比例（97.74%）高于 G20 国家平均水平（92.06%），且全部细分指标均趋近 100%，高于 G20 国家平均水平。在这方面排名较为靠前的是沙特阿拉伯等中东国家及土库曼斯坦等中亚国家；在金融服务质量方面，中国银行金融产品的信息披露指数和内外部纠纷解决机制指数均为满分，分别于 22 个国家和 76 个国家并列第一。而在应急资金的调查中，中国将存款用作应急资金主要来源的成年人比例（50.78%），远高于 G20 国家平均水平（33.12%），且所有细分指标均在世界排名 15% 以内，在这方面日本和挪威的排名最为靠前。

在储蓄和账户指标方面，中国多项指标表现较好，如拥有储蓄账户的成年人占比（78.93%）和在金融机构储蓄的成年人占比（41.15%）等指标优于G20国家的平均值（76.50%和35.45%），并且在储蓄方面，包括女性储蓄占比（41.16%）、低收入人群及高收入人群占比（30.51%和48.40%）均优于G20国家的平均值。在以上两个方面，挪威、丹麦、芬兰、瑞典等北欧国家排名均为最高。

但是，中国在侨汇汇入成本、个人信贷和信贷市场的信息障碍等方面表现不尽如人意。比如2013年中国的侨汇汇入成本为11.73%，在G20国家中排第1位，在世界排第17位，马拉维全球最高，为27.49%。2015年底，中国的侨汇汇入成本已降至9.72%。在个人信贷方面，中国通过金融机构借款的成年人比例为9.55%，低于G20平均水平（14.87%），以色列世界最高，为40.51%。在信贷市场的信息障碍方面，中国得分为50分，低于G20平均水平。

同时，在中国排名相对靠前的移动支付指标中，中低收入者和中老年人进行移动支付的比例并不高。在使用移动电话支付的成年人比例中，中国收入在后40%的群体指标排在总体的40%，年龄在35岁以上的成年人比例指标排在总体的42%。在使用互联网支付的成年人比例中，中国收入在后40%的指标排在总体的34%，年龄在35岁以上的成年人比例指标排在总体的41%。

二、世界银行WBG指标体系中中国排名

1.Global Findex指标中国排名

（1）2014年中国Findex指标排名。2014年，我国在Findex中共有460个普惠金融指标，其中我国排在世界前10%、前20%、前30%、前40%和前50%的指标分别有44个、126个、173个、254个和308个；排在50%以后的指标有152个，其中排在后20%和后10%的指标分别有51个和22个。

表 2-3　2013~2015 年中国在 G20 普惠金融指标体系中排名前 30% 的指标

类别	细分指标	数值（%）	排名 / 有指标的国家和地区占总数的百分比（%）	排名第一的国家和地区	排名第一的国家和地区的指标数值（%）	G20 国家平均值（%）
金融服务使用情况：账户	在正规金融机构持有账户的成年人比例	78.93	30	丹麦、芬兰、挪威	100	76.50
	在正规金融机构有账户的成年人比例（收入在后 40% 的人）	72.04	29	丹麦、芬兰、挪威	100	71.03
金融服务使用情况：储蓄	在正规金融机构储蓄的成年人比例（女性）	41.16	17	挪威	80.9	33.62
	在正规金融机构储蓄的成年人比例	41.15	18	挪威	78.41	35.45
	在正规金融机构储蓄的成年人比例（收入在前 60% 的人）	48.40	18	瑞典	80.96	41.88
	在正规金融机构储蓄的成年人比例（收入在后 40% 的人）	30.51	20	挪威	74.96	26.04
金融服务使用情况：借贷	每千名成年人在商业银行借款人数	293.86	27	新加坡	1149.08	423.31
金融服务使用情况：使用移动电话支付	使用移动电话支付的成年人比例	14.30	24	肯尼亚	55.33	13.40
	使用移动电话支付的成年人比例（男性）	14.69	27	肯尼亚	58.67	14.35
	使用移动电话支付的成年人比例（女性）	13.91	22	肯尼亚	52.40	12.44
	使用移动电话支付的成年人比例（收入在前 60% 的人）	20.42	20	肯尼亚	61.23	15.54
	使用移动电话支付的成年人比例（年龄在 15~34 岁）	28.91	13	丹麦	55.83	20.08

续表

类别	细分指标	数值（%）	排名 / 有指标的国家和地区占总数的百分比（%）	排名第一的国家和地区	排名第一的国家和地区的指标数值（%）	G20 国家平均值（%）
金融服务使用情况：使用互联网支付	使用互联网支付的成年人比例	19.16	30	挪威	78.98	30.89
	使用互联网支付的成年人比例（女性）	21.11	27	挪威	77.28	28.31
	使用互联网支付的成年人比例（收入在前 60% 的人）	26.01	27	挪威	81.81	34.59
	使用互联网支付的成年人比例（年龄在 15~34 岁）	39.81	24	芬兰	97.60	39.42
金融服务可得性指标：拥有移动电话、设备或家庭网络连接	拥有移动电话、设备或家庭网络连接的成年人比例	97.74	14	沙特阿拉伯、土库曼斯坦	100	92.06
	拥有移动电话、设备或家庭网络连接的成年人比例（女性）	97.37	17	沙特阿拉伯、土库曼斯坦	100	91.40
	拥有移动电话、设备或家庭网络连接的成年人比例（收入在后 40% 的人）	95.86	20	巴林、科威特、沙特阿拉伯、土库曼斯坦	100	88.98
	拥有移动电话、设备或家庭网络连接的成年人比例（收入在前 60% 的人）	99.02	10	芬兰、韩国、沙特阿拉伯、土库曼斯坦	100	94.14
	拥有移动电话、设备或家庭网络连接的成年人比例（男性）	98.10	18	巴林、意大利、沙特阿拉伯、西班牙、土库曼斯坦	100	92.76
	拥有移动电话、设备或家庭网络连接的成年人比例（35 岁以上的人）	96.70	17	沙特阿拉伯、土库曼斯坦、阿联酋	100	89.58
	拥有移动电话、设备或家庭网络连接的成年人比例（15~34 岁）	99.59	20	奥地利、澳大利亚等 23 个国家	100	95.63

续表

类别	细分指标	数值（%）	排名 / 有指标的国家和地区占总数的百分比（%）	排名第一的国家和地区	排名第一的国家和地区的指标数值（%）	G20 国家平均值（%）
金融服务质量指标：市场行为和消费者保护	披露指数（包括语言简明易懂、使用当地语言、明确贷款手续费等要求）（1~5 分，最高 5 分）	5	1	阿根廷、美国、中国等 22 个国家并列第一	5	4.06
	反映内部和外部纠纷解决机制的指数（0/0.5/1 分，最高 1 分）	1	1	澳大利亚、美国等 76 个国家并列第一	1	0.94
金融服务质量指标：金融素养和能力	将存款用作主要应急资金来源的成年人比例①	50.78	11	日本	70.54	33.12
	将存款用作主要应急资金来源的成年人比例（女性）	51.24	10	日本	73.11	30.79
金融服务质量指标：金融素养和能力	将存款用作主要应急资金来源的成年人比例（收入在后 40% 的人）	39.07	11	日本	63.99	24.10
	将存款用作主要应急资金来源的成年人比例（收入在前 60% 的人）	58.75	10	挪威	76.16	38.85
	将存款用作主要应急资金来源的成年人比例（男性）	50.32	11	挪威	70.52	34.67
	将存款用作主要应急资金来源的成年人比例（年龄在 35 岁以上的人）	49.98	15	日本	77.89	35.61
	将存款用作主要应急资金来源的成年人比例（年龄在 15~34 岁之间）	52.33	2	中国香港	59.18	25.66

注：① 下列问题中回答“存款”的成年人比例。问题：如果遇到紧急情况急需 10 美元（或人均 GDP 的 1/25），你会从哪里获取这笔资金？一是向朋友或亲戚借款；二是干更多的工作；三是出售资产；四是存款；五是从“储蓄俱乐部”贷款；六是从银行贷款；七是无法获取。

从具体内容看，排名前10%的44个指标中，关于金融机构账户、借记卡的保有量、使用指标有13个，我国银行账户、借记卡的普及情况较好，在工资、水电费和学费等收支方面应用较多；关于储蓄的指标有9个，我国在正规金融机构储蓄的成年人占比较高，储蓄目的主要是养老、创业和教育；关于应急基金方面的指标有7个，我国公众普遍认为自己可以顺利筹集应急基金，应急基金的主要来源为储蓄；关于互联网支付和手机转账的指标有4个，通过互联网支付账单和网上购物以及通过手机转账的成年人比例较高。排名在后10%的22个指标中，关于个人借款的指标有9个，其中7个指标是关于通过商店信用进行购物消费的成年人比例（比例在1.25~3.39%），而这方面以色列、伊朗、阿联酋等中东国家最高（比例超过40%）；关于手机支付的指标有5个，主要显示为手机支付在学费、水电费和农产品货款支付等方面应用不够普及（占比均低于1%）。肯尼亚通过手机支付学费比例最高（约占10%），澳大利亚通过手机支付水电费比例最高（13.12%），索马里通过手机接收农产品货款比例最高（33.43%）。可见，非洲国家近年来移动货币应用发展较快。综合来看，我国在银行账户保有率、储蓄情况、支付习惯和筹集应急基金能力等方面排名靠前，而在个人借款选择、按揭贷款情况、信用卡使用情况和应急基金资金筹措来源多样化等方面的排名则相对靠后。

（2）2017年我国Findex指标排名。2017年我国在Global Findex中，共有671个普惠金融指标，其中我国排在世界前10%、前20%、前30%、前40%和前50%的指标分别有21个、76个、172个、314个和393个；排在50%以后的指标有278个，其中，排在后20%和后10%的指标分别有92个和39个。与2014年的指标排名相比，排名在全球前10%的指标数由全部指标的9.6%下降到3.1%；排名在全球前50%的指标数由全部指标的67.0%下降到46.8%；而排名在全球后10%的指标数由全部指标的4.9%上升到5.8%。

具体来看，中国依然在移动支付方面表现出色。在使用手机账户方面，中国通过手机接受工资的工作人员比例达到33.44%，为世界第一；通过手机接受工资的成年人比例达到11.59%，为世界第四。在这一方面，中国所有细分指标均排在世界前五，蒙古国、加纳、科威特、沙特阿拉伯及肯尼亚在这方面指标也比较靠前；在网购方面，中国网购在线支付的成年人比例为85.18%，排名世界第四，网购在线支付排名第一的是爱沙尼亚，为93.22%；中国网购的成年人比例（接受过中等教育及以上和15~24岁）分别为75.31%和74.21%，排名世界第7位和第10位，在这方面排名最高的分别是挪威和丹麦等北欧国家；在网络支付方面，中国使用网络支付成年人比例的多项细分指标均排在世界前20位，如在使用网络支付账单的成年人（接受过中等教育及以上人15~24岁）比例分别为68.29%和78.67%，排名世界第12位和第14位，在这方面排名最高的是挪威、丹麦和芬兰等北欧国家。此外，中国大部分成年人的应急资金来源为工资，在这方面中国多项细分指标排名世界前20位，而这方面比例最高的是越南、缅甸等亚洲国家。

中国排名后10%的指标有39个，可分为以下四类：一是通过手机接受公共部门工资及退休金的比例；二是拥有手机移动账户的比例（非劳动力、15~24岁的年轻人、收入在后40%的人、受教育程度较低的人、农村人口）；三是主要应急资金为银行贷款、变卖资产或来自家人朋友的比例；四是从自主创业中取得收入的成年人比例。

表2-4　2017年中国在Global Findex中排名前10%的指标

指标名称（2017年）	指标数值（%）	中国排名	世界排名第一		有指标的国家和地区数
			国家和地区	指标数值（%）	
通过手机接受工资的成年人比例	11.59	4	蒙古国	13.42	165
通过手机接受工资的工作人员比例	33.44	1	中国	33.44	165
通过手机接受私营部门（private sector）工资的成年人比例	10.21	3	蒙古国	11.01	159
通过手机接受私营部门工资的工作人员比例	32.93	3	加纳	38.32	159
网购在线支付的成年人比例	85.18	4	爱沙尼亚	93.22	86
在过去一年中网络购物的成年人（接受过中等教育及以上的人）比例	75.31	7	挪威	82.47	166

续表

指标名称（2017 年）	指标数值（%）	中国排名	世界排名第一		有指标的国家和地区数
			国家和地区	指标数值（%）	
在过去一年中网络购物的成年人（15~24 岁）比例	74.21	10	丹麦	96.73	166
在过去一年中使用网络支付账单的成年人（15~24 岁）比例	63.74	7	荷兰	82.42	166
在过去一年中使用网络支付账单的成年人（接受过中等教育及以上的人）比例	68.29	12	芬兰	94.42	166
在过去一年中使用网络支付账单或者在线购物的成年人（15~24 岁）比例	78.67	14	丹麦	98.88	166
在过去一年中使用网络支付账单或者在线购物的成年人（接受过中等教育及以上的人）比例	78.34	15	芬兰	94.75	166
以工资为主要应急资金来源的成年人比例	45.38	13	缅甸	68.73	166
以工资为主要应急资金来源的成年人（女性）比例	42.64	9	缅甸	63.375	166
以工资为主要应急资金来源的成年人（收入在前 60% 的人）比例	49.35	12	缅甸	69.73	166
以工资为主要应急资金来源的成年人（15~24 岁）比例	39.21	13	缅甸	64.27	166
以工资为主要应急资金来源的成年人（农村）比例	43.82	16	缅甸	70.20	166
以工资为主要应急资金来源的成年人（年龄在 25 岁以上）比例	46.31	16	越南	71.60	166
使用电话或网络连接账户的成年人（15~24 岁）比例	57.56	16	丹麦	95.67	166
使用电话或网络连接账户的成年人（接受过中等教育及以上的人）比例	65.39	15	挪威	91.23	166

（3）Enterprise Surveys 中国排名。Enterprise Surveys 调查在 2012 年采集的中国金融类指标共 15 个，从各国最新期各项指标数据的世界排名情况来看，中国只有国内投资占比指标排在世界前 10%，其他指标均排在 40% 以

后。而排名在后 40% 的 10 个指标中，关于通过银行进行财务投资和资本运营的指标有 4 个，反映中国借助银行进行财务投资和资本运营的企业占比分别仅为 14.70% 和 22.10%，通过银行进行的财务投资和资本运营占比分别仅为 4.5% 和 6.4%，这方面泰国和多米尼加共和国排名最好，泰国有 74.4% 的企业借助银行进行财务投资，通过银行进行的财务投资和资本运营占比分别为 53% 和 36.9%，多米尼加共和国有 72.4% 的企业借助银行进行资本运营，这也说明中国参与企业内部运营决策较少，银行专业化服务有待加强；关于借助供应商进行财务投资和资本运营的指标有 2 个，反映中国借助供应商进行的财务投资和资本运营占比分别仅为 1.90% 和 4.40%，这方面哥伦比亚、萨尔瓦多等国排名最高，哥伦比亚通过供应商进行的资本运营比例为 36.60%，萨尔瓦多通过供应商进行的财务投资比例为 18.00%，也说明了中国在产业链上下游之间的金融支持较少；关于有银行信贷覆盖情况的指标 1 项，中国有银行贷款或授信额度的公司比例仅为 25.30%，这方面智利最高，达到 79.60%；此外，部分排名靠后的指标，如需要抵押物的贷款占比（77.60%）、贷款申请被拒绝的公司占比（6.60%）、视金融可得性为主要约束的公司占比（2.90%）等，反而说明了中国在企业贷款申请中需要的抵押较少、通过率高和企业在金融服务可获得性方面反响较好。

2. IMF 指标体系中国排名

FAS 在 2016 年共采集我国大陆普惠金融指标数据 76 个。从各项指标世界排名情况看，我国排在前 10%、前 30%、前 50% 的指标分别有 44 个、64 个和 66 个，排在 50% 以后的指标有 10 个，排在后 20% 和后 10% 的指标分别有 4 个和 2 个（见表 2–5）。从具体内容看，排在前 10% 的 44 个指标中，主要为以下几类：商业银行、保险公司、小贷公司等金融机构的分支机构数和 ATM 数；个人、银行及小微企业在金融机构的账户数和贷款数；商业银行、小贷公司及其他吸收存款的金融机构的吸收存款数，表明我国在金融机构服务网点布设总量以及个人、家庭、小微企业存贷款账户数和余额方面处于世界领先地位。而排在后 20% 的 4 个指标分别是每 1000 成年人的商业银行存款账户数、每 1000 成年人中在商业银行存款的人数、每 1000 成年人中在信用合作社及金融合作社中拥有的账户数及每1000成年人中在信用合作社及金融合作社中存款的人数。中国大陆存款账户和存款人数虽然大，但是人口众多，所以在每1000成年人的指标中排名靠后。上述指标中排名在前列的为新加坡、伯利兹等人口较少的国家。

表2-5　2016年中国大陆在FAS中排名前10%的指标

指标名称（2016年）	指标数值	中国大陆排名	世界排名第一		有指标的国家和地区数
			国家	指标数值	
通过非存款方式获得资金	88886.32	2	俄罗斯	112129	22
通过其他金融机构获得资金	8605756	5	韩国	768912913	53
ATM数量	924176	1	中国大陆	924176	147
3个最大城市的ATM数量	74917	1	中国大陆	74917	54
商业银行借款数	435363000	1	中国大陆	435363000	77
商业银行借款家庭数	429000000	1	中国大陆	429000000	47
商业银行支行数	99462	2	印度	133491	152
3个最大城市的商业银行支行数量	8277	2	哥伦比亚	42827	63
信用合作社和金融合作社的分支机构数	33102	3	孟加拉国	179376	45
其他接受存款机构的分支机构数	88782	1	中国大陆	88782	69
3个最大其他接受存款机构的分支机构数	5827	1	中国大陆	5827	37
其他存款机构分支机构数	221346	1	中国大陆	221346	69
金融中介机构分支机构数	10645	1	中国大陆	10645	45
其他金融中介机构分支机构数	10429	1	中国大陆	10429	31
其他金融中介机构的消费者账户	269545901	1	中国大陆	269545901	16
小微企业在商业银行的存款账户	32720932	1	中国大陆	32720932	23
小微企业在其他存款机构的存款账户	4064899	1	中国大陆	4064899	10
商业银行机构数	190	8	美国	5080	155
保险公司机构数	205	9	法国	786	121
非存款机构数	8673	2	俄罗斯	14532	51

续表

指标名称（2016 年）	指标数值	中国大陆排名	世界排名第一		有指标的国家和地区数
			国家	指标数值	
其他存款机构数	2806	1	中国大陆	2806	103
其他存款合作社机构数	4161	2	印度	96465	116
其他金融公司机构数	9353	3	德国	12381	106
其他金融中介机构数	9148	3	德国	11986	103
家庭在商业银行的账户数	1848000000	1	中国大陆	1848000000	59
每 1000 个成年人的家庭在商业银行的账户数	1628.719348	2	巴西	2579.460261	59
商业银行的在途存款	116924524.5	8	伊朗	8801500000	155
商业银行的在途存款 /GDP	157.1297548	6	中国香港	469.2602291	151
信用合作社和金融合作社的在途存款	6147295.925	5	日本	613767300	58
其他存款机构的在途存款	31108826.99	5	伊朗	999400000	87
存款性金融机构的在途存款	154180647.4	3	哥伦比亚	364219541.2	86
商业银行的未偿贷款	75334439.13	9	越南	5388817552	154
小微企业在商业银行的未偿贷款	26868212.09	3	印度尼西亚	802112889	51
小微企业在商业银行的未偿贷款 /GDP	36.10701516	3	瑞士	45.41407535	51
信用合作社和金融合作社的未偿贷款	3847386.963	5	韩国	411898900	60
小微企业信用合作社和金融合作社的未偿贷款	1523073.6	1	塞浦路斯	61.62145018	14
不接受存款的小贷机构的未偿贷款	927280.0948	1	中国大陆	1523073.6	36
小微企业不接受存款的小贷机构的未偿贷款	568732.0039	1	中国大陆	927280.0948	14
其他接受贷款机构的未偿贷款	29356001.81	4	伊朗	1460300000	78
小微企业在其他接受贷款机构的未偿贷款	13054954.82	1	中国大陆	13054954.82	20
存款类金融机构的未偿贷款	108537827.9	2	哥伦比亚	410122778.4	84

续表

指标名称（2016 年）	指标数值	中国大陆排名	世界排名第一		有指标的国家和地区数
			国家	指标数值	
保险公司的未决赔款准备金	7769791	4	韩国	735078969	78
人身险的未决赔款准备金	6977179.58	5	韩国	548188294	70
非人身险的未决赔款准备金	792611	4	韩国	186890675	69

第四节　政策建议

1. 扩大数字普惠金融覆盖面

在上述普惠金融指标体系中，中国与移动支付、互联网金融相关的指标大多位于世界前列。然而，与中老年人、中低收入群体及农村人口相关的指标往往低于世界平均水平。如 G20 指标体系中，在使用移动电话支付的成年人比例的指标排名里，中国收入在后 40% 的群体指标排名为 40%，年龄在 35 岁以上的成年人比例指标排名为 42%；在使用互联网支付的成年人比例指标排名里，中国收入在后 40% 的指标排名为 34%，年龄在 35 岁以上的成年人比例指标排名为 41%。在 Global Findex 指标体系中，拥有手机移动账户的比例（非劳动力、15~24 岁的年轻人、收入在后 40% 的人、受教育程度较低的人、农村人口等群体）指标排名在世界后 10%。这说明中国的数字普惠金融发展还很不均衡，移动支付、互联网金融等技术在农村人口、低收入人口和中老年人口中的普及程度尚待提高。

推动数字普惠金融发展应从以下方面着手：一是加强基础设施建设，改善互联网在农村地区的应用条件。虽然近年来我国互联网普及率一直稳步提高，但是与城市地区相比，农村地区的互联网普及率还存在较大差距。造成这种状况的最主要原因是农村地区通信基础设施投资不足，移动通信、光纤宽带、数字电视等互联网基础设施不能有效满足广大农村居民的有效信息需求，造成了互联网在城乡间的数字鸿沟。建议政府部门进一步扩大在农村信息化建设方面的投资规模，加大通信网络等基础设施建设力度，同时，提供一定的财政补贴或费用减免，降低农民使用互联网的成本，为拓宽普惠金融覆盖面提供有利的硬件条件。

二是充分利用现代互联网技术和物流商务信息数据，解决信息不对称的问题，为推动普惠金融向纵深发展提供基础条件。数字普惠金融的核心是如何利用互联网技术来提高普惠金融水平，金融机构要充分利用现代互联网、大数据、云计算、人工智能等计算以及各类科技金融企业，整合各类信用信息和农牧业商品交易、服务等物流数据，以全方位了解农民和农牧企业生产经营及生活过程中产生的资金流、信息流，以及政府补贴信息、农牧民及农牧企业收支状况来开展数字普惠金融，逐步摒弃以往依据传统信用考核评价手段提供金融服务的方式，提高普惠金融效率。

三是满足低收入人群的基本金融需求，解决普惠金融普而不惠的问题。受制于金融机构风险管控、信用信息缺失、支付环境差等问题，提供低收入人群的金融服务多数是基础金融服务，而融资、便捷支付、理财多样化的金融服务尚未深入开展。因此，保障贫困和低收入人群的正常生活、生产的金融服务，需要将信贷服务、档案采集、便捷支付、政府补贴、金融消费权益保护、电子商务信息等纳入统一的金融服务网络体系中，并将数字普惠金融作为主要服务手段，通过降低服务成本、提升服务效率、实现金融服务真正做到对弱势人群的即普又惠。

四是加强诚信教育—完善金融监管—防范金融风险。目前，人民银行征信系统及其他数字信息查询系统都尚未实现各类信息数据的全覆盖，导致开展数字金融业务对客户信息甄别或诚信约束相对较弱，而数字普惠金融前期的发展又需要监管机构给予一定的包容和宽松的空间，监管缺位和监管框架不完整又会引发大量新的风险，如定价风险、网络管控风险、网络信息泄露风险等。因此，金融机构要充分利用互联网信息传播的优势，加大对农牧区和城镇低收入群体诚信意识宣传，改善彼此信息不对称问题。在鼓励各类金融机构发展数字普惠金融的同时，可给予其一定的调整空间，并逐步出台统一的数字普惠金融监管标准和框架，引导各类金融机构合格合法经营。

2. 完善金融市场基础设施建设

FAS 调查显示，中国的人均各类金融机构网点数排名位于世界后 10%，金融市场基础设施建设有待完善。

应从以下方面进行完善：

一是强化金融市场基础设施的法律基础。健全的法律基础是金融市场基础设施正常运转的保障。鉴于金融市场基础设施对于金融市场运行的重要作用，一方面，应当尽快完善金融市场基础设施的立法体系，整合监管部门的零散规定，充实金融市场基础设施运行的法律依据；另一方面应当尽快完善相应的法律环境，制定出行之有效的法律措施，避免因存在法律不确定性而阻碍金融市场发展及可能出现的系统性风险。

二是将金融基础设施的监管纳入宏观审慎监管框架。加强统筹协调，明确金融基础设施的宏观审慎监管架构，进一步加强中央银行对重要支付系统、中央证券存管、证券结算系统、中央对手方和交易报告库建设的指导和监管作用；发挥中央银行宏观审慎管理职能，促进各部委监管协调、数据信息收集和共享，发挥金融市场基础设施在防范和化解系统性风险方面的重要作用，切实维护金融市场稳健运行。

三是明晰各金融市场基础设施的业务边界和管理规则，统筹金融市场基础设施的发展规划。通过建立明确的业务规则和管理规则，理顺金融市场基础设施的监管体制，防范监管真空或监管套利等行为。通过对金融市场基础设施的统筹规划，建立合理分工、适度竞争的金融市场基础设施格局，为建立宏观审慎管理框架创造有利条件。

四是尽快建立规则明确、标准统一的金融市场基础设施管理规则和业务指引。尽快建立对金融市场基础设施的统一的法律法规和指引，包括机构准入、治理结构、业务规则、财务管理、风险控制、系统安全、信息披露、信息保存、审查评估、处罚和风险处置等以及金融市场基础设施认定名单和退出机制。

五是积极推进国内金融基础设施与国际通行准则接轨，推动金融市场对外开放。敦促国内各家金融市场基础设施，落实国际清算银行支付与结算委员会和国际证监会组织发布的《金融市场基础设施原则》，按照国际通行准则建立基础设施日常运营体系。同时，根据我国金融市场对外开放的要求和进程，建立适应国际金融市场的金融市场基础设施制度规范和业务标准，服务于我国金融市场的对外开放。

六是尝试建立注册、登记和认证金融市场基础设施准入制度，完善规则变更、报备制度等日常管理手段。根据不同类别的金融市场基础设施的业务特点和风控要求，明确各类基础设施授权、注册、监管、评估和审查流程，通过建立最低量化指标和阶段性审核等措施，提高基础设施的服务质量和管理水平。同时，当金融市场基础设施的运行状况、市场情况、监管政策发生变化时，建立恰当的变更报备制度，分别在事前、事中和事后明确报备要求。

七是发挥金融市场基础设施自律监管作用，探索建立信息披露和参与者反馈制度。给予金融市场基础设施必要的自律监管职责和权利，在市场微观治理层面承担一线监管职责，充分发挥自律监管组织的专业性、灵活性和低监管成本等特点。同时，根据国际通行做法，定期进行信息披露。在各类基础设施建设中，引入终端用户进入机构治理和管理层，建立由市场参与者代表构成的独立意见反馈机制，从而提高我国金融基础设施的竞争力和效率。

3. 切实解决中小微企业融资难问题

世界银行的 Enterprise Surveys 显示，中国关于通过银行进行财务投资和资本运营的指标有 4 个，反映中国借助银行进行财务投资和资本运营的企业占比分别为 14.70% 和 22.10%，通过银行进行的财务投资和资本运营占比分别仅为 4.50% 和 6.40%，均排名在世界后 40%。银行为企业提供的服务力度不够，中小微企业面临着一定程度上的融资难问题。

解决中小微企业融资难问题应做如下努力：一是调整和完善银行结构体系。现阶段，我国商业银行结构体系中国有商业银行仍占高度垄断地位，而民营商业银行数量很少，民营性的中小商业银行更是稀少。这种金融服务结构不仅严重降低了中小微企业融资效率、影响了中小微企业的发展，而且还加大了国有商业银行系统的金融风险。此时，应改革创新金融社区服务模式，方便地方性中小金融机构进入当地众多的民营企业，形成金融机构与企业“双赢”的良好局面。创立专门针对中小微企业的政策性银行，可以考虑除现有的中国农业发展银行、国家开发银行和中国进出口银行三大政策性银行，新创立“中小微企业发展银行”，专门做中小微企业的信贷融资，专门解决中小微企业的融资。如韩国中小微企业银行、法国中小微企业设备信贷银行，就是这样的银行，效果很不错，很值得借鉴。既然不必大材小用，大银行为小企业服务不对口、成本太高，为何不让中小银行服务中小微企业。既然民间资本的金融活动相当强烈，而且“地下信贷”事实上已客观存在，为什么不可以通过大胆的体制创新，在做好标准化、规范化的前提下，构建足够多的中小银行以满足民间资本融通的需求？为中小微企业融资搭建平台。

二是建立中小微企业贷款的“绿色通道”。整合政府、银行、担保机构等优势资源，集中扶持，促进最具有成长性的中小微企业的优先加快发展。在2008年金融危机的严峻形势下，临沂银监会分局不仅着眼于如何“雪中送炭”，而且注重了发挥政府、企业和银行的三方面积极性，帮助中小微企业化解风险、渡过难关，促进其平稳发展。为促进成长型中小微企业快速发展，临沂市制定出台了《中小微企业贷款“绿色通道”工程实施暂行办法》，鼓励金融、担保机构为中小微企业贷款提供服务，破解融资难问题。该办法规定：①凡列入“绿色通道”工程服务范围的中小微企业，金融机构对其在贷款利率上给予优惠，原则上贷款利率上浮不超过基准利率的30%，由省“151工程担保机构”担保的贷款，上浮不超过10%；②为列入“绿色通道”的中小微企业提供贷款服务的商业银行和担保机构，均纳入临沂市中小微企业贷款风险补偿和信用担保机构风险补偿范围；③建立金融机构与担保机构风险共担机制，合理设定风险分担比例，对高新技术企业的银保分担比例不超过1∶9，一般企业的不超过1.5∶8.5，由五星级担保机构担保的，金融机构可以不收取保证金。

三是建立完善信用评级体系。首先，中小微企业要加强自身管理，提高企业的自身管理理念和水平。中小微企业要加强队伍建设，提高管理人员素质和业务水平，改革经营管理模式，尽快建立起适应市场经济需要的现代企业管理制度与模式，吸纳专业性强的技术和管理人才。企业经营管理由家族式管理向的现代化科学管理转变。产权制度由自然人产权向现代企业产权制度转变，让中小微企业正规化、规范化。其次，要逐步提高企业的信用，培养良好的信用意识。许多家族式的民营企业，信用观念淡薄、意识差。中小微企业应提高社会诚信意识，坚决抛弃只顾眼前利益、不顾长远利益，不讲信用欺瞒客户和借口逃避银行债务的错误思想。要凭借诚信来争取银行等金融机构的融资支持，自觉地接受工商、税务、金融等有关部门的管理和监督。要依法建立账本，确保财会报表资料的真实性和完整性，杜绝弄虚作假、自欺欺人，严格要求企业自身。逐步提高民营企业自身建设对解决中小微企业融资困难具有十分重要的意义。

四是政府加强对中小微企业的财税支持。政府部门要以财政补贴、税收优惠、贷款援助等给予中小微企业资金上的帮助和支持。财政补贴是为了鼓励中小微企业促进就业、鼓励中小微企业出口创汇和促进中小微企业科技进步等方式给予的财政资助。税收优惠是通过税收减免、降低税率、提高固定资产折旧率等优惠政策，以减轻中小微企业的税收负担。政府帮助中小微企业获得贷款的方式主要有贷款贴息、贷款担保、政府直接的贷款优惠，等等。

4. 加快消费金融发展

G20 普惠金融指标体系显示，中国的个人信贷障碍较为严重，在银行，成功的成年人比例低于世界平均水平。中国个人应急资金来源主要为储蓄，金融服务的多样性有待增强，应加快消费金融的发展。

一是建立和完善消费金融法律体系，加强消费金融监管，谨防监管套利健全的法律法规是金融服务业发展的根本保障，也是消费金融业发展的重要基础。消费金融行业发达的美国就有专门的消费金融法律体系，1968 年《消费信贷保护法》和 1974 年《统一消费信贷法典》作为美国消费金融的法律制度基石，为促进美国消费金融发展提供了法律体系基础。我国应该加快建立和完善消费金融法律体系，制定具体可操作性的消费金融法律细则，做到在消费金融领域有法可依、有法必依、加强消费金融监管、谨防监管套利。切实保护消费金融参与者的权利，为促进消费金融发展夯实法律制度基础。

二是积极丰富消费金融机构主体，大力发展专业性的消费金融公司当前我国消费金融政策对消费金融设立主体资格要求严格，导致绝大部分持牌系消费金融机构都是由商业银行主导的。但在国际上成熟的市场中，消费金融机构的设立主体多元化，并不是主要由商业银行主导。比如，美国消费金融的主体包括商业银行、储蓄机构、信用社、财务公司与非银行金融机构等；日本消费金融的主体包括专门向工薪阶层提供消费金融的公司和票据公司等。另外，要积极推动专业消费金融机构的发展，比如金融财务公司，互联网专业小额贷款公司等。结合我国实际情况，针对不同地区消费水平和不同客户对象，大力发展专业性的消费金融公司。同时，众多消费金融机构主体的出现，为消费者提供了更多选择，也使消费金融市场竞争更加激烈，为消费金融产品类的创新提供源源动力。

三是加强制度创新机制，积极拓宽消费金融资金来源。当前，我国消费金融资金来源有限，流动性支持不足。建议加大流动性支持，积极拓展消费金融资金来源，为消费金融行业提供融资便利。可以通过建立多元化融资渠道，对从事消费金融的公司适度放宽融资条件，简化金融产品发行核准程序，丰富消费金融资产证券化方式。降低融资资金成本，积极拓宽消费金融融资来源。

四是逐步完善社会征信体系建设逐步完善社会征信体系，将消费金融，尤其是互联网消费金融信息纳入征信系统，加快建立消费者个人信息数据库，推进多维数据（个人商业信用数据、个人“五险一金”数据、个人人事档案数据、个人消费数据、个人金融数据等）整合，逐步形成覆盖人群广泛、信息多元的征信数据库。这将有利于助推消费金融机构风控体系的完善、消费金融产品的创新、人物画像的采集、风险识别的强化、风险管理的提升等。同时也有利于消费者信息的安全、消费者权益的保护、消费金融行业的健康发展。

5. 完善普惠金融指标体系的编制

一是加强对现有国际普惠金融指标体系和数据库的分析应用，重视国家间的比较。充分发挥指标的标尺作用，客观、科学地评估各国普惠金融的实际状况和相关政策实施效果，为各国适时调整阶段性政策目标和制定具体政策措施提供有力支持，有效地促进各国普惠金融发展。

二是数据的可获得性是设定指标的关键。鼓励各国加强部门间数据合作和分享，G20 普惠金融国家、发达国家积极给世界银行、IMF 等国际组织的普惠金融指标体系数据库提供数据。相关国际组织应明确指标定义并及时升级，确定统一的数据采集标准，降低数据采集成本，提高数据采集质量，逐步建立全球化的普惠金融数据统计机制，改善相关国家指标数据不完整的现状。

三是根据普惠金融的发展需要，相关国际组织应及时更新其指标体系。如 2016 年，我国担任 G20 轮值主席国期间，GPFI 在《G20 普惠金融指标体系》原有的基础上，整合部分现有指标，增加 11 个数字金融指标。此后，一些国家和组织提出的一些反映普惠金融发展政策环境的定性指标也应该被加入。

四是普惠金融具有“宽内涵”“多维度”等特点，目前还没有一个权威的综合指数可以全面、适当地衡量各国普惠金融总体情况。国际上有兴趣的研究机构可以研发、公布普惠金融指数，探索国家间普惠金融发展整体水平的比较，推动全球普惠金融全面发展。

五是我国普惠金融供应端指标数据主要分布在监管机构，需要进一步明确指标定义，提高指标数据质量，改进数据披露机制。需求端指标数据主要由世界银行、经合组织等通过问卷调查获得，国内相关机构可在借鉴的基础上，扩大调查内容、扩充调查样本，积极开展信息更丰富的需求端指标的调查和统计，同时注意与国际调查的可对接性、可比性。

第三章　农村金融与普惠金融的发展

中华人民共和国成立以来，随着中国农村经济社会的不断发展、变化，农村普惠金融的概念逐步清晰，并在实践中取得了巨大的成就。从20世纪50年代第一个农村信用合作社产生到2000年前后，中国的各县（区）、乡镇区域基本上都设立了农村信用合作社，各乡镇农村信用合作社又在所辖主要村组设立了信用站（组）。中国农业银行、中国工商银行、中国建设银行、中国银行等国有性质的银行机构在县（区）、工矿企业所在地等中心区域设立了不同类型的分支机构。中国农业银行还在各主要乡镇设立了营业所。一时间，各类银行业金融机构网点遍布城乡，那时的农村金融还是以农户的小额信贷为主，笔者认为这是新中国成立以来，最早的农村普惠金融雏形，只不过那时的中国农村整体经济、金融水平还相对落后，金融服务还无法真正达到普惠金融的目标要求。到2000年前后，随着银行业金融机构商业化改革的逐步深入，商业银行大幅度压缩了县（区）机构网点，农业银行基本上退出了农村金融市场，农村信用合作社也清理了大多数的村组信用站（所），在很长的一个时期里，农村金融供求失衡，服务滞后，其间尽管国家有关部门也做了很多工作，如新设了大量的邮储银行、一定数量的村镇银行和小额贷款公司等。银监会也严格限制了乡镇农村金融机构的退出、数量的减少等措施，缓解了供求矛盾，但很难从根本上有效解决农村金融供给不足的深层次问题。直到2015年国务院印发了《关于推进普惠金融发展规划（2016—2020年）的通知》（国发〔2015〕74号）、2016年中国人民银行印发了《中国人民银行办公厅关于建立中国普惠金融指标体系填报制度（试行）的通知》（银办发〔2016〕269号）文件和2014年国务院印发了《关于社会信用体系建设规划纲要（2014—2020 年）》（国发〔2014〕21 号）文件，2015 年中国人民银行等十部委印发了《关于促进互联网金融健康发展的指导意见》（银发〔2015〕221 号）等文件，2016 年 9 月，中国首次举办了 G20 杭州峰会并发布了《G20 数字普惠金融高级原则》等。中国农村普惠金融乘势而为，众多纷纷涌现的金融服务提供者、金融产品，以及政策与方法，成为中国农村普惠金融近年来发展变化最突出的特点。在广大农村地区建设了强大的金融基础设施，降低了借贷双方之间的信息不对称性，实现了资金在个人、企业及政府之间的安全、高效流动。建立了世界上规模最大的代理服务网络之一——助农取款服务网络，扩大了正规金融部门的服务范围，使其能够拓展到金融服务不足的农村地区。新的金融产品和服务日益通过数字业务模式提供，消费者对这些新产品和服务表现出强烈需求。就账户拥有率这一普惠金融基础指标而言，中国与其他 G20 国家已经不相上下。在中央政府和中国人民银行等部委的正确领导下各地政府、相关部门、金融机构等不同主体对发展农村普惠金融事业热情高涨，结合实际制定了发展规划、出台了诸多优惠扶持政策、加大了基础设施建设步伐，完善了服务体系，健全了消费者权益保护机制。在我国广大农村地区在提高金融产品和服务的覆盖率、可得性和满意度等方面开展了许多卓有成效的工作，为中国农村普惠金融发展做出了巨大贡献，为小微企业、农民、城镇低收入人群、贫困人群和残疾人、老年人等缺乏金融服务或金融服务不足的群体提供了便捷安全的金融服务，为中国广大农村经济社会全面发展做出了巨大的贡献。不过，要实现农村普惠金融长期可持续发展，中国仍面临着许多挑战。农村普惠金融各参与主体须全面认可现代农村普惠金融理念，并就此达成共识——尤其是农村普惠金融的市场化和长期可持续发展原则，地方政府、各金融市场主体，尤其是地方政府和地方性中、小金融机构的观念还停留在提供信贷补贴的阶段。笔者认为，要确保政府、各有关金融市场主体发挥适当、积极作用的同时，现有模式能够可持续且以市场为主导，还须做出更大努力；必须更好地理解并有效管理与新的、技术驱动的金融服务提供者和产品相联系的风险。必须将这类风险与鼓励产品设计及交付方面的创新加以平衡，因为这方面的创新能够推动普惠金融发展。此外，金融基础设施水平也需要进一步提高，才能跟上行业发展步伐，并能使数字金融拓展到金融服务不足的地区。

第一节　农村普惠金融的现状

本章重点从农村普惠金融的国家支持、基础设施建设和服务体系建设及服务主体分布、各服务主体提供金融服务和产品创新等方面进行阐述；从服务对象获得金融服务的可得性、多样性以及适当的产品、商业可行性、可持续性、安全和责任等方面阐述我国农村普惠金融的现状。

一、中国政府在促进农村普惠金融发展中的作用

过去15年中，中国政府积极采取一系列措施推进普惠金融发展。这一节描述了完善普惠金融政策、法律法规、监管环境的关键做法，同时也介绍了重要的金融基础设施情况。

普惠金融政策和监管环境

中国政府积极采取货币信贷政策、税收政策以及监管政策等一系列政策措施。这些政策的目标是鼓励市场化运作，降低金融服务提供者服务目标群体的运营成本，鼓励其利用技术和金融基础设施获取新的客户群体，促使其开发符合目标群体需求的精心设计的金融产品。

支持普惠金融发展的货币信贷政策。近年来，中国人民银行通过差别存款准备金率、再贷款、再贴现等一系列政策，鼓励金融机构加大对“三农”和小微企业的信贷支持力度。截至2019年7月，县域农村商业银行存款准备金率为8%，农村合作银行、农村信用社、村镇银行的存款准备金率为9%，分别比大型商业银行的存款准备金率低5个和8个百分点。上述县域农村金融机构中新增存款用于当地达到一定比例的，其存款准备金率还可

以再降一个百分点。此外，对符合审慎经营要求且“三农”和小微企业贷款达到一定比例的商业银行，也可享受较同类机构更低的存款准备金率。为支持金融机构发展普惠金融业务，2017 年 9 月，中国人民银行决定，从 2018 年起，对符合宏观审慎经营标准，且向普惠金融对象贷款（包括单户授信小于 500 万元的微型企业贷款等 8 类贷款）达到一定比例的商业银行实施定向降准政策。

中国人民银行还通过再贷款和再贴现，引导金融机构加大对金融服务不足群体的信贷投放力度，包括“三农”、小微企业和贫困人口。金融机构向这些群体提供的服务越多，就能更多地享受到这些政策。为支持金融机构提供支农、支小、扶贫贷款。

同时，中国人民银行稳步推进农村“两权”（农村承包土地的经营权和农民住房财产权）抵押试点工作，鼓励中小企业利用非金融企业债务融资工具，支持符合条件的金融机构发行专项用于小微企业贷款的金融债券，督促金融机构做好农民工、高校毕业生、少数民族群众、残疾人和其他群体的民生金融服务。这些举措有效提高了对“三农”、小微企业和其他普惠金融重要目标群体的金融服务水平。

专栏 2.1 《推进普惠金融发展规划（2016~2020 年）》

2015 年 12 月 31 日，国务院印发了《推进普惠金融发展规划（2016~2020 年）》（以下简称《规划》）。《规划》将普惠金融定义为：“立足机会平等要求和商业可持续原则，以可负担的成本为有金融服务需求的社会各阶层和群体提供适当、有效的金融服务。”并进一步指出，小微企业、农民、城镇低收入人群、贫困人群和残疾人、老年人等特殊群体是我国普惠金融重点服务对象。

《规划》指出，中国的普惠金融发展仍面临着诸多问题和挑战，包括普惠金融服务不均衡（如缺乏适合普惠金融目标群体的金融产品，市场上一些金融产品并不一定适合这些群体的需要），金融基础设施建设有待加强，普惠金融服务的商业可持续性有待提升等。

《规划》明确了中国普惠金融的总体目标。即建立与全面建成小康社会相适应的普惠金融服务和保障体系。有效提高金融服务可得性，明显增强人民群众对金融服务的获得感，显著提升金融服务满意度。满足人民群众日益增长的金融服务需求，特别是要让小微企业、农民、城镇低收入人群、贫困人群和残疾人、老年人等及时获取价格合理、便捷安全的金融服务。

《规划》明确指出，实现这些目标的具体举措，包括：健全多元化广覆盖的机构体系；创新金融产品及服务手段；加快推进金融基础设施建设；完善普惠金融法律法规体系；发挥政策引导和激励作用；加强普惠金融教育与金融消费者权益保护。

《规划》还指出，应正确处理政府与市场的关系，尊重市场规律，使市场在金融资源配置中发挥决定性作用；更好地发挥政府在统筹规划、组织、协调、均衡布局、政策扶持等方面的引导作用。统筹使用各种政策，积极推动普惠金融发展。另外，有些地方政府已经建立了企业创业贷款担保基金，金融机构向符合条件的创业者发放担保贷款，支持个人创业或扩大就业。财政资金对这类贷款的利息给予补贴。

（1）财税政策。中国政府推出了一系列财税政策，通过市场化途径，作用于不同的金融产品和服务，推动普惠金融发展。以下是一些具有代表性的财税政策：

第一，农业贷款和小微企业贷款风险补偿基金。中央支持地方设立风险补偿基金，鼓励金融机构加大对农业和小微企业的贷款投放力度。例如，自2007年以来，在中央政府的大力支持下，各地加大了设立风险补偿基金的力度，农村信用社、各商业银行等金融机构，与地方政府风险补偿基金加大了合作力度，按照风险补偿金不同倍数的金额向农户和农业产业发放贷款，并支持随借随还。

第二，支持地方普惠金融发展的专项资金。中国政府积极推动落实针对提高贫困户信贷可得性的指导意见。2014年，中国人民银行等七个单位联合出台了《关于全面做好扶贫开发金融服务工作的指导意见》。之后，国务院扶贫办、财政部、中国人民银行、银监会和保监会联合出台了《关于创新发展扶贫小额信贷的指导意见》。为确保贫困户能够获取适合的金融产品，这两个指导意见鼓励金融机构提供无担保贷款。支持地方政府安排风险补偿资金，并对贫困人口给予利息补贴；支持推广小额信贷保险，分散贷款风险。

为鼓励地方政府发展普惠金融，2016 年 9 月，财政部印发了《普惠金融发展专项资金管理办法》。该办法明确由中央财政部门提供专项资金，支持，引导地方政府、金融机构和社会资本进入普惠金融领域，使其更好地推动普惠金融发展。专项资金主要有以下用途：县域金融机构涉农贷款增量奖励；农村金融机构定向费用补贴；创业担保贷款贴息及奖补。2009 年，政府开始推进金融机构（尤其是县域金融机构）涉农贷款增量奖励试点工作。随着试点范围不断扩大，试点项目已覆盖中国 25 个省份。

第三，鼓励和支持政府担保机构发展。中国政府积极鼓励和支持担保机构的发展，旨在提升金融对目标群体的普惠性。许多地方政府已建立政府担保机构以分担金融机构承担的信用风险。2015 年 7 月 22 日，财政部、农业部、银监会颁发的《关于财政支持建立农业信贷担保体系的指导意见》（财农〔2015〕121 号）提出应形成覆盖全国的政策性农业信贷担保体系，为适度规模经营的新型经营主体提供信贷担保服务。2015 年 9 月 2 日，农业部办公厅颁发了《关于加快推进农业信贷担保体系建设工作的通知》（农办财〔2015〕55 号）。2016 年 5 月 6 日，国家农业信贷担保联盟有限责任公司成立，在国家农业信贷担保联盟有限责任公司成立后，各省、市、区也加快建立省级农业信贷担保公司。

第四，农业保险。保监会、财政部、农业部以及地方政府积极推进农业保险。在坚持保险公司市场化经营的基础上，中央、省、市、县政府对承担各类自然灾害、植物病虫害和意外事故赔偿责任的农业保险给予保费补贴。2007 年，在 6 个省份开展了保费补贴试点，试点项目提供了约 20 亿元的保费补贴，涵盖了 5 个险种。2015 年，中国保监会、财政部和农业部联合制定印发了《关于进一步完善中央财政保费补贴型农业保险产品条款拟订工作的通知》(以下简称《通知》)。《通知》印发后，新型农业保险产品保障水平提升 15%~20%；保险责任进一步扩大，基本涵盖投保人所在领域的主要风险。保险费率进一步降低、理赔标准进一步优化。

第五，税收政策。税收政策是中国政府用来推动普惠金融发展的一种手段。这些政策的目标是降低整体运营和交易成本，鼓励金融机构通过延伸分支机构和营业网点，扩大物理服务范围、服务目标群体，来引导金融机构加大对小微企业及“三农”等薄弱领域的资金支持。

为实现这些目标，国家制定并出台了一系列税收优惠政策，以往和现行的一些政策措施包括：对金融机构和小额贷款公司农户小额贷款的利息收入，免征增值税；对金融机构农户小额贷款利息收入，在计算应纳税所得额时，按 90% 计入收入总额；对金融机构与小微企业签订的贷款合同免征印花税。

(2)促进普惠金融发展的监管政策。中国政府积极运用各种监管手段来促进普惠金融发展。主要包括差异化监管、优惠政策、重点扶持、市场主体培育，以及机制建设。

近年来，中国人民银行和中国银监会采取了各种措施，以提高“三农”和小微企业金融服务的可获得性。这些措施包括支持商业银行发行专项用于小微企业贷款的金融债券；在小微企业贷款的存贷比、不良贷款率等方面实行差异化计算和考核。例如，允许商业银行发行针对小微企业贷款的金融债券，增加银行为小微企业提供贷款的资金来源。在计算小微企业业务条线的存贷比时，与小微企业贷款对应的金融债券可以从分子中扣除。此外，金融管理部门还允许商业银行发行募集资金专项用于发放涉农贷款的“三农”专项金融债，在存贷比、不良贷款率等方面，实行与小微企业金融债券类似的差异化计算和考核办法。

2009 年，政府开始推进金融机构(尤其是县域金融机构)涉农贷款增量奖励试点工作。随着试点范围不断扩大，试点项目现已覆盖中国 25 个省份，主要是针对粮食生产区和中西部地区。

专栏 2.2　让农村普惠金融政策之花盛开在希望的田野上
——河南省兰考县普惠金融政策综述

围绕有效提升县域农村金融服务可得性难点，统筹考虑普惠金融发展需求，结合兰考县县域“四农”（农业、农村、农民、农民工）实际，坚持问题导向，突出改革创新，通过改进提升货币、财政等政策执行力和导向力，创新货币政策工具等支持方式，强化推动金融产品和服务创新，加大金融支持农民工市民化等一系列具体措施，引导更多金融资源投向县域、投向“四农”、投向实体经济，县域金融服务覆盖率、可得性、满意度得到显著提高，有效支持兰考县全面建成小康社会，实现农民增收致富、农业现代高效、农村现代文明，为货币信贷政策工具等政策支持县域发展探索出一条可复制、易推广的新路子，推出了九类、十九条优惠政策措施具体如下：

（1）创新货币政策工具支持方式，优化运用扶贫再贷款发放贷款定价机制，提高县域法人金融机构积极性。

第一，开展优化运用扶贫再贷款发放贷款定价机制试点。2017 年上半年，允许兰考农商行在坚持保本微利经营原则和有利于利率市场化改革原则的前提下，自主竞价借用扶贫再贷款。综合考虑贷款对象风险状况等因素，按照在扶贫再贷款利率基础上适度加点的方式，自主合理确定运用扶贫再贷款资金发放贷款的利率，优化定价机制，主要支持带动贫困户就业发展的企业（含家庭农场、专业大户、农民合作社等经济主体）和建档立卡贫困户，增强扶贫再贷款政策效果。

第二，探索以信贷资产质押方式发放再贷款试点。按照“客观审慎、分级审核、足额质押、激励引导”的原则，以保障再贷款债权安全为前提，客观评估符合条件的非金融企业信用等级，审慎选择符合条件的信贷资产作为质押品，合理确定信贷资产质押品的质押率，以信贷资产作为发放支小再贷款、扶贫再贷款和常备借贷便利的保障，有效破解兰考县金融机构因合格抵押品、担保等和承接再贷款能力不足问题。

（2）强化窗口指导，加大政策支持力度，增强金融机构发展普惠金融实力。

第一，积极落实“支农计划”。综合运用多种货币政策工具，推动“百亿支农计划”落地实施。加强对国家开发银行、中国农业发展银行河南省分行抵押补充贷款（PSL）资金运用情况的监测、评估，引导其优化抵押补充贷款资金投向，加大对兰考县棚户区改造、水利建设、农村公路建设等支持力度。对中原银行新增专项支小再贷款限额。对兰考农商行新增扶贫再贷款限额，专项支持兰考县涉农经济和小微企业，引导其使用再贷款资金发放贷款利率明显低于市场利率。推动“中国人民银行再贴直通车”业务无缝对接兰考金融机构和涉农、小微企业，优先为兰考县涉农、小微企业的票据办理再贴现。在兰考县支行单设再贴现限额，充分发挥再贴现窗口的作用，加大对法人金融机构再贴现的支持。加强对兰考县金融机构流动性监测，对出现流动性缺口的地方法人金融机构及时提供常备借贷便利支持，保持兰考县金融体系流动性合理充裕。

第二，支持成立全省首家县级市场利率定价自律机制。协调河南省市场利率定价自律机制，加强业务指导，支持兰考成立全省首家县级市场利率定价自律机制，由兰考银行业金融机构自主协商辖区各类型、各期限存款利率，报河南省市场利率定价自律机制备案后实施。

第三，适度放宽宏观审慎评估的标准。对兰考法人金融机构宏观审慎评估给予支持，实施全省最低结构性参数，支持更多机构在宏观审慎评估中取得优秀档，获得奖励性准备金利率。鼓励兰考县法人金融机构从资本和杠杆、资产负债、流动性、定价行为、资产质量、外债风险、信贷政策执行情况这七大方面有针对性地进行自我调整、加强审慎经营、提高可持续发展能力。

第四，支持发行同业存单和大额存单。加强工作指导和培训，在定量和定性指标评估得分、存单备案额度等方面，对兰考县法人金融机构给予“就高不就低”的优惠政策，优先支持其通过合格审慎评估，尽快取得同业存单和大额存单发行资格，拓宽多元化、市场化负债资金来源。兰考县法人金融机构要积极主动参与年度合格审慎评估，切实转变经营理念和发展模式，增强财务硬约束，抓紧建立并充分发挥利率定价系统作用，提升自主定价和风险管理能力。

（3）拓宽金融供给渠道，发挥资源互补优势，积极对接兰考多元化资金需求，着力提升普惠金融覆盖率。

第一，加大线上互联网金融供给力度。充分发挥互联网金融优势，延伸金融服务链条，扩大金融服务范围。借助“普惠金融一网通”信息平台，有针对性地提供扶贫、小额信贷、产权融资、农业保险等金融扶贫产品，切实满足农村居民多元化金融需求。鼓励“蚂蚁金服”等互联网金融业态在兰考县发展，支持互联网金融企业在兰考县拓展业务。支持兰考县金融机构与互联网企业开展多元化合作，以实现优势互补、创新产品服务和商业模式，提升服务效率和服务水平。

第二，深挖线下金融服务对接形式。搭建政府、银行、企业合作平台，充分发挥金融博览会、产品推介会等平台的作用，引导金融机构加大金融产品宣传推介力度，强化金融产品创新，为兰考县企业量身定制专属信贷产品，构建金融与经济良性互动、企业与银行共同发展的长效机制，满足兰考县企业信贷资金等金融需求。此外，还可以拓宽农村金融服务站功能，开设农民信贷“绿色通道”，集中收集农民金融需求，引导地方金融机构定期开展现场办公，以提高农村居民贷款效率、可得性。

第三，强化银行间债券市场融资宣传培育。通过编制银行间债券市场融资知识手册、普惠金融一网通推介、专家授课、业务研讨等方式，对主管部门、企业和市场机构加强对银行间市场融资政策宣传、产品推广。充分发挥市场成员、主承销商的业务优势，在兰考县加强项目发掘和储备，推动符合条件的企业发行债务融资工具。支持符合条件的法人金融机构通过发行金融债券募集资金，进一步提高对小微企业、“三农”、绿色环保、创业创新等领域的信贷投放能力。

（4）创新金融产品和服务方式，提升县域金融普惠能力。

第一，创新涉农小微金融服务。各金融机构要加大涉农金融服务创新力度，围绕兰考“四农”实际，创新基于订单农业、上下游企业模式的信贷产品，推广“涉农龙头企业＋上下游种养殖户经销商”“企业＋农民合作社/

家庭农场 / 基地 + 农户”等农业产业链融资模式，有效地满足兰考县涉农企业融资需求，探索将专利权、商标权、股权、应收账款、订单、保单、仓单等纳入抵（质）押范围，降低小微企业担保门槛，引导金融机构加大信贷产品创新力度，精准对接小微企业融资需求。

第二，推广多样化的新型融资产品。各金融机构要结合兰考实际，创新试点或复制推广本行系统新型融资产品或融资模式，支持兰考主导产业、特色产业发展。加强银政、银保、银税合作，在兰考县复制推广“助保贷”“园区贷”、小额信贷保险、税银服务等多样化信贷产品。发展绿色信贷等绿色金融，探索将绿色信贷纳入宏观审慎评估框架，并将绿色信贷实施情况关键指标评价结果、银行绿色评价结果作为重要参考，支持兰考县环保业等绿色产业发展。充分依托本行投行等各类金融平台，支持兰考县符合条件的企业利用上市、发债、风投、信用保险、金融租赁等实现多渠道融资。

（5）创新金融扶贫模式，有效提升贫困户贷款获得性，加大支持精准扶贫、精准脱贫力度。着力做实扶贫小额信贷等政策性信贷产品。各金融机构要加大扶贫小额信贷发放力度，充分利用分片包干制度，摸清建档立卡贫困户信贷需求，力争让符合条件、有贷款意愿的贫困户保证获得 5 万元以下，期限 3 年以内，免抵押，免担保信用贷款。积极发放扶贫贴息贷款、康复扶贫贷款、创业担保贷款、民贸民品贴息贷款等小额信贷，加大对建档立卡贫困户的信贷支持。采取新型农业经营主体担保、担保公司担保、联保、互保等多种增信措施，缓解贫困人口信贷融资缺乏有效、足额抵押担保资产问题。邮储银行要加快推广“惠民扶贫贴息小额担保贷款”，支持精准扶贫，精准脱贫。

强化金融扶贫模式创新。加大对产业带动脱贫的金融支持，稳定可持续脱贫。鼓励金融机构在“人民银行扶贫再贷款 + 地方法人机构扶贫贷款 + 担保基金 + 财政贴息 + 建档立卡贫困户（扶贫龙头企业）”五位一体金融扶贫模式的基础上，再结合兰考实际，探索各具特色的金融扶贫模式。支持兰考县开展“政府 + 银行 + 企业”的三位一体贷款模式，以及在三位一体的基础上引入保险机制的四位一体金融扶贫模式。推动兰考县政府落实扶贫贴息贷款政策，对建档立卡贫困户给予 5%、对扶贫龙头企业给予 3% 的财政贴息。

（6）完善农村产权交易服务平台，盘活农村生产要素，提升农村利用产权要素融资能力。完善农村产权交易平台功能。推动兰考县政府进一步整合政府部门资源，探索建立县、乡、村三级农村产权交易信息服务平台，形成县（交易中心）、乡（服务站）、村（服务点）三级联动服务的农村产权流转交易体系。加快推进农村产权要素的确权颁证、价值评估、抵押登记、交易流转和风险处置的机制建设，确保各类产权确权登记信息统一规范，做到权利清晰、登记入库、颁证到户。积极引入市场信息收集发布、资源资产评估、交易代理、法律法规政策咨询等各类中介服务机构。

增强农村产权要素的融资能效。探索将农民住房财产权、承包土地经营权、林权、水域滩涂使用权、大型农机具、农村知识产权等纳入贷款抵（质）押范围，并结合县域发展实际，不断扩大抵（质）押品种和范围。引导金融机构结合农村产权的权能属性，在贷款利率、期限、额度、担保、风险控制等方面加大创新支持力度。鼓励金融机构加大对经营规模适度的新型农业经营主体的贷款支持，有效增加农业生产的中长期信贷投入。

积极推进农民住房财产权抵押贷款试点。推动兰考县政府尽快完善农民住房财产权抵押贷款配套机制建设，鼓励引导兰考县金融机构参与农民住房财产权抵押贷款试点，结合兰考县的实际情况，创新信贷产品和担保方式，发放贷款支持农业生产经营。

（7）围绕兰考“四农”实际，积极推动农民工市民化，加大金融支持力度。积极开展农民工进城创业就业、购房安居、子女教育金融产品与服务创新。支持金融机构提高创业担保贷款发放效率，放大担保基金放贷倍数，完善“创业担保贷款 + 创业技能培训”的联动机制，更好地发挥对农民工创业就业的支持作用。在有效控制风险的前提下，在信用评级、担保方式、贷款额度、期限、利率、还款方式、服务收费等方面，合理设置区别于普通商业性住房贷款的条件，支持有购房意愿和承贷能力的农民工在城镇购买小户型、经济适用性住房。扩大生源地信用助学贷款的覆盖范围，力争做到对农民工子女应贷尽贷。支持兰考县对农民工购房、创业、助学贷款予以财政贴息，将有稳定劳动关系的农民工纳入住房公积金制度覆盖范围。

（8）发挥开发性、政策性金融优势，加大对农业农村基础设施建设的中长期资金投入，实现农业现代高效、农村现代文明。重点支持农村基础设施建设。鼓励国家开发银行河南省分行充分发挥开发性金融优势，围绕兰考县农村水电气等公共基础设施、畜禽粪污无害化处理和综合利用、棚户区改造等资金需求，增加专项建设金融债券规模，加大低息中长期贷款发放力度，支持农村现代文明建设。鼓励农业发展银行河南省分行利用重点项目资金，按照微利原则，结合现有贷款品种投贷结合，配套发放农业综合开发贷款等农业专项贷款，着力解决农田水利、耕地整理、商品粮棉基地等基础建设的中长期的资金短缺问题，支持农业现代高效发展。

（9）支持兰考县企业扩大对外开放，探索县域经济“引进来”和“走出去”的开放新路。鼓励兰考县企业利用境内外两个市场配置资源。鼓励金融机构和兰考县企业积极开展跨境人民币业务，有效防范汇率风险。支持符合条件的兰考县企业开办跨境双向人民币资金池业务，提高境内外成员企业资金利用效率。鼓励各金融机构结合兰考特点和优势，加大贸易融资等产品创新力度，更好地满足经济外向型企业的跨境贸易结算和投融资需求。鼓励兰考县金融机构和企业充分利用全口径跨境融资政策，吸纳境外离岸市场资金，降低融资成本。（资料来源：中国人民银行郑州中心支行）

二、传统金融服务提供者在农村普惠金融中的作用

中国传统金融服务提供者对推动农村普惠金融发展起着关键性的作用。根据政府的政策指引，传统金融服务提供者在拓展物理服务网络、推动中国支付基础设施现代化，以及推动产品创新等方面都取得了显著成效，其中也包括加强与金融科技公司合作等方面。其结果是金融产品尤其是银行账户和银行卡的获取和使用有了显著增长。传统金融服务提供者，包括国有商业银行（如中国邮政储蓄银行、中国农业银行等）、股份制商业银行、城市商业银行、农村商业银行、农村合作银行和农村信用合作社，金融服务提供者，

如村镇银行（VTBs）和小额贷款公司（MCCs），金融科技公司，包括非银行支付机构、P2P 网贷平台、网络小额贷款公司、互联网银行、互联网保险公司、互联网基金平台、互联网股权众筹平台等对农村普惠金融将发挥重要的作用（见表 3-1）。

表 3-1　中国部分金融服务提供者概况

金融服务提供者种类	机构数量	总资产（十亿元）	营业网点总数	监管部门
国有商业银行	5	86598	68953	银监会
股份制银行	12	43473	15366	银监会
城市商业银行	134	28238	16156	银监会
农村商业银行	1114	20268	49307	银监会
农村合作银行	40	436	1381	银监会
农村信用社	1125	7950	28285	银监会
保险公司	203	15120	—	保监会
村镇银行	1443	1238	—	银监会
小额贷款公司	8673	—	—	地方政府
非银行支付机构	266	—	—	人民银行
P2P 网贷平台	3709	—	—	银监会

资料来源：银监会、保监会、人民银行，为 2016 年数据。分支机构包括特色支行，但不含助农取款服务点。

1. 拓展物理服务网络，提高金融服务可得性

可得性是农村普惠金融的核心要素和驱动力。与许多国家一样，中国传统金融服务提供者的数量有限，且在地理分布上不均衡。但是近年来，政府出台的各项政策、日益激烈的竞争以及不断涌现的商机均推动金融服务提供者通过设立特色金融机构、代理机构、流动服务站点和自助服务点等，不断向偏远地区和农村地区拓展物理服务网络。2007 年，中国银监会在其官方网站发布《中国银行业农村金融服务分布图集》，强调拓展金融机构物理范围的政策目标。

中国政府一直以来积极推动拓展基础金融服务覆盖面。2014 年，银监会印发了《关于推进基础金融服务“村村通”的指导意见》，提出力争用 3~5

年时间实现行政村基础金融服务“村村通”的总体目标。各级地方政府也采取积极措施对延伸基础金融服务予以支持。这些措施形式各异，但大多涉及资金补贴、税收减免、风险补偿、担保机制及分支网点改造。例如，重庆市丰都县财政部门采取补贴方式鼓励银行在村或乡镇新设具有存取款和贷款功能的银行网点，每设立一家网点，给予银行 20000 元资金补贴。

此外，农村人均收入的提高、物理和金融基础设施的完善，再加上城市金融机构之间竞争加剧，促使越来越多的金融服务提供者到农村和偏远地区发展新客户群体和发掘新商机。如表 3–2 所示，ATM 和 POS 机具设备近年来增长迅速，2016 年，ATM 机具数量达到约 92.4 万台（其中 37% 布放在农村），POS 机具数量约 2453.5 万台（其中 28% 布放在农村）。近年来，农村地区 ATM 和 POS 机具的绝对数量有所增长（尽管由于城市机具的绝对布放数量增长更快而导致农村地区机具占比出现下降）。

表 3–2　ATM 和 POS 机具布放量

年份	ATM（千台）		POS（千台）	
	全国	农村（%）	全国	农村（%）
2011	334	41	4827	60
2012	416	43	7118	56
2013	520	39	10632	42
2014	615	41	15935	33
2015	867	36	22821	28
2016	924	37	24535	28

资料来源：中国人民银行，2016 年数据。

2. 农村地区助农取款服务代理模式

近年来，中国陆续出台了各类支农补贴、新型农村社会养老保险（“新农保”）、新型农村合作医疗保险（“新农合”）等惠农政策。据 2013 年中国家庭金融调查，约 40% 的城市家庭和 68% 的农村家庭称，在过去一年中获得过政府发放的各类补贴或补助金。然而，很多补贴受益人一直居住在偏远地区，难以获取基础金融服务，以现金形式发放补贴效率很低且成本极高。为了解决这个问题，也为了实现提高金融服务可得性这一更宏大的目标，中国人民银行于2010年启动试点项目，开展银行卡助农取款服务，即依托代理服务点，通过绑定银行账户的借记卡向农民提供取现服务。该项目最初与农业银行和邮储银行及其他金融服务提供商合作开展，选取了重庆、山东、浙江、湖南、陕西等省（市）的若干乡镇开展试点，但开展此类业务数量规模最大，成效最突出的金融机构是农村合作金融机构。

2011年，中国人民银行印发了《关于推广银行卡助农取款服务的通知》，要求推广试点，明确提出到2013年底实现银行卡助农取款服务在全国范围内农村乡镇基本覆盖的政策目标，并着重强调助农取款服务点严禁吸收存款，且每卡每日累计最高取款金额不超过1000元。2014年，中国人民银行印发了《关于全面推进深化农村支付服务环境建设的指导意见》，取消对助农取款服务点办理汇款和缴费业务的限制，收单机构可通过申请增设这两项业务。取款限额也提高至2000元，中国人民银行副省级城市中心支行以上分支机构可对限额进行调整。目前，助农取款点还可提供个人间转账业务。

助农取款服务点由金融服务提供者（后由中国农业银行、中国邮政储蓄银行扩展到地方性银行、农信社以及取得银行卡收单机构牌照的非银行支付机构）在村镇建立并配备POS机终端及其他机具。其中大约2%的助农取款服务点由非银行支付机构（如支付宝和财付通）设立。

助农取款服务点在不同省份之间或同一省份之内分布各异，但大多数设立在本地零售店及村委会办公室并就助农服务质量有了明显提升，例如，截至2017年10月底广东省肇庆市在全市农村居委会安装了“村财通”助农服务机具，“村财通”业务不仅整合了原有POS机助农取款功能，而且拓展了助农缴款、助农转账和农村财务管理等功能，极大地便利了农民就近办理取款、缴款、转账等业务，包括各类“三农”补贴资金的领取等。福建宁德三都澳海域主要以养殖黄鱼、鲍鱼、龙须菜为主，海域周边有近2万多人口，仅海面上有1万多家从事和养殖有关的上下游交易链，海上交易繁忙。海上交易历来需钱货两清，早期主要依靠现金当面交易，不仅极度不便，还存在现金携带及存放的安全隐患，以及伴随假币、伪造币充斥等问题。在人民银行移动支付便民示范工程建设的推动下，海上支付便民点很好地解决了海上交易携带现金的不便性，促进了海上交易量的提升。

为推广农村地区电子支付和电子商务发展，部分省份还采取措施来鼓励农村地区助农取款服务点和电子商务网点之间实现资源共享。例如，对一些助农取款服务点和电子商务网点（如为村民在淘宝电子商务平台上销售货物提供服务的零售店或农户）进行整合，或推动二者共享信息技术和人力资源，在陕西省宜君县建立“普惠金融综合服务站”，在乡镇及较大的行政村，按照“五站统建、五员一体”的总体思路，充分结合县域经济发展规划，建设集“农村金融服务站、农村电商服务站、农村商超服务站、农村物流服务站、信息采集服务站”为一体，集“金融服务员、网络推销员、产品销售员、物流配送员、信息采集员”为一人的“普惠金融综合服务站”建设模式。在河南省兰考县坚持“基础金融不出村，综合金融不出乡（镇）”，极力打造村级普惠金融标准服务站，让农民自然地享受金融服务。引导当地农业银行、中原银行、农合机构在农村设立普惠金融服务站，按照不另新建设、不增加成本、统一标准的原则，在村委党群服务中心建设具有“4+X”功能（“4”即支付结算、小额人民币兑换等基础金融服务、信用信息采集、风险防控、金融消费权益保护，“X”即银行特色金融服务）的普惠金融村级服务站。

农村助农取款服务点模式旨在打造一个参与主体与利益相关方共赢的局面，即消费者、金融服务提供者、商户和政府等多方共赢。第一，这种模式为消费者提供了足不出村就可取款、转账和缴费的便利，消除了前往银行营业网点的直接和间接成本。第二，这种模式完善了服务点商户的现有零售商业模式，通过运营服务点及交叉销售，商户能够获得额外收入来源和客源。第三，金融服务提供者（大部分是当地中小型银行和农村信用社）得以借助助农取款服务实现在农村地区的市场拓展，也能增强农村消费者对其品牌的认知和忠诚度，而且还能更准确掌握农村消费者的交易行为等信息，为未来业务发展提供支撑。第四，中央和地方政府有关部门得以更有效、更经济地发放国家支农补贴、农村养老保险和农村合作医疗保险补贴。这些补贴资金通常额度小、发放次数多，若通过现金发放，环节多、发放成本较高。为简化交易及降低各参与方的长期成本，中国人民银行和其他相关部门鼓励地方政府向农村布放了POS机具的金融服务提供者给予补贴。第五，可以利用助农取款服务点向农村消费者宣传金融知识，进行金融教育。

自2010年以来，中国从助农取款服务点建设的成就和遇到的挑战中积累了丰富的经验。其中，确保助农取款服务模式的可持续性是一项重要经验，也是仍然存在挑战。目前，监管上对助农取款服务点收取服务费的上限有明确规定，如果仅办理取款业务，服务点实际上往往难以弥补其运营成本。虽然允许增设转账及汇款、代理缴费等业务可在一定程度上解决这一问题，但仍需采取战略性措施来进一步摊薄运营成本和提高效率，从而推动助农取款服务点可持续发展。金融管理部门需要考虑，进一步拓展助农取款服务点功能（如可办理赎回业务）是否能够成为增强该模式商业活力的有效途径。

如何平衡好互联互通与投资激励也是金融管理部门面临的一项挑战。出于便利农村居民的考虑，中国人民银行已在农村地区开展跨行清算金融基础设施建设，以降低跨行清算成本，并鼓励收单机构接受他行发行的借记卡。然而，收单机构对此可能存在一定的抵触，因为他们的初衷是希望通过助农取款服务点扩大自身在农村的业务量。

如果金融管理部门要求收单机构提供跨行服务，那么就会在一定程度上降低其布放设备、扩大代理网络的积极性。为了解决这个问题，中国人民银行分支机构在助农取款服务网络拓展初期可能会设定一个临时期限，在这个期限内，POS机终端仅对所属收单机构开放。更典型的做法是允许收单机构对于使用他行借记卡的客户收取小额跨行交易费。

强化监管和防控风险是另一项重要经验。在助农取款服务模式下，将传统银行网点的部分现金业务外包给助农取款服务点，代表着交付渠道和商业模式的创新，而新业务和新模式往往会产生新风险。为了有效防控伴生风险，中国人民银行对管理要求、交易限额、助农取款服务点资质、布设地点要求和运营管理等予以明确，确保助农取款服务点能在农村地区进一步健康发展。

由于中国的金融管理部门在助农取款服务网络的试点和拓展初期予以大

力推动与指导，随着助农取款服务网络的全面铺开，未来有必要重新考虑政府在该模式中的适当作用。事实上，由于业务量少、业务范围有限、交易金额小，目前很多助农取款服务点无法盈利，但银行出于社会责任考虑仍然维持其经营。据说，有一些助农取款服务点几天才发生一笔交易，甚至业务更少（尽管仍缺少关于交易量的可信数据）。从通常意义上看，金融管理部门（当然还有金融服务提供者）往往将推动助农取款服务网络覆盖所有乡村视为一种社会责任，而不是基于市场的战略决策。

服务点的名称表明（在中国通常叫作“助农取款服务点”），作为金融服务提供者设立的主动作为的代理机构，尽管助农取款服务点具备提供一系列广泛金融服务的能力，但出于对防范风险的考虑，其潜力却未被充分利用。因此，需要采取基于市场的、更为灵活的政策措施，允许金融服务提供商通过创新提高商业可持续性，包括考虑到周边店铺的收入、采取措施增加客流和交易量，从而更充分地发挥助农取款服务点作为全功能代理机构的潜能。由于不同类型助农取款服务点的最佳发展策略不尽相同，进一步加强助农取款服务点的特点分析，以及开展根据助农取款服务点潜能对其分类施策的研究，均有积极意义。

3. 传统金融服务机构在农村普惠金融中的作用突出

（1）商业性银行在农村普惠金融中的作用逐步加大。自 2016 年起，各商业银行加大了对普惠金融的重视，陆续设立了普惠金融事业部或专业化的经营机构，以内设机构的形式独立运作，配备了相应的管理人员和专职人员。截至 2017 年末，各大国有商业银行均设立了普惠金融事业部，许多股份制商业银行也设立了普惠金融事业部，普惠金融事业部业务范围涵盖小微企业信贷、部分个人经营性贷款、扶贫、“三农”“双创”及民生等领域。普惠金融事业部制定了符合普惠金融需要的信贷管理政策，建立了普惠金融专项信贷评审机制。部分银行下放普惠金融信贷审批权限到地市县级分支行，采取信贷集中审批模式，对小微企业和“三农”贷款设专人审批，保证业务时效性，并结合区域特征、客户特征制定差异化准入及审批标准。构建了普惠金融事业部专项风险管理制度和体系，加强信贷资质人员配备，加强对关键环节风险的分析和控制，强化贷后管理及重要风险环节检查，确保信贷资金安全有效。各商业性银行业金融机构在农村普惠金融中结合自身优势和"三农"发展需要推出了一系列金融产品和服务，得到了广大农户的高度认可。如农业银行推出的"惠农一卡通""农民安家贷"和扎根广大农村一线的"惠农通"助农服务中心，邮政储蓄银行的车轮流动银行。另外，中国银行、兴业银行等商业银行在农村普惠金融中坚持从农村和城市两端发力。一端向新型城镇化发力，鼓励、支持农民工市民化，确保农民工能够进得去、留得下、过得好；另一端向农村发力，支持"三农"现代化。浙江省宁波市北仑区是宁波市重要的工业企业集中地。临港大工业和装备制造业非常发达，规模以上工业总产值占全市的1/4，进出口总额占全市的1/3，大型企业云集、产业工人集聚。北仑区的产业结构和人口结构决定了北仑区产业工人特别是外来务工人员基数非常大。辖内拥有吉利汽车、申洲针织、海天精工等行业龙头企业，吸引了约50万的产业工人，占常住人口的2/3，是宁波市乃至整个东部沿海城市产业工人集聚的典型区域。但长期以来受制于产业工人流动性强、信用信息体系不完善等因素的制约，金融需求始终无法得到有效解决，对此，北仑区辖区所在地的商业银行开展了一系列卓有成效的普惠金融措施，确保了金融供需平衡。中国银行北仑支行在全国首创推出"个人委托贷款"，由企业提供资金，并确定贷款对象、用途、金额、期限、利率等，中国银行北仑支行代为发放并协助收回。泰隆银行针对有一技之长的工人开发"匠人卡"，发放"技工匠人贷"，可基于流动人口积分信息和技术职称情况提供最高50万元信用贷款。北仑农商行针对外地产业工人异地汇款的普遍需求，开发免除一切手续费的"新北仑人卡"。兴业银行在吉利汽车春晓基地建立服务站，惠及3000余名产业工人，每周提供1~2次上门服务，开业以来日均业务量达到300多笔。

（2）不断深化农信社改革，全面推进农村普惠金融发展。农村信用社历尽沧桑，经历多次改革调整，但其自成立以来始终都是中国农村地区机构网点分布最广的金融服务提供者，也是实现中国普惠金融目标的关键性机构。自1978年改革开放以来，为了提高服务水平，改善农村信用社经营状况，国家对农信社进行了多次改革。

农村信用社于 20 世纪 50 年代开始设立，但在改革开放前，未能有效发挥服务“三农”（指农村、农业、农民）的作用。1979 年初，国务院决定由中国农业银行对农村信用社进行代管。1984 年，由于经营不善、财务状况不佳等原因，农信社仍未能实现有效服务“三农”的目标，因此，国务院提出对农村信用社股权设置、组织管理等进行全面改革，以恢复农信社的合作金融性质，更好地服务农村和县域经济。此后，农信社主要以村、镇法人机构为主要组织形式。这一阶段的改革壮大了农村信用社的资金实力，有效地促进了其业务发展，但也出现了农信社自主经营权受地方干预等新问题，影响了农信社普惠金融潜能的发挥。

1996 年，国务院发布了《关于农村金融体制改革的决定》，明确农信社与中国农业银行脱离行政隶属关系，按合作制原则加以规范。为了增强农信社的风险防范能力和运营管理水平，国务院办公厅 1997 年转发了《中国人民银行关于进一步做好农村信用社管理体制改革工作的意见》，重申要按合作制原则改革农信社管理体制。此次改革总体上较好地改善了农信社的管理体制。随着国有商业银行纷纷压缩撤出县域内分支机构，农村信用社更多承担起服务“三农”的重担。然而，由于历史包袱重、资产质量差、经营不善等诸多因素影响，农村信用社之后出现了大面积的亏损。到 1999 年末，全国信用社系统的所有者权益为负值，农信社服务“三农”的能力受到了较大影响。

2003 年 6 月，中央政府启动对农村信用社的全面深化改革。将农村信用社的管理权由中央交由地方省级政府管理，在这次改革中，不再强调坚持农信社在股权结构、管理和业务经营上的“合作”属性，并创造了两个新型的组织形式——农村商业银行和农村合作银行。许多农村信用社因而被改制成农村商业银行、农村合作银行等新形式，以提升自身治理水平，并将其调整为商业可持续的经营模式。地方政府被赋予进一步改革的权力，地方政府随后出台并实施了配套政策，帮助减少不良贷款和进行产权改革。为实现农信社改革目标，人民银行根据国务院的相关精神制定并实施了一系列政策措施为增强农信社的资本实力，人民银行设计并发放了有关专项票据和专项借款。专项票据发行额、专项借款发放额均按照2002年末农信社实际资不抵债金额的50%核定（但一个县、市只能选择一种方式），并设计和实施了多方面的正向激励机制。专项票据发放给符合发行条件的农村信用社县（市）联社，其发行、兑付与农信社改革进程和成效相挂钩。专项票据在农信社经营改善达标（如达到资本充足率要求和不良贷款比例降幅要求）后由人民银行予以兑付。专项借款以省（自治区、直辖市）为单位发放，其发放进度也与农信社改革进程和成效相挂钩。从2004年第一季度到2014年第一季度，人民银行共计完成对2408个县（市）农村信用社发行、兑付专项票据1699亿元，对新疆、吉林、黑龙江等省（自治区）发放专项借款14亿元。

2002年的改革助推农村信用社稳健发展。农信社资产质量和收益大幅改善，在业务经营、股权结构和公司治理等方面也取得很大进展。因此，农信社进入了历史上发展最快的时期，总体经营持续向好，服务实体经济能力不断增强（见表3–3）。

表3–3　全国农村信用社系统历年绩效

年份	净收益（十亿元）	资本充足率（%）	不良贷款率（%）	涉农贷款余额（十亿元）	农信社数量	农村合作银行、商业银行数量
2002	–5.8	–8.3	36.9	—	35540	3
2005	18	8.45	14.8	—	27036	70
2009	22.8	2.9	15.3	2244	3056	239
2012	65.4	9.1	7.2	3129	1927	484
2015	66.4	8	7.8	3196	1373	930
2016	51.9	8.4	7.3	2679	1125	1154

资料来源：中国银监会。

随着经济金融环境的进一步变化，省级联社（省级政府的行政委托代理人）出现了过度的行政化管理趋向，日常管理中统筹经营所辖机构资金的现象突出，长期存在的体制不顺、内部运行机制不完善等问题凸显，极大地影响了农村信用社的发展，现阶段亟须通过改革进一步使农村信用社发展成为资本充足、合规经营、稳步发展的市场导向型金融企业。鼓励其及时适应农业现代化和农村经济结构调整对金融服务的新要求。不断深化农村信用社在服务“三农”和推进普惠金融方面发挥更大作用。极力通过改革释放农村信用社的创新能力，尤其是利用数字技术为金融服务不足的群体改进产品设计及交付方式等方面提供更多、更好的服务。

三、扩大农业保险范围，确保农村普惠金融持续发展

农业特殊属性的影响决定了在全面推进普惠金融发展中，必须将农业保险等保险项目做好、做扎实。近年来，我国农业保险实现了跨越式发展，在服务“三农”中发挥了重要作用。2006~2017 年 10 月，我国农村地区年度保费收入从 52 亿元增长到 417 亿元，参保农户从 5000 万户增长到 2 亿户，承保农作物从 2.3 亿亩增长到 17 亿亩。其中小麦、玉米和水稻的参保覆盖率达到 70% 以上，已经接近发达国家水平。目前，我国各地政府在农业保险方面给予了很大的支持，很多地方政府给予“三农”经营主体直接财政补贴，我国农业保险已经覆盖到所有省份，承保农作物 211 个品种，涵盖农林牧渔各个领域。特别是在大灾保险方面，2016 年黑龙江遭受旱灾，农业保险赔付总额 43 亿元，是国内目前最大一笔农险灾害赔付；2015 年辽宁旱灾赔付 15 亿元。2016 年，我国农险赔款占农作物直接经济损失的 10%，是国家农业灾害受助资金的 10 倍，也是首次总赔款超过财政总补贴，农业保险赔付成为灾后恢复生产和重建重要的资金来源。经过发展，我国农业保险在顶层设计、制度规范、改革创新和实践探索等方面取得一系列进展。特别是针对农业保险保障水平比较低的情况，保监会启动了“扩责任、提保障、降费率、简理赔”为核心的产品改革。整合行业力量，稳定了再保险的分散渠道，部分农业保险新产品被纳入农业部十大金融支农创新模式。与发达国家相比，我国农业保险保障水平还有较大差距，仅是美国的 1/8，加拿大的 1/6，相当于这些国家 20 世纪 80 年代的水平，甚至与印度等发展中国家相比，仍有一

定差距。中央高度重视农业保险发展，包括多年来中央一号文件和政府工作报告都多次提到农村保险，未来将重点解决农业保险不能满足农户需求这个主要矛盾，开展一系列产品和服务创新。尤其是数字营销，特别是交付渠道的数字化促进了保险产品和服务的获取与使用。事实上，对于非寿险保险公司来说，互联网是发展最迅速的交付渠道，这一渠道也为国务院所提倡，并得到了保监会大力推动。互联网渠道使消费者可以更便捷地选择和购买保险产品，也使保险公司因更低的获客成本和保单管理成本而获益。总体而言，有四种数字化经销模式：

（1）通过自身平台销售的普通保险公司。随着使用手机上网的消费者数量越来越多，以及消费者越来越精通于使用移动终端进行交易和理财，保险公司的销售平台开始扩展到互联网和移动终端上。

（2）通过第三方中介平台销售的普通保险公司。近年来，出现了大量的第三方中介平台，如优保、中民。通过这些平台，消费者可以在一系列保险公司提供的产品中比较并挑选保险产品，从而享受到"一站式"购买服务。一些平台提供简单、标准化的保险产品，如车险、意外伤害险。

（3）通过社交平台或电子商务平台销售的普通保险公司。保险公司越来越多地利用淘宝、京东、携程等社交平台或电子商务平台（及其规模庞大的客户基础）销售保险产品。

（4）互联网保险公司。众安在线财产保险公司是一家新兴的、纯互联网保险公司，蚂蚁金服和腾讯均为其主要股东。

中央和地方政府实施了一系列促进农业保险发展的措施，2014年，国务院印发了《关于加快发展现代保险服务业的若干意见》，鼓励保险市场准入和退出机制改革和产品服务创新，旨在增加保险市场的竞争性和个性化服务水平。对保险市场竞争性增强的预期也能起到催化作用。为了抢占市场份额，中小保险企业有望利用其在挖掘用户需求、产品创新、精算模型等方面的竞争优势，开发出更符合消费者实际需求的新型保险产品。互联网企业也有望积极参与互联网保险行业，并成为推动行业革新的重要力量。传统大型保险公司在大规模承保、特定险种以及空间信息技术运用等方面依然具有优势。随着优质中小保险企业和互联网保险企业的逐渐崛起，保险行业有望呈现更具竞争性、更具多元化的市场格局，这将有助于普惠金融目标群体更好地获得保险服务。

引导优化农业保险产品，提高其对于金融服务不足群体的可得性和契合度。这些措施包括给农民提供保险补贴。保险公司也推出了针对金融服务不足群体生产周期和生计而设计的创新型保险产品，如气象指数保险、价格指数保险、农业产量险、收入险、农产品质量险等。

为了进一步缓解我国农村金融的供给不足，提升农村金融服务水平，健全我国农村普惠金融服务体系，我国从 2005 年开始在不同地区组建了村镇银行、小额贷款公司和农村资金互助社等新型农村金融组织（见表 3–4）。

表 3–4　新型农村金融服务提供者基本情况对比

	村镇银行	小额贷款公司	农村资金互助社
数量（截至 2016 年末）	1519	8673	48
试点年份	2006	2005	2006
监管部门	银监会	省级政府金融办或相关部门	银监会

资料来源：银监会。

这三类新型农村金融服务提供者自成立以来，利用其自身的特点和独特优势积极服务普惠金融目标群体，弥补了传统金融机构的不足。新型农村金融服务提供者具有为目标群体服务的区位优势和机制灵活等特征，为我国农村普惠金融工作做出了积极贡献。

四、金融科技的发展与监管为农村普惠金融发展带来了活力

近年来，伴随世界科技水平的迅速进步，金融创新日新月异，中国已发展成为全球金融科技领域的“领头羊”。中国金融行业的原有主体和新进入者在商业模式、销售渠道和产品等方面开展了诸多创新，其中有不少企业利

用了线上电商或社交平台的规模化和网络化效应，极大地提高了效率，满足了许多传统金融机构无法满足的金融需求。同时，各类金融科技模式也对金融稳定和金融消费者保护带来了新的风险。中国政府于2015年出台了《关于促进互联网金融健康发展的指导意见》不仅提出了为互联网金融创新留有余地和空间，还着重强调了“通过鼓励创新和加强监管相互支撑，促进互联网金融健康发展，能更好地服务实体经济”。指导意见的出台为非银行支付机构、P2P网络借贷、网络小额贷款、互联网银行和互联网保险、互联网基金理财、互联网股权众筹等互联网金融服务主体赢得了健康发展的机遇。同时，也为农村普惠金融发展带来了新的活力。

1. 非银行支付机构

在我国，伴随电子商务和社交网络的迅猛发展，非银行网络支付应运而生，发展非常迅速。非银行网络支付是指付款人通过非银行支付平台进行资金转移的行为，例如，阿里巴巴旗下蚂蚁金服的支付宝，运营社交平台腾讯旗下的财付通等非银行支付平台。非银行支付机构凭借其拥有的一些共性、核心特征如：①可信赖且可追索。支付宝等非银行支付机构的建立便利了资金的第三方存管，在这种机制下，只有当消费者确认收货且满意之后，货款才会支付给商家。②依托现有平台。最大的非银行支付平台（如支付宝、财付通）将支付功能嵌入已经拥有巨大用户网络的电商平台和社交平台，有助于取得规模效应。2014年上线的微信红包，在使用数字支付方式发送礼金方面取得了较大成功，在2016年春节期间发送的微信红包总数超过80亿个。③成本可负担。非银行支付机构（包括支付宝和财付通）的客户可以无成本地将资金转入电子钱包和进行支付。这与支付工具嵌入现有的电商平台、社交网络密切相关，这些社交和电子商务平台产生的相关收入流，可以有效地补贴以低成本向客户提供的支付服务。大多数非银行支付机构给予客户一定的免费提现额度，对超过部分收取一定的提现费用，如提现总额的0.1%。非银行网络支付的成本结构对商家也具有吸引力，从而促使了一系列零售交易向利用非银行支付平台（而不是信用卡和借记卡）转移。便捷和可互通。非银行支付机构的手机应用程序为消费者提供了便捷、高效的支付服务。当前，使用场景包括在线购物支付、（手机）充值、转账、机票支付、餐饮、信用卡还款。大多数非银行支付机构将数个银行的支付端口整合在一起，这样消费者可以使用已有的银行账户，交易更为方便、快捷。中国金融管理部门一开始还是采取了“包容并观察”的策略，使这一新兴产业得以在较少的限制下创新和成长。直到 2010 年，即支付宝上线 6 年之后，中国人民银行才出台针对非银行支付机构的管理办法，规定了取得业务许可证的要求和程序，包含了最低资本要求、出资人要求等相关内容。中国人民银行于 2015 年 12 月发布《非银行支付机构网络支付业务管理办法》，在客户身份识别、反洗钱、反恐怖融资、个人用户支付额上限、数据信息保护方面提出要求。“包容并观察”策略取得了一定成效。截至 2016 年，超过 260 家取得牌照的支付机构在监管下运营，服务于数亿客户 2016 年交易量最大的 2 家机构分别是支付宝（中国）网络技术有限公司和深圳财付通科技有限公司。对很多中国消费者特别是城镇消费者来说，通过这些平台支付可以在很多日常交易中替代现金和银行卡的使用（见表 3–5、表 3–6）。

表 3–5　非银行支付行业发展情况

年份	2013	2014	2015	2016
机构数量（个）	250	269	268	266
每年交易笔数（亿）	371.34	538.97	917.91	1854.76
每年交易量（万亿元）	17.57	35.30	63.71	119.51

表 3–6　主要非银行支付产品概览

	支付宝	财付通
上线时间	2004 年	2005 年
关联公司	蚂蚁金服	腾讯
用户数量（百万）	450	—
市场份额	54%	37%

资料来源：公司公开披露（实名用户数量）；易观智库（Analysys）（2016，市场份额数据）。

2. 网络小额贷款

网络小额贷款是指互联网企业通过其控制的小额贷款公司，利用互联网向客户提供的小额贷款。网络小额贷款大致可以分为以下几种类型：

（1）为网店经营者提供融资服务。如蚂蚁金服在2010年试运行对淘宝店主提供贷款。许多淘宝店主需要金融服务的支持，于是蚂蚁金服上线了淘宝信用贷。基于网购者在支付宝和淘宝上给店主的评价，淘宝对店主授信评分，信用合格的店主可从支付宝上直接获得贷款，贷款过程方便、快捷。这些贷款对促进在线交易的第三方存管制度有很强的推动作用，在等待货款到达期间，店主可利用这些贷款满足短期资金需求。

（2）为网购者提供小额贷款。如“蚂蚁花呗”，这是一个服务网购消费者的金融产品。网购者可通过购物页面的支付链接，直接在线申请融资，蚂蚁金服则通过大数据对融资申请者的信用进行评估，从而提高贷款发放速度。

（3）给农户提供小额贷款。利用互联网和移动平台发放的小额贷款可以帮助农户解决生产中的融资问题，例如蚂蚁金服（通过蚂蚁小贷）和京东（通过京东小贷）两家互联网企业也向农村地区提供服务。在这种模式中，给农民提供的贷款通常被用于购买种子、化肥和其他生产投入。生产出的商品要求在淘宝或京东等电商平台上售卖，产生的收益将用以偿还贷款。

3. 互联网银行

随着信息技术的进步，许多互联网企业在电子商务、第三方支付等领域取得了成功，在这些领域积累了客户基础、交易数据以及相关经验。这些企业认识到了这些特性给自身带来的竞争优势，进而进入了互联网银行领域。目前，中国成立了三家互联网银行——微众银行、网商银行和新网银行，微众银行和网商银行于2014年从银监会取得商业银行牌照，新网银行则于2016年取得牌照（见表3–7）。微众银行、网商银行等纯互联网银行没有网点和柜台服务，主要利用技术和数据，而非线下资源，重点向个人和小微企业提供信贷产品。

表 3–7　互联网银行概览

关键指标	微众银行	网商银行	新网银行
成立年份	2015	2015	2016
主要股东	腾讯集团	蚂蚁金服	新希望集团
总资产（十亿元）	52	61.5	5
存款余额（十亿元）	23.1	23.2	0.6
贷款余额（十亿元）	30.8	34	4
未偿还贷款总笔数（百万）	7	—	1
笔均贷款规模（元）	4368	—	2550

资料来源：公司数据；微众银行、网商银行数据为截至 2016 年底数据，新网银行数据为截至 2017 年 6 月末数据。

五、政策性银行和国家开发银行的作用

中国农业发展银行（CADB）和中国进出口银行（EximBank）是中国的两大政策性银行，中国国家开发银行（CDB）是开发性金融机构，三者协力贯彻落实国家推动普惠金融发展的政策方针。这些机构是对商业银行体系的有益补充，在服务高校学生，支持小微企业和“三农”发展等方面发挥了重要作用。

在 2014 年底 2015 年初，中国政府推行了一系列改革措施，有助于推动农发行、进出口银行和国开行进一步强化职能定位，建立完善的现代企业制度，增强可持续发展能力，增强其对重点领域和薄弱环节的支持力度，促进经济社会持续健康发展。

1. 助学贷款

为了让贫困家庭子女都能接受素质教育以防贫困代际传递，中国政府采取积极措施鼓励向学生提供助学贷款。2004 年以来，国家开发银行与地方政府和教育部门合作，建立了国家助学贷款模式。近年来，国开行不断优化流程、简化手续，推出了贷款预申请机制，提前认定贷款资格。引入了线上支付和银联 POS 机两种还款渠道，实现了学生线上线下、零费用还款。在河

南、河北和山西等地试点助学贷款合同电子化。截至2019年末，国开行已累计发放助学贷款1957亿元，累计支持家庭经济困难学生1342万人。

2. 小微企业发展

国开行、进出口银行和农发行在落实国家小微企业贷款政策方面都发挥了积极作用，它们以较低的成本向金融机构提供资金，后者再转贷给小微企业。国开行还为中小企业提供应急资金周转贷款，从而迅速满足中小企业融资需求，并降低融资成本。截至2017年底，国开行针对中小企业发放的贷款余额为3.7万亿元，其中，小微企业贷款余额为1.4万亿元，惠及小微企业、个体工商户、农民、创业青年、城镇下岗职工等各类社会群体，覆盖制造业、农林牧渔业、批发零售业等近20个行业。

自2006年起中国进出口银行试点开展小微企业贷款，探索信贷支持小微企业发展的可持续模式。截至2017年6月末，进出口银行小微企业信贷业务余额为280亿元，支持小微企业80890户。

3. 支持"三农"发展

国家开发性金融机构和政策性银行充分发挥自身优势，加大对现代农业、水利建设等重点领域和薄弱环节的融资支持力度。国家开发银行与财政部合作，将财政资金和社会资金结合，通过贷款贴息和财政补助两种方式，积极支持国有农场、家庭农场等各类农业经营主体开展高标准农田建设（总面积超过亿亩）。国开行还积极探索在现代农业示范区创新融资模式。

进出口银行也积极支持"三农"发展和扶贫工作。进出口银行与国务院扶贫办合作，推出了共347个重点项目，通过支持具有特色和竞争力的产业以及处于扶贫产业链上的当地企业，促进贫困地区外向型经济发展。

农业发展银行建立了粮食收购资金管理模式。该模式保障农民能够及时收到卖粮款，解决农民过去面临的"卖粮难""打白条"等问题。此外，农发行在支持特色农业、加强农业基础设施建设等方面也发挥了积极作用。

第二节　农村普惠金融发展中存在的问题

由于我国农村地区地域辽阔，政治、经济、文化差异较大，尽管农村普惠金融工作取得了一定成效，但与建设新农村的金融需求与广大农户对“三农”金融服务的需求相比，与中央政府在农村普惠金融的政策要求相比还有较大差距。突出表现在：

一、农村普惠金融参与主体认识不同，理念差异较大

普惠金融尤其是农村普惠金融各参与主体对其认识还存在较大差距，总体是上热下冷，从中央政府到地方政府，从中央财政到地方财政，从各银行总部到分支机构等各参与主体的认识不尽相同，理念差距较大，很多地方政府认为农村普惠金融就是信贷补贴工程，只要按照信贷补贴要求完成，缺乏长远可持续的发展理念，地方财政不按中央财政要求配套地方财政预算或者配套资金过小，导致风险补偿或者担保基金不能及时到位；部分商业银行工作积极性不高、主动性不强，虽然按要求设置了普惠金融部，但实际工作措施还远远不够，很多政策措施无法落实或者落实不到位，推出的金融产品、服务不接地气；人民银行、银监会等总部的热情很高，但分支机构的积极性不高，工作推进参差不齐。

二、农村普惠金融基础设施建设不到位

农村金融基础设施是制约农村普惠金融的“瓶颈”。尽管人民银行、政府、金融管理部门和银行业金融机构等不遗余力地推动金融基础设施建设，但在广大农村地区仍然存在支付环境较差、信用信息体系建设滞后、信息缺

乏共享、难以动态管理、互联网应用条件基础较差、助农服务点业务单一、金融服务使用者素质较差、数字鸿沟现象突出等问题。

三、农村金融组织体系看，村普惠金融排斥现象普遍存在

农村机构数量少、类型不全，金融市场缺乏竞争，使金融机构的产品“定价权”缺乏制衡。同时，农民融资成本较高，农村地区贷款利率普遍高于市区平均水平。而本应以服务乡镇为主的村镇银行、小额贷款公司等大部分设立在县或县级以上地区，保险、证券等其他金融机构的服务基本空白。从信贷管理看，一是信贷审批机制不灵活，大中型银行县域机构缺少自主审批权，不能及时满足市场需求。农村金融机构为了降低信贷风险，制定了较严的业务审核条件，手续烦琐，信贷需求难以满足，限制了农村经济发展。二是产品创新机制不健全、信贷产品种类不够丰富，难以满足农村普惠金融主体的多样化需求，贷款种类多以传统的种养殖业和农副产品收购为主，针对新型经济组织、自建住房、子女教育等方面的信贷产品较少。三是农村抵押、担保、评估、信用评级机制不健全，严重制约着信贷投放力度。从农村地区自身情况看，由于农村地区经济发展水平、教育水平相对落后，农民的金融知识相对匮乏。导致农民对非现金结算方式接受意愿较弱，对新型支付结算手段和工具缺乏信任，对非现金支付工具安全问题存在疑虑，对使用银行卡及其他自助设备存在一定难度。因此，对刷卡消费、缴费、开通手机银行等功能使用较少，致使农村地区非现金支付工具利用率低，业务量少。对银行信贷产品和服务、信用记录等相关知识缺乏了解和掌握，影响了对金融产品和服务的接受，使整个农村地区金融市场的吸引力严重不足，导致金融机构不愿意到农村地区开展业务。

四、农村普惠金融科技应用水平不高

实现普惠金融长期可持续发展离不开创新，尤其要充分利用数字技术。然而数字金融模式也会带来巨大的风险。2016 年普惠金融全球合作伙伴（GPFI）白皮书指出，不断演化的普惠金融风险整体状况反映了数字金融所固有的一些特征：一是新型金融服务提供者以及金融服务提供者的新组合；二是数字技术；三是主要通过代理商来接触消费者；四是新产品和服务以及它们的组合；五是面向被金融排斥或金融服务不足客户。

五、农村普惠金融激励约束政策不到位

尽管各级政府、部门在农村普惠金融方面制定了许多优惠政策、措施，但对农村普惠金融的金融机构分层管理、市场准入、激励约束方面做得还很不到位。在对内蒙古、陕西、广东、广西、深圳等省（市）的农村普惠金融机构调研中得出，农村普惠金融的主要承担者是当地的农村信用社、农商银行和农村合作银行，这些机构基本承担了当地农村普惠金融的 60% 以上的业务，但这些机构在市场准入、激励政策等方面受到了不同程度的不公平待遇，如吸收低成本资金、拓展新业务等，许多部门、机构明确规定不允许农村合作金融机构金融进入，或者将资金存入当地农信社，即使是经营或者监管评级指标非常好的农信社。这导致了这些机构支农资金不足，业务结构单一，加之农村信用社自身管理体制不顺，内部公司治理不到位等因素影响，导致农村普惠金融的后劲不足。

六、农村地区消费者权益难以保护

农村地区农户信息安全意识不强，存在客户信息被泄露或者被滥用等风险。

第三节　政策建议

一、树立与时俱进并被广泛接受的普惠金融理念

尽管普惠金融的概念在中国已经越来越普及，但无论关乎其定义还是关乎其实践，各级政府或其部门、金融服务提供者以及非政府组织的理解或做法仍存在分歧，从而常常适得其反。对于普惠金融的种种误解，影响了迄今为止发展普惠金融行动计划的效果，削弱了金融机构的创新能力和动力，以及金融部门的总体活力。

在中国，有不少人仍然将普惠金融等同于信贷补贴、指令性贷款以及慈善活动。未来，负责推动和协调普惠金融发展的政府部门必须确保各级政府以及所有公共和私人利益相关者都能充分理解并践行全面的普惠金融理念。远景应明晰，市场主导和商业可持续的普惠金融发展模式在实践中如何运用和操作，并通过加强沟通协调形成相容并一致的方法，确保各级政府达成共识并采取行动。

二、打通金融服务“最后一公里”

通过大规模的政策驱动措施（包括改善金融基础设施、扩大农村金融机构和服务点网络、数字化大规模常规性支付活动），能够为处于“最后一公里”的弱势群体获取基础交易账户和网点提供重要推动力，为实现农村普惠金融长期可持续发展方向不懈努力。解决“最后一公里”问题，实现普惠金融长期可持续发展，不仅需要充分利用政府职责进行全方位的努力，还要在设计方法时兼顾战略及细节问题。在某种意义上，“最后一公里”可以被视

为是一个复杂的群体，各自有不同的需求和障碍。究竟怎样才算打通了“最后一公里”，一些边远地区和农村地区的金融服务不足群体在商业上（无论是正规的还是非正规的）很活跃，但在金融产品和服务方面有很多未满足的需求。因此，他们对于设计合理的、有针对性的金融产品和服务有很大需求，而不仅仅是简单的物理可得性和基础交易账户，或许可以通过低成本、创新性的方法，持续满足他们的需求。对于消费者来说，推进普惠金融意味着不仅需要能够提供基础交易服务的交易账户和服务网点，还需要满足其包括信贷和保险等在内的更广泛的金融服务需求。然而，“最后一公里”中还有一批处于特别偏远地区而难以享受金融服务的人群，如果缺乏政府的精准扶持，则无法通过商业可持续的模式为他们提供服务，或者在金融产品和服务需求之外，他们可能还有其他更基本的需求有待满足。为此，更好地理解“最后一公里”中的细微差别，并据此设计恰当的政策措施，显得非常重要。

专栏 3.1　“三支柱一市场”金融服务措施成效显著

2017 年，吉林省聚焦农业农村发展不平衡、不充分的难点、痛点，以高质量的发展为根本导向，抓紧、抓好金融服务实体经济、防控金融风险、深化金融改革三大任务，创新工作举措、健全保障机制、步履坚实推进农村金融稳定发展。

坚持服务实体经济的本质要求，全面提升农村金融服务能力，牢牢把为服务农业农村现代化建设作为农村金融发展的出发点和落脚点，坚决杜绝金融空转的无效发展，通过完善体系、扩大总量、强化服务、金融扶贫等创新举措，优化金融服务，助推“三农”转型升级。

一是创建农村新型普惠融资服务体系。着力填充基础金融服务空白，补齐融资增信“短板”，串聚各类金融业态，并联城乡金融市场，深化“三支柱一市场”农村新型普惠融资服务体系建设。使农村金融面貌呈现新气象，金融活力得到有效激发。具体的措施有以下几点：其一，加快建设基础金融服务支柱。在全省范围有序铺设省市县乡村五级标准化基础金融综合服务网络，全年建设完成800多个驻村基层金融服务站，同步启动农户信用信息采集、金融知识普及、保险等金融产品代理等基础业务，填补农村准公共服务空白。其二，进一步壮大物权增信支柱。织密省市县三级政策性、商业性相结合的物权增信服务网络，推动各类资本组建物权融资服务公司，累计成立43家物权融资服务公司，业务实现主要涉农县域全覆盖。推动财政性农业信贷担保机构组建17个分支机构，累计开展项目465个，在保余额5.8亿元。引导融资担保机构开展涉农担保业务，年度新增涉农担保业务71.4亿元。其三，构建信用信息支柱。推进"数据库+网络"数据平台建设，因地制宜开展"星级信用户""诚信家庭农场"等特色信用评定工作。截至2017年，全省累计为300余万农户建立了信用档案，评定各类信用农户160余万户，发挥榜样示范作用，助力构建守信联合激励、失信联合惩戒社会诚信环境。其四，推进农村产权交易市场发展。健全完善农村产权交易服务体系，累计推动建立各类农村产权流转交易平台653个，探索市场化运作方式规划设立统一规范的省级农村产权交易市场，为农村产权价值发现、阳光流转以及金融机构处置涉农不良资产提供便捷通道，通过"三支柱一市场"体系建设，引导连结100多家金融机构及金融企业、上千家涉农企业及新型农业经营主体参与体系运营，有效串并各类主体市场供给需求，提升均衡水平，实现涉农融资需求上汇与金融服务下沉，较好地打开了金融支农资金投放空间。

二是完善涉农金融政策体系。统筹发挥货币、金融、财税工具，发挥协同支农合力，提升涉农信贷供给水平。具体来说，其一，增强货币信贷政策支农效应。全年累计发放支农再贷款71.7亿元，累计办理再贴现46.24亿元。落实优惠存款准备金率政策，对支农、支小和存款一定比例用于当地考核达标的银行机构共释放资金68.7亿元，提高涉农信贷投贷能力。其二，强化财政对涉农金融机构发展的正向激励作用。全年安排省级财政资金5亿元支持农业保险发展。落实国家关于县域金融机构涉农贷款增量奖励、新型农村金融机构定向费用补贴政策，对54户金融机构、19家新型农村金融机构拨付中央和省级财政补贴资金6713万元、9145万元。在省级金融业发展专项资金中安排3688万元用于支持农村普惠金融发展。其三，强化政策性信贷对

“三农”重点领域和薄弱环节支持力度。贯彻落实国家粮食收购市场化改革，省农发行年度投放粮油贷款152.1亿元，有效保证中央、地方两级储备粮储备轮换计划完成及粮食收购市场化顺利推进。省国开行重点支持农村基础设施、县域棚户区改造、农村扶贫建设，年度投放资金108亿元，增长24.2%。

三是大力发展涉农直接融资。启动实施“上市驱动工程”“百千企业挂牌成长计划”，拓宽企业债券融资渠道，建立健全企业资本市场融资机制，着力提升涉农企业直接融资能力。具体而言，其一，推动涉农企业上市、挂牌融资。推动九台农商行香港上市，募资30.1亿港元，博瑞农牧等2户涉农企业进入上市辅导备案程序，金刚山等3家企业在新三板挂牌。其二，提高涉农上市（挂牌）企业再融资能力。推动吉林森工增发融资16.86亿元，支持佳乐宝等6家新三板挂牌企业定向融资2.78亿元，增强企业可持续发展能力。其三拓宽债券融资渠道。推动长春现代农业产业建设公司、延边农商行等企业等通过债券融资22亿元，提升企业可持续发展能力。

四是创新涉农金融产品和服务。针对当前农村金融产品供给单一、需求响应缓慢、融资满足率低等问题，充分调动各类金融业态加快涉农金融产品研发，创新推出系列涉农金融产品体系，切实提高农村金融服务质量。其一，鼓励银行业机构研发支农“信贷产品包”。充分运用信用、抵押、担保手段，围绕个体农户、适度规模经营主体开展系列创新，形成了以“农户联保贷款”“小额信用贷款”为主的个体农户信贷产品体系，以“农用机械按揭贷款”“农机购置抵押贷款”“农民合作社专项贷款”等为主的适度规模经营主体抵押贷款品种体系，以“直补资金贷款”“收益保证贷款”为主的风险分担补偿机制贷款体系，有效满足不同主体多元融资需求。其二，推动证券期货业机构研发支农“资本市场产品包”。为有效防范市场价格波动风险，在榆树、公主岭等地稳步探索开展“期货+保险”创新试点，全年共计为44户玉米、大豆规模经营主体提供1.64亿元风险保障，为探索玉米市场化定价机制下新型农业补贴方式积累经验。其三，推动保险业机构研发“支农保险产品包”。深度推广“信贷+保险”保证保险模式，全年帮助396个新型农业经营主体取得贷款1.51亿元。积极推进特色农业保险试点，累计研发险种扩展近30个品类，覆盖辣椒、杂粮杂豆、延边黄牛、梅花鹿等主要经济作物和特色养殖项目。

五是提升金融扶贫支撑能力。坚持将共享发展理念作为改革发展的检验线，优先推动贫困地区深化农村金融发展。具体而言，其一，提升信贷支撑水平。截至2017年末，全省贫困地区贷款余额达到1472亿元，较年初增加107.6亿元，同比增长7.9%，高于全省贷款平均增速3.2个百分点。其二，提升金融精准扶贫能力。引导金融机构扩大小额信贷投放规模，年度累计投放扶贫小额信贷5.2亿元，惠及贫困户达1.8万余户，有效推动贫困户生产经营，提升自我发展能力。其三，大力推动贫困地区企业上市挂牌。推动龙井市瀚丰矿业、白城市通榆县节水股份进入上市辅导备案程序，累计推动贫困地区43家企业进入上市后备重点企业培育库，加快企业进入资本市场步伐。其四，提升贫困人口就业发展能力。国家开发银行对符合助学贷款条件的贫困生施行应贷尽贷，年度助学贷款发放2.5亿元，助力困难学生接受高等教育。创新金融院校与金融机构联合扶贫机制，分批推动51名、30名贫困适龄学生免费就学、定向就业，再造贫困学生就业。

三、打开农村普惠门槛，吸收各方优质资源，不断降低农村普惠成本，提高农村普惠效率

国家要在现有的基础条件下，进一步地明确、清晰各种普惠金融政策、明确普惠金融服务体系分工，明确职责分工和考核激励机制，鼓励激发各种有志于发展农村普惠金融的市场主体进入农村普惠金融服务体系，鼓励互联网金融公司等进入或者与传统金融机构合作进入农村普惠金融领域。强化政府、机构、部门之间的沟通协调机制，确保在发展农村普惠金融中形成合力。

专栏3.2　福建省古田县民富中心

——农村普惠金融之典范

“宁德市古田县农村金融创新”项目是联合国开发计划署在中国构建

“普惠金融体系”项下的系列试验研究子课题之一，项目于2014年10月正式启动。在人民银行宁德市中心支行的积极争取和人民银行总行、人民银行福州中心支行的大力支持下，选定以宁德市作为试点，2016年8月25日，古田县与商务部国际经济技术交流中心正式签订项目合作备忘录，项目正式落地。

一、工作理念

民富农村可持续发展中心（以下简称“民富中心”），旨在通过建立一个社会化综合服务机构——“民富中心”，作为推动农村普惠金融发展的载体和抓手，一是将农户等组织到专业合作社，并经孵化、培育，达到规范要求，吸收纳入民富中心作为成员及服务对象；二是民富中心通过导入政府相关资源，成立风险担保（增信）基金，为民富中心开展金融信贷提供配套担保服务创造条件；三是对接金融机构，通过民富中心平台有效发挥政府与市场的优势，整合政府、社会、银行各方资源，构建集生产、销售、信用、服务为一体的“三农”综合服务平台，将现有各类政策、金融资源通过民富中心导向农民专业合作社及社员，创新以农户为主要服务对象的精准、高效的新型产融一体化的投融资机制体制（见图3-1），成为落实农村普惠金融、缩小城乡差距的有效载体。

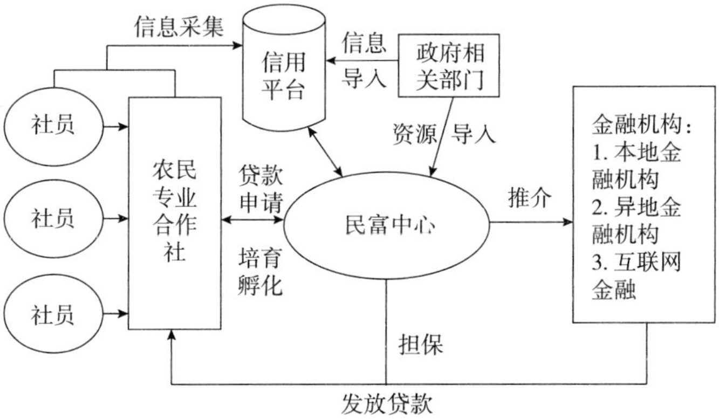

图3-1　民富中心运作逻辑模式

二、主要工作措施

（一）多方协调、全力推进，积极构建民富中心高效运行机制

在中国人民银行古田县支行的积极协调推动下，古田县委、县政府高度重视农村金融创新工作，于2015年3月设立了政府主要领导任组长的农村金融创新工作领导小组，下设民富中心，负责农村金融创新项目具体实施各类支持政策对接以及专项基金管理等工作。同时，通过前期的调研和筛选，组织古田县10家实力较强、管理规范、业内信用状况良好的专业合作社发起成立了全省第一家跨行业、跨领域的古田县民富农业专业合社作联合社，对接项目日常管理，参与农村信贷机制创新，引导规范合作社发展等事项。民富中心和民富合作联社实行“一套人马、两个牌子”，分别从行政和市场两个方向着手，成为具有一定管理职能的社会化服务机构，作为推动农村金融创新工作的主要载体和各项惠农政策的导入平台。

（二）配套金融服务，有力防范信贷资金风险

（1）搭建农村信用体系平台，共享信息优化服务。推动政府出台了《古田县农村信用体系建设工作实施方案》《古田县公共信用信息管理暂行办法》，依托民富中心建立“古田县农村信用体系和政银企信息交流平台”，整合政府有关部门的农户基础信息和管理信息，提供农户信息查询使用以及涵盖政府各部门“三农”政策发布、金融机构支农信贷产品发布、网上申贷等诸多功能。到2017年10月底，已经整合11个政府部门的农户非银行信用信息近16万条，有297农户通过该平台申请贷款并获得授信4158.5万元。

（2）创新农业保险产品，完善食用菌信贷业务风险分担机制。古田县支行积极指导太平洋保险古田支公司与民富中心合作，开展涉农保险创新试点工作，2015年，推出工厂化食用菌生产基地综合保险，2016年，又在全国率先推出针对农户的银耳种植保险，有效缓释农业生产风险。

（3）探索建立“农户资产+合作社保证金+县财政风险补偿金”风险防控模式。合作社为农户提供担保，从银行获得贷款，农民再将资产反担保抵押给合作社，一旦出现风险，由合作社进行资产处置，采用收储返租或转让的方式，实现涉农资产的可流转，形成第一道风险防线。由合作社在合作银行存入

一定比例的保证金，以至少 1∶5 的比例为农户信贷额度提供担保，进行总量适度控制，作为第二道风险防线。出台《古田县新型涉农贷款风险补偿基金管理办法》，由县财政首期出资 1000 万元作为风险补偿金，并争取到省级财政农民合作社机制创新风险补偿金 400 万元，2016 年、2017 年县财政又每年以预算安排 200 万元作为“两权”抵押贷款专项风险补偿金，全额注入民富中心，形成风险补偿资金池，实行最后的财政风险补偿，对出现风险并经处置后的贷款实际损失部分，由财政补偿 70%，金融机构承担 30%，构成第三道风险防线。

（三）推行“1+N”模式，充分发挥民富中心作用

（1）实行“民富中心＋‘两权’抵押贷款”、盘活资产、风险共担。指导民富中心积极对接农村“两权”抵押贷款试点工作，引导农民专业合作社在农村成为产业发展和盘活“两权”的载体，推行“社员＋两权＋民间契约”的反担保贷款模式。社员通过将农村承包土地的经营权连同地面设施和附着物反抵押给其所在农民专业合作社的运作模式进行融资。对符合人民银行扶贫再贷款条件的农户给予再贷款利率，最低月利率仅 3.625‰。不符合扶贫再贷款条件的农户在同档次利率基础上可下降 1.5 个百分点。

（2）实行“民富中心＋普惠金融”、创新产品、便民惠民。一是民富中心通过与古田县农信社共同开发符合古田县实际的金融产品——“民富卡”，涵盖信贷、结算、存款等功能，由民富中心担保，银行授信。实行一次授信，3 年内循环使用。二是将村级民富中心、村淘点与现有的小额支付便民点进行对接整合，打造涵盖小额取现、查询转账、代理缴费、信贷申请、预约兑换和村淘代购等全功能的普惠金融服务站。目前，全县共建立小额便民点 310 个，已建成民富便利店 30 家，服务覆盖率达到 100%，已整合建成全功能的民富便利示范店 8 家。

（3）实行“民富中心＋精准扶贫”、精准发力、扶贫助弱。有效协调县扶贫办，引导民富中心承接县小额信贷促进会的小额信贷业务，先后推动小额信贷促进会与古田县农信社、邮储银行古田支行、刺桐红村镇银行签订合作协议，累计注入小额担保基金 1417 万元，由合作银行将担保基金放大 6 倍对贫困户进行授信。

三、取得的成效

（一）解决了农户贷款担保难等问题，增加了资金的可获得性

社员通过民富中心，由其所在的农民专业合作社提供担保，并由政府风险补偿基金进行兜底，合作银行按农民专业合作社存入保证金1：5倍的放大比例对农民专业合作社进行授信，解决了社员直接向金融机构申请贷款存在的担保难问题，并由民富中心提供的综合性配套服务，从而增加了农户贷款的可获得性和便利性，提高了农村贷款覆盖面。目前，古田县民富中心开展业务服务的农民专业合作社由2015年2家增加到8家，合作银行也增至3家，截至2017年9月末，通过民富中心累计为1502户农户提供信贷资金2.88亿元。发放"普惠金融—民富卡"1.9万张，授信8.03亿元，户均4.27万元，为广大农民提供了便捷的融资渠道。

（二）构建了信贷供求对接通道机制，实现资金的低成本性

通过民富中心将农民专业合作社（社员）的资金需求与金融机构的信贷投放对接起来，建立了有效的资金供求通道机制，并借助配套开展的农村信用体系建设，有效解决了资金供求双方的信息不对称问题，对降低农户贷款成本起到了重要作用。同时，民富中心提供的综合配套服务，一方面，减少了农户贷款办理相关手续多次往返银行的隐性成本和时间；另一方面，由民富中心承担了合作银行大部分的贷款调查等工作任务，节省了银行放贷的人力、物力成本，提高了工作效率。此外，通过人民银行发放扶贫再贷款，依托法人机构给予农户适当让利。以古田县农村信用社为例，经古田县民富中心推介担保的农户贷款平均年利率约为5.93%，比同期、同档次金融机构直接向农户发放的贷款利率低4.59个百分点。

（三）有效平衡各方利益关系，实现项目创新的可持续性

为实现民富中心的生存与发展，古田县民富中心在实际操作运行中，以不增加农户负担为前提，通过收取一定的配套服务费以实现自身财务的可持续性，从而实现民富中心的可持续发展问题。目前，古田县民富中心按现有业务量收取的服务费用已经能维持机构的日常正常运营，解决了生存问题。此外，随着其业务规模的进一步增大，将会略有盈余，盈余资金将主要

用于合作社培训和规范，并探索提取建立风险补偿金，进一步降低合作社的风险。

（四）成为新时期“三农”发展的助推器

进一步做好农民专业合作社的培育、孵化工作，构建完善的民富商城线上、线下平台，定位为古田县名优农产品的公共销售平台，通过民富中心的行政管理，严格商家和产品准入，以政府质量背书为卖点，将零散的农户组织起来实现规模化、产业化发展，全面激发农村有效资金需求，并不断完善农村金融创新内容，促进金融机构加强对县域经济和“三农”的信贷投入，提升金融部门服务实体经济能力，推动城乡金融协调发展，最终达到农村经济发展、农民共同富裕、社会高度和谐、金融生态良好的目标。

四、下一步推进思路

按照党的十九大提出的，预计到2020年全面建成小康社会目标和乡村振兴战略，古田县民富中心将继续坚定不移地持续推进农村普惠金融的全面发展。

（一）充分发挥农民专业合作社在现代农业发展中的带动作用

农民专业合作社促进农业规模化经营、标准化生产的体制机制创新，既是提高现代农业生产和农民进入市场组织的重要载体，也是民富中心的创新基础。因此，其作为民富中心最重要的基础功能之一，要全力做好农民专业合作社的培育、孵化及规范化发展，充分发挥农民专业合作社在现代农业发展中的带动作用。以农民专业合作社为主要载体，支持有条件的乡村深度融合农业第一、第二、第三产业的发展，建设“集循环农业、创意农业、农事体验于一体，让农民充分参与和收益”的“田园综合体”，激发农村金融市场需求，引导发展农业产业供应链金融，助推农业供给侧结构性改革。

（二）实现市场化运作和自身的可持续发展

目前在创新试点基础上，及时总结相关经验，按UNDP项目的设计初衷，在实践中不断探索完善民富中心的发展路径。遵循市场化运作原则，充分考虑民富中心的法律地位和独立法人地位，实现民富中心独立运营，独立承担风险。在把握好民富中心发展方向的同时，着重探讨政府退出机制，理顺各方关系，减少不必要的外部干预，使民富中心早日实现市场化运作，并进一步探索和完善在不增加服务对象负担的前提下按微利原则或建立利益再分配机制实现自身的可持续发展。

（三）承载并完成农村普惠金融模式创新探索的任务使命

通过民富中心项目的实施，探索农村金融改革与发展的方向，总结加强和改进农村金融服务可复制、可推广的经验。更为重要的是借助民富中心创新模式进行深入理论及案例实践分析，形成相应具有中国特色的农村普惠金融的理论体系，在此基础上归纳总结出具有中国特色的农村普惠金融体系的整体架构、运作模式与发展方向。

四、完善激励约束机制，明晰各方职责，制定切实可行措施，调动各方主动参与农村普惠金融事业的积极性

要按照市场可持续性发展原则来制定具体激励约束机制，进一步完善农村普惠金融体系，细化和明晰农村普惠金融体系各参与方职责权限，全面放开农村普惠金融市场，尤其是互联网金融市场。鼓励各参与主体主动参与农村普惠金融事业，完善考核激励约束机制建设，加大考核力度，消除政策壁垒，最大限度地激励和调动各参与方在农村普惠金融工作中的积极性。进一步加大农村信用社的改革力度，消除制约农村信用社的发展因素，极大地释放农村信用社的发展空间，按照市场化原则不断引导各参与主体加大科技投入，鼓励更多的互联网金融企业、非银行支付机构更多的参与农村普惠金融事业、加大与各参与机构合作的力度、协同推进农村普惠金融市场。

五、完善信用信息体系建设，加大教育培训力度，维护消费者合法权益

要进一步明确职责，加大政府主导作用，整合各方资源，调动各方积极性，形成合力，加大线下、线上收集、整理、整合各种信用、信息资源的工

作力度，形成各种有助于推动农村普惠金融发展的信用信息产品。推出大量价格低廉、服务效率优质的农村普惠金融产品。要进一步地完善普惠金融的教育、培训机制，明晰各方职责，加大普惠金融培训力度，消除信息鸿沟，全面维护广大消费者合法权益。

第四章　银行业普惠金融的政策和问题

普惠金融的概念来源于联合国和世界银行于2005年在国际小额信贷年（International Year of Microcredit）提出的“普惠金融体系”（inclusive financial System）这一新的金融发展概念。其基本含义是以微型金融为核心，为社会所有阶层和群体提供服务的金融体系，其宗旨是为中低收入人口和微型企业提供包括小额的信贷、保险、储蓄等在内的微型金融服务。在我国，“普惠金融”又称“包容型金融”或“金融包容”（Financial Inclusion），国务院在2015年12月31日印发的《推进普惠金融发展规划（2016~2020）》中，将其定义为“立足机会平等要求和商业可持续原则，以可负担的成本为有金融服务需求的社会各阶层和群体提供适当、有效的金融服务”。普惠金融强调金融服务的包容性、公平性和商业可持续，经济转型发展时期，发展普惠金融成为国内银行业支持供给侧结构性改革，推进“补短板、惠民生”的重要渠道。

近年来，国务院层面以及金融监管机构高度重视普惠金融发展，多次出台政策措施完善普惠金融服务体系。随着“十三五”规划的逐步开展，普惠金融的战略地位越来越凸显，其关注度也越来越高。普惠金融的发展需要成熟的理论框架作为指导，本章在梳理银行业普惠金融政策的基础上，分析了银行业普惠金融的发展现状及存在的问题，进而给出完善普惠金融发展的政策建议，以期为我国普惠金融的健康发展提供理论参考。

第一节　国内银行业普惠金融政策梳理

目前，世界上很多国家开始推行普惠金融政策，从国家层面制定普惠金融发展战略成为一种趋势。如G20、世界银行、普惠金融联盟（Alliance for Financia Inclusion，AFI）和各区域性发展银行等国际性组织都鼓励和推动各自的成员国在这方面做出实质性的进展。根据世界银行发布的《2014年全球普惠金融发展报告》，其已在全球70多个国家和地区开展普惠金融合作项目，其中50多个国家和地区设立了改进普惠金融目标。近年来，随着普惠金融在我国战略地位的凸显，国务院层面以及金融监管机构高度重视普惠金融发展，充分发挥宏观调控功能，多次出台政策措施完善普惠金融服务体系，推动普惠金融政策体系的建设。

1. 国务院普惠金融规划（2016~2020）

党中央、国务院高度重视发展普惠金融。党的十八届三中全会明确提出发展普惠金融。2015年《政府工作报告》提出，要大力发展普惠金融，让所有市场主体都能分享金融服务的“雨露甘霖”。为推进普惠金融发展，提高金融服务的覆盖率、可得性和满意度，增强所有市场主体和广大人民群众对金融服务的获得感，2015年12月31日，国务院印发《推进普惠金融发展规划（2016~2020年）》（国发〔2015〕74号）（以下简称规划）。该规划对于今后五年推进普惠金融发展具有全面的指导意义。

规划中明确了普惠金融的概念，提出当前我国普惠金融重点服务对象是小微企业、农民、城镇低收入人群、贫困人群和残疾人、老年人等特殊群体。大力发展普惠金融，是我国全面建成小康社会的必然要求，有利于促进金融业可持续均衡发展，推动大众创业、万众创新，助推经济发展方式转型升级，增进社会公平和社会和谐。规划分总体思路、健全多元化广覆盖的机构体系、创新金融产品和服务手段、加快推进金融基础设施建设、完善普惠金融法律法规体系、发挥政策引导和激励作用、加强普惠金融教育与金融消费者权益保护、组织保障和推进实施八部分。

为扩展普惠金融业务、更好服务实体经济，着力缓解小微企业、“三农”等普惠领域“融资难、融资贵”等问题，支持发展战略性新兴产业，2018 年 3 月 28 日，国务院常务会议决定，由中央财政发起、联合有意愿的金融机构共同设立国家融资担保基金，首期募资不低于 600 亿元，采取股权投资、再担保等形式支持各省（区、市）开展融资担保业务，带动各方资金扶持小微企业、“三农”和创业创新。同时，强化社会信用体系建设。基金按照“政府支持、市场运作、保本微利、管控风险”的原则，以市场化方式决策、经营。

2018 年 4 月 25 日，国务院常务会议将银行开展惠普金融服务情况作为监管支持政策的重要参考，制定监管考核办法。为降低创业创新成本、增强小微企业发展动力、促进扩大就业。会议决定，按照中央经济工作会议和《政府工作报告》要求，加大减税力度。采取 7 项措施，预计全年将再为企业减轻税负 600 多亿元。此次减税的方向是小微企业，受益面是实体经济。会议提出，必须落实好已确定的政策，让企业切实感受到融资成本下降。抓紧完善普惠金融服务保障体系，加强信用信息系统建设，支持银行制定专门的普惠信贷计划、安排专项激励费用、细化尽职免责办法。探索小微企业中长期固定资产贷款、新型农业经营主体设施抵押贷款、扶贫金融等产品创新，确保单户授信 1000 万元以下的小微企业贷款增速不低于各项贷款增速、贷款户数不低于上年同期水平，合理控制小微企业贷款质量和贷款综合成本，力争到第三季度末小微企业融资成本有较明显降低。

2018 年 6 月 20 日召开的国务院常务会议，对进一步缓解小微企业融资贵、持续降低实体经济成本做出部署。会议提出了几项进一步缓解小微企业“融资难、融资贵”的措施：增加小微企业和“三农”再贷款、再贴现额度，下调支持小微企业再贷款利率；2018 年 9 月 1 日至 2020 年，将符合条件的小微企业和个体工商户贷款利息收入免征增值税单户授信额度上限，由 100 万元提高到 500 万元。禁止金融机构向小微企业贷款收取承诺费、资金管理费，减少融资附加费用。支持银行运用定向降准等货币政策工具，增强小微信贷供给能力。鼓励未设立普惠金融事业部的银行增设社区、小微支行。将单户授信500万元及以下的小微企业贷款纳入中期借贷便利合格抵押品范围。

2. 人民银行相关政策

根据国务院部署，为支持金融机构发展普惠金融业务，着力缓解小微企业“融资难、融资贵”等问题，提高金融服务覆盖率和可得性，为实体经济提供有效支持，中国人民银行于2017年9月印发了《关于对普惠金融实施定向降准的通知》(银发〔2017〕222号)。该通知对小微企业和“三农”领域实施的定向降准政策拓展和优化为统一对普惠金融领域贷款达到一定标准的金融机构实施定向降准政策，将定向降准政策考核范围由现行的小微企业贷款和涉农贷款调整为普惠金融领域贷款。

此次对普惠金融实施定向降准政策，是根据国务院部署对原有定向降准政策的拓展和优化，以更好地引导金融机构发展普惠金融业务。一方面，原有定向降准的领域主要是小微企业和“三农”贷款，此次对普惠金融实施定向降准政策不仅覆盖了上述贷款，还将政策延伸到脱贫攻坚和“双创”等其他普惠金融领域贷款，政策外延更加完整和丰富；另一方面，对普惠金融实施定向降准政策还对原有政策标准进行了优化，聚焦真小微、真普惠，指向单户授信500万元以下的小微企业贷款、个体工商户和小微企业主经营性贷款，以及农户生产经营、创业担保、建档立卡贫困人口、助学等贷款，政策精准性和有效性显著提高，建立了增加普惠金融领域贷款投放的正向激励机制，有助于促进金融资源向普惠金融倾斜，优化信贷结构。

此外，为探索可持续、可复制的普惠金融发展经验，从2015年10月至2019年，人民银行先后批准了浙江省宁波市、陕西省宜君县和青海省开展普惠金融试点。2016年底，经国务院同意，中国人民银行等十部委正式批复《河南省兰考县普惠金融改革试验区总体方案》，设立了首个国家级普惠金融改革试验区。

2018年6月25日，中国人民银行、银保监会等五个部门联合印发了

《关于进一步深化小微企业金融服务的意见》（银发〔2018〕162号）。从货币政策、监管考核、内部管理、财税激励、优化环境等方面提出23条短期精准发力、长期标本兼治的具体措施，督促和引导金融机构加大对小微企业的金融支持力度，缓解小微企业“融资难、融资贵”的问题，切实降低企业成本，促进经济转型升级和新旧动能转换。一是加大货币政策支持力度，引导金融机构聚焦单户授信500万元及以下小微企业信贷投放；二是加大财税政策激励，提高金融机构支小积极性；三是加强贷款成本和贷款投放监测考核，促进企业成本明显降低；四是健全普惠金融组织体系，提高服务小微企业的能力和水平；五是大力拓宽多元化融资渠道，优化营商环境，严厉打击骗贷骗补等违法违规行为。

3. 银监会相关监管政策

为进一步做好小微企业金融服务，着力解决小微企业倒贷（借助外部高成本搭桥资金续借贷款）问题，降低小微企业融资成本，推动小微企业健康发展，完善和创新小微企业贷款服务。2014年7月，中国银监会发布《提高小微企业金融服务水平的通知》（银监发〔2014〕36号），银监会对症下药，允许款到期，银行续贷，要求银行对小微企业匹配合理的贷款周期，解决“倒贷”问题。

2015年3月，中国银监会印发《关于2015年小微企业金融服务工作的指导意见》（银监发〔2015〕8号）。该意见分为明确工作目标，努力实现“三个不低于”。单列信贷计划，优化信贷结构；加强机构建设，扩大网点覆盖面；落实尽职免责，调动工作积极性；改进考核机制，激发内生动力；加大金融创新，提升服务能力；规范服务收费，切实降低融资成本；严守风险底线，抓好风险防控；强化监管激励约束，确保政策落实；加强多方联动，优化服务环境这10部分。为加大对小微企业扶持力度，将实施了六年的小微金融服务“两个不低于”目标调整为“三个不低于”，即小微企业贷款增速不低于各项贷款平均增速，小微企业贷款户数不低于上年同期户数，小微企业申贷获得率不低于上年同期水平。而此前的“两个不低于”要求银行对小微企业放贷不得低于上年同期的增速和增量。

为落实中共中央、国务院关于普惠金融的决策部署，推进供给侧结构性改革，银监会于2017年5月印发了《大中型商业银行设立普惠金融事业部实施方案》（银监发〔2017〕25号，以下简称《实施方案》），推动大中型商业银行设立聚焦小微企业、“三农”、创业创新群体和脱贫攻坚等领域的普惠金融事业部。

《实施方案》涵盖了总体要求、组织架构、经营机制、监督管理、配套政策、组织实施六方面内容，明确了设立普惠金融事业部基本原则，即商业化运作、条线化管理、专业化经营、差异化发展、分步骤实施、配套政策支持。《实施方案》重点要求大中型商业银行按照商业可持续原则，建立专门的综合服务、统计核算、风险管理、资源配置和考核评价等机制。通过逐步建立完善事业部体制机制，进一步提高大中型商业银行普惠金融服务水平和能力。

为贯彻落实《中共中央 国务院关于实施乡村振兴战略的意见》（中发〔2018〕1号）精神，2018年3月，银监会接连发布《中国银监会办公厅关于做好2018年“三农”和扶贫金融服务工作的通知》《中国银监会办公厅关于2018年推动银行业小微企业金融服务高质量发展的通知》。这两项通知都提出了2018年的新目标，加大了对扶贫和涉农金融服务考核力度。

2018年4月25日召开的国务院常务会议提出要将银行开展普惠金融服务情况作为监管支持政策重要参考，制定监管考核办法。同时，必须落实好已确定的政策，让企业切实感受到融资成本下降。抓紧完善普惠金融服务保障体系，加强信用信息系统建设，支持银行制定专门的普惠信贷计划、安排专项激励费用、细化尽职免责办法。探索小微企业中长期固定资产贷款、新型农业经营主体设施抵押贷款、扶贫金融等产品创新，确保单户授信1000万元以下的小微企业贷款增速不低于各项贷款增速、贷款户数不低于前一年同期水平，合理控制小微企业贷款质量和贷款综合成本，力争到第三季度末小微企业融资成本有较明显降低。

为阶段性总结宣传我国普惠金融发展成果，中国银保监会牵头编写了

《中国普惠金融发展情况报告》，并于2018年9月发布。作为首次由政府部门对外发布的普惠金融白皮书，白皮书总结了我国普惠金融发展的意义、主要措施、主要成效和基本经验，从发展多层次普惠金融供给、构建市场化经营模式、创新普惠金融产品服务、发展数字普惠金融、推进基础设施建设、加强金融知识普及和开展普惠金融试点等八个方面具体介绍了普惠金融发展举措，客观分析了当前普惠金融发展面临的挑战，并提出了未来建设普惠金融体系的思路。

第二节　国外银行业普惠金融政策及发展模式

目前，世界上很多国家都在积极推进普惠金融政策以期消除贫困、维护金融体系平稳发展。孟加拉国、墨西哥、巴西、肯尼亚和秘鲁的普惠金融发展模式较为独特而典型且发展迅速，这对我国普惠金融发展有重要的借鉴意义。如表4–1所示，通过对五国普惠金融发展模式的对比可以得出以下几点经验：一是以政府为主导推进相关政策法规的改革。在"科技+"大浪潮的推动下，需要政府运用科技手段创新监管模式，推动银行法律法规改革，鼓励开发适合我国普惠金融发展现状的新产品和新金融服务。二是以需求为主，促进金融产品和服务多元化发展。不管是采用何种普惠金融发展模式，必须注重利用金融创新，以扩大金融覆盖人群和金融服务范围，满足弱势群体的金融需求。三是以保护金融消费者权益为目的，加大金融知识的普及力度，建立完善的金融监管框架和消费者保护体系。增加金融产品和服务的透明度，定期披露相关信息，使消费者面对众多的金融产品更加理智，减少因信息不对称造成消费者权益受损。

表 4–1 各国普惠金融发展模式比较

国家	特点	模式	典型机构	发展
孟加拉国	20 世纪 70 年代开创小额信贷项目，以贷款小组为核心的风险控制模式（小组成员间承担连带保证责任）	以发放小额信贷为途径	全球首家专门向贫困人群发放小额贷款的乡村银行——格莱珉银行（Grameen Bank）	小额信贷机构的金融产品和服务多元化发展，小额信贷机构转型为专门提供普惠金融服务的微型金融机构
墨西哥	2005 年以来推进政策法规改革，政府制订了《2007~2012 年国家发展规划》和《2008~2012 年国家发展融资计划》严格的资本充足率监管	以政府为主导	最大的小额贷款机构——康帕图银行（Compar-tamos Banco），现已转型成商业银行并上市融资	建立“健全的普惠银行体系”直接推动银行法律法规改革，允许非金融机构在农村地区提供金融服务，允许专业型银行实行差别监管，将小型信贷机构纳入正规吸收存款机构管理
巴西	在银行无法设立分支机构的地区为客户提供金融服务的渠道和手段，银行和非银行机构合作，以扩大金融服务范围。首创代理银行模式，商业银行与代理商签订合约，推进无网点银行业务	以代理银行为核心	巴西联邦储蓄银行创设了一种简化的货币账户——CaixaAqui 账户开设便捷，客户可以在代理商处将货币转换为账户中的虚拟数值，或进行提现、转账等	注重利用金融创新，扩大金融覆盖人群，充分利用各类零售商业网点作为代理银行，将银行基础金融服务与遍布全国的各零售商业网点结合
肯尼亚	金融基础服务和信息传播设施欠缺使手机银行快速发展，先进的移动金融支付体系弥补了全国基础设施建设落后、金融机构物理网点不足、边远地区人民无法享受银行服务的不足	以手机银行为重要媒介	肯尼亚最大通信运营商 Safaricom 于 2007 年推出手机银行系统 M-Pesa，目前，M-Pesa 已经成为肯尼亚最大的手机转账和支付平台	手机普及率远高于银行账户普及率的优势，为边远、农村地区人群提供效率高、成本低、操作简单的移动金融服务
秘鲁	重视普及金融知识和平等保护金融消费者权益，有较为完善的金融监管框架和消费者保护体系	以保护金融消费者为主要目标	最核心的是银行保险和养老金监管局 SBS，负责监管银行业、保险业、微型金融机构、养老金机构等金融部门。SBS 下设金融消费者保护部和养老金监管部	建立多个监管机构、制定部门规章制度及监管指引，逐步细化金融消费者权益保护的框架。建立多个规章制度，要求金融机构定期披露产品和服务信息，使消费者更加理智地选择金融产品和服务，减少信息不对称引起的消费者权益受损

资料来源：陈郁城 . 普惠金融国内外发展现状及比较分析［J］. 新经济，2016（4）：64–66.

第三节　银行业普惠金融发展现状

1. 小微金融

小微金融的概念可以从狭义和广义两个方面论述。狭义是指给收入较低或者没有收入的人提供小额度的贷款服务；广义是指给因为各种因素无法从银行获取贷款的一些商户提供小额度的贷款服务（张露梅，2017）[①]。近年来，随着国家政策的引导、银行社会责任的提升，得益于互联网金融的快速发展，除了传统的商业银行外，蚂蚁金融、京东金融等新型机构也加入小微金融的行列，小微企业快速发展。

国家工商总局发布的《全国小型微型企业发展情况报告》，将小微企业定义为除大中型企业以外的各类小型、微型企业的统称。我国个体工商户视作小型微型企业。小型微型企业数量庞大，已成为国民经济的重要支柱，是经济持续稳定增长的坚实基础。在稳定增长、扩大就业、促进创新、繁荣市场和满足人民群众多方面需求方面，发挥着重要作用。据统计，我国中小企业创造的最终产品和服务价值相当于国内生产总值（GDP）总量的60%，纳税占国家税收总额的50%，完成了65%的发明专利和80%以上的新产品开发。小型微型企业在促进就业方面有突出的贡献，是新增就业岗位的主要“吸纳器”。

近年来，小微金融的快速发展有效缓解了小微企业“融资难、融资贵”问题。针对小微企业贷款的“三个不低于”[②]目标提出以来，银监会督促银行业连续三年达标，对缓解小微企业融资难题起到了积极作用。为进一步引导银行业聚焦薄弱环节、下沉服务重心。2018年3月，银监会印发了《中国

① 张露梅．我国小微金融的发展现状及问题研究［J］．商场现代化，2017（1）：138-139.

② 所谓“三个不低于”，即2015年初，银监会发布的《2015年小微企业金融服务工作的指导意见》中，提出的“小微企业贷款增速、户数和申贷获得率均不得低于上年同期数据”。

银监会办公厅关于 2018 年推动银行业小微企业金融服务高质量发展的通知》（以下简称《通知》)。《通知》在继续监测“三个不低于”、确保小微企业信贷总量稳步扩大的基础上，重点针对单户授信 1000 万元以下（含）的小微企业贷款，提出“两增两控”[①]的新目标。此外，《通知》从完善机构体系、提升服务效率、改进贷款支付、落实尽职免责、盘活信贷资源、主动开展信息披露等方面提出具体要求。强调商业银行要回归本源、专注主业，用好用足激励政策，实现银行业小微企业金融服务从“量”的扩大转向质量、效率、动力的变革。

数据显示，截至 2017 年末，全国小微企业贷款余额 30.74 万亿元，同比增长 15.14%，比各项贷款平均增速高 2.67 个百分点。小微企业贷款余额户数 1520.92 万户，较上年同期增加 159.82 万户。其中，商业银行支持小微企业贷款合计 23.33 万亿元，占小微企业贷款余额的 75.9%（见图 4–1），不管是资产规模还是所服务客户的数量，商业银行依然是支持小微企业发展的主力军。自 2012 年以来，小微企业贷款同比增速一直在 15% 左右，高于同期金融机构贷款余额同比增速（见图 4–2）。从图 4–1 可以看出，对小微企业信贷支持力度从大到小依次为大型商业银行、农村商业银行、城市商业银行、股份制商业银行和外资银行。五家大型商业银行中，从小微企业贷款余额绝对金额以及其占全部贷款余额的比重来看，工商银行对小微企业的信贷支持力度最大（见表 4–2）。2017 年，工商银行小微企业贷款余额为 2.2 万亿元，较上年增长 9%，占全部贷款比重为 16.3%。

① “两增”即单户授信总额1000万元以下（含）小微企业贷款同比增速不低于各项贷款同比增速，贷款户数不低于上年同期水平。“两控”即合理控制小微企业贷款资产质量水平和贷款综合成本，突出对小微企业贷款量质并重、可持续增长的监管导向。

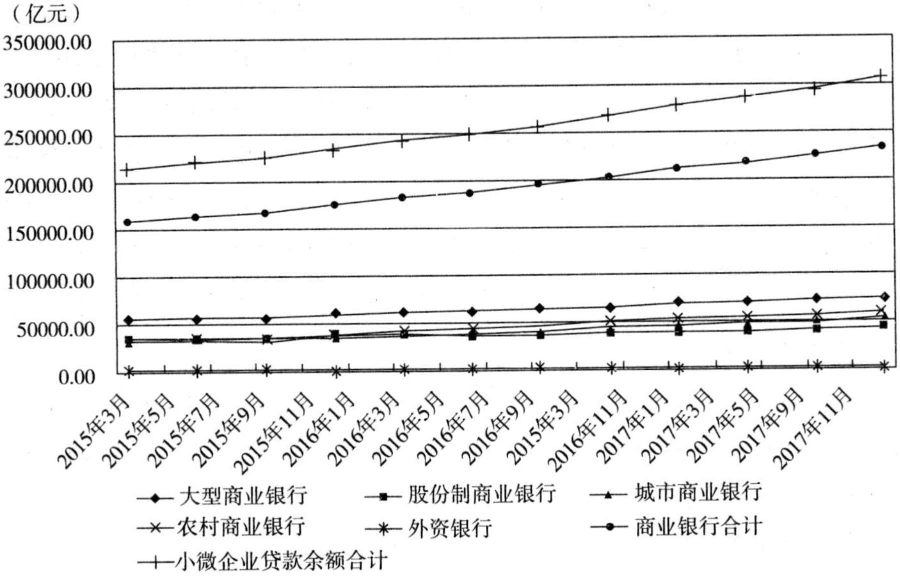

图 4-1　各类金融机构小微企业贷款余额对比

资料来源：Wind 资讯。

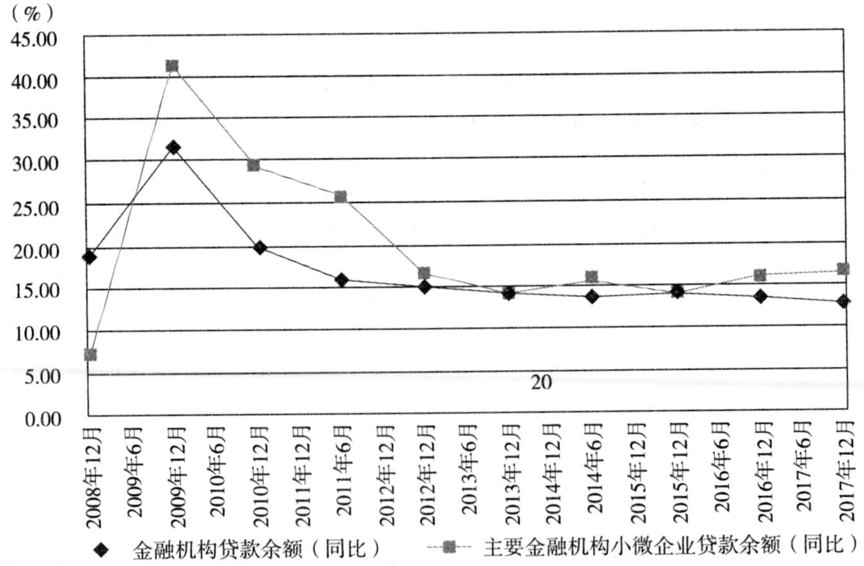

图 4-2　各贷款余额同比

资料来源：Wind 资讯。

表 4-2　2017 年末大型商业银行小微企业贷款余额情况　　单位：万亿

银行	小微企业贷款余额	全部贷款余额	较上年增长	小微企业贷款余额占比
工商银行	2.20	13.50	9.0%	16.30%
农业银行	1.36	10.70	13.3%	12.70%
中国银行	1.50	10.90	13.5%	13.80%
建设银行	1.61	12.90	12.6%	12.50%
交通银行	0.77	4.46	12.7%	17.30%

资料来源：Wind 资讯。

商业银行是小微企业重要的资金供给方，但是在小微金融业务上还面临着较大困难，小微企业的信贷需求依然面临较大缺口。除了小微企业自身存在的财务信息不完全、抵押担保物缺少、生命周期短、贷款额度小以及风险较高等特征外，还有诚信缺失、征信系统不完善、信贷环境不健全等社会大环境方面的问题。因此，小微企业“融资难、融资贵”的问题仍然存在。

2. 金融扶贫

“十三五”规划指出，“发挥政策性金融和商业性金融的互补作用，整合各类扶贫资源，开辟扶贫开发新的资金渠道”，在中共中央《关于打赢脱贫攻坚战的决定》中，也对完善金融扶贫提出了新的要求，指出新时期金融扶贫正面临着新的挑战与机遇。我国金融扶贫的历程始于改革开放之初，最近十几年更是不断扩大金融扶贫的主体，这其中商业银行首当其冲。洪晓成[①]认为，金融扶贫有三大主体，即政府（规划制定者和政策引导员）、商业银行（政策落地后的放大器、预警机与反馈者）和被帮扶农户（受益者和金融扶贫效益的最终展现者），理想的金融扶贫机制是上述三者组成的良性循环。随着互联网技术的普及发展成熟，“互联网 +”为金融扶贫带来了新的动力和机遇。金融扶贫是财政扶贫的相对概念，以政府的引导和金融机构的参与为前提，目的是解决农村贫困地区和贫困群体长期以来面临的资金不足问题，为其提供多元化的谋生机会和途径，从而从根本上改变贫困落后的命运。

① 洪晓成 . 金融扶贫的现状与历史机遇［N］. 光明日报，2016-11-19.

党中央、国务院关于打赢脱贫攻坚战的决定发布后，银监会及时制定印发了《关于银行业金融机构积极投入脱贫攻坚战的指导意见》（银监发〔2016〕9号），明确银行业机构金融扶贫的政策措施，同时编制银行业建档立卡贫困户贷款、扶贫开发项目贷款、贫困县银行机具服务覆盖情况统计表，定期统计、监测扶贫工作进展情况。

银行业扶贫工作效果显著主要体现在以下三个方面：

一是建立与金融扶贫相适应的金融服务体制机制，形成商业性、政策性、开发性、合作性等各类机构协调配合、共同参与的金融服务格局。农业银行进一步深化"三农"金融事业部机制建设，强化对渠道管理和互联网金融服务的组织支持，选取一批县支行开展"放权搞活"试点，加大服务"三农"工作的考核权重。邮储银行按照"五部四中心"的垂直组织架构、配备专门人员，基本实现"三农"金融事业部省、市、县三级全覆盖。开发银行和农发行在扶贫金融事业部管理框架下，分别出台一系列扶贫金融信贷政策，逐步建立单独核算、分账管理、单独考核等配套机制。各地农合机构和村镇银行等农村中小金融机构充分发挥小法人优势，加快完善定位"三农"、服务县域的公司治理机制，有效提升服务水平。

二是银行业金融机构围绕"三农"和扶贫重点领域完善制度建设。农发行印发了《关于进一步明确支持"万企帮万村"精准扶贫行动有关信贷政策的通知》，强化资源配置，实施差别化管理，落实尽职免责机制，加大考核挂钩力度。农业银行印发了《精准扶贫信贷政策指引》，确定精准扶贫支持重点、主要模式和各项扶贫贷款关注要点，明确业务创新管理和风险防控要求。

三是创新产品服务模式。第一，创新信贷产品。北京银行推出"富民直通车"特色惠民金融服务品牌，打造"富民卡""富民贷""富民通"三大产品体系，为农户提供综合性"一站式"金融服务。保定银行研发了"金支点·惠农贷"产品，贷款期限可延长至2年，农户贷款额度最高至20万元，企业最高额度为300万元。第二，创新服务模式。工商银行、交通银行、建设银行充分发挥"融e购""健康交行""善融商务"等电商平台优势，在资金"输血"的同时注重产业"造血"，帮助扶贫企业和贫困群众扩大销售渠道。浙江网商银行依托阿里电商平台，创造“310”贷款模式，即3分钟申贷，1秒钟放款，0人工介入，提高放款效率。第三，创新增信方式。中国银行推出“中银新农通宝”“中银林权通宝”等系列产品，以林权、棉花、苹果、乳产品、蔬菜、肉产品等生鲜品作为抵押品，解决农业领域抵押担保难问题。成都农商行针对农村土地承包的经营权流转，通过“经营权抵押 + 收益权质押”“经营抵押权 + 自然人保证”等方式，支持农户在承包或流转土地范围内开展种植业、养殖业或农产品初加工。

3. 消费金融

广义上的消费金融主要包括房贷、汽车金融、信用卡和消费贷款四大领域。目前，我国消费金融市场已形成以银行为主导，由消费金融公司、汽车金融公司、小额信贷公司、互联网金融公司等参与的多元化消费金融业态。传统的消费金融指“借钱消费”，随着居民消费需求的提高以及互联网金融的发展，消费金融的内涵逐渐丰富，消费金融的不断发展同时也在改变居民消费习惯，使大众消费观念逐渐由“量入为出”转变为负债消费。就商业银行而言，主要通过向消费者提供个人消费金融产品，如个人住房按揭、个人综合消费贷款、个人汽车消费贷款和信用卡等来开展服务。随着我国消费规模的扩大，消费对经济的贡献率不断提高，2020年，最终消费支出对GDP的贡献率高达54.3%，已经成为促进经济增长的主要推动力，消费在国民经济增长中的作用日益明显。中共十九大报告指出“完善促进消费的体制机制，增强消费对经济发展的基础性作用”，对消费金融服务体系提出了更高的要求。

我国市场经济起步较晚，消费金融市场发展尚未成熟。主要经历了三个阶段，第一阶段是改革开放初期，该时期居民物质文化需求随着经济好转发生变化并带来消费水平的增长；第二阶段是1997~1998年的东南亚金融危机后消费信贷的蓬勃发展；第三阶段是2010年后GDP增长率趋缓但消费信贷规模却快速增长（李文白和伊国栋，2016）[①]。

一是以银行为主导的传统金融机构依托自身优势，大力发展消费金融。

---

① 李文白，尹国栋．大银行如何看消费金融发展［J］．银行家，2016（11）．

商业银行积极发挥实体网点多、资金成本低、存量优质客户集聚、更具公信力等优势，大力发展消费金融业务。

二是消费金融产品多元化，有效满足客户多元化需求。从产品用途上看，部分商业银行推出了针对特定用途开发的产品，如工商银行推出的个人文化消费贷；从产品期限看，最短的为工商银行的个人质押贷款，产品期限不超过 12 个月，最长的是光大银行的消费贷款，产品期限不超过 120 个月。从产品定价看，定价水平明显低于银行体系外的消费金融产品利率水平，信用卡类产品利率为 0~18.25%，非信用卡类产品定价通常为基准利率上浮 10%~60%，产品定价最高的江苏银行“卡易贷”年化利率也仅为 7.8%。

三是虽然消费金融服务门槛较高，但不良率水平仍然较高。银行产品的服务门槛较高，信用类消费贷款通常需要客户提供相应材料证明其还款能力，而一些不需要提供材料的全流程线上产品，往往针对特定的客户群体，如交通银行和中信银行仅向代发工资客户提供全线上消费贷款服务。非信用类产品，通常需要客户提供房产、存单等作为抵（质）押品。尽管银行服务门槛相对较高，客户群体相对优质，但消费金融业务违约率依旧偏高，根据银监会披露数据，截至 2016 年 9 月末，消费金融平均不良贷款率 4.11%，相较于同期商业银行整体 1.74% 的不良率偏高。因此具有“无抵押、无担保”“小额分散”、面向中低收入者的展业特点，风险处合理可控范围。

四是拓展合作渠道，提高获客能力及授信精准度。通过在优质互联网平台的入口放置线上办卡链接、与优质平台发行联名信用卡以及由优质平台批量推荐客户等方式，提高银行自身的获客能力，如上海银行与京东合作推出的京东金条。同时，银行还通过与互联网平台、第三方数据公司、第三方征信公司等机构的合作来获取客户信用资质、消费习惯等动态数据信息，以提高授信的准确性。

4. 体制机制变革：普惠金融事业部的成立

诺贝尔经济学奖得主威廉姆森（William-son，1985）基于交易成本理论指出：事业部制是 20 世纪最重要的企业组织形式创新，它将经营权和管理权分离，有利于交易成本最小化，促进效率和利润提升。事业部制也被视为一种高效率的组织结构，可以平衡各利润中心的竞合关系，在相当程度上优于职能制和控股公司制。我国银行事业部改革已有十余年历史，重点解决了当时银行规模过大、市场跨度过广、经营范围过宽等问题。

中国工商银行是国内最早进行业务条线事业部制改革的商业银行，2000年工行率先将票据业务单列，成立总行直属的营业部，设置北京、上海等八个分部，对内实行独立核算；2002年成立牡丹卡中心，专门经营银行卡业务。此后，招商银行、中信银行也对信用卡业务实行了事业部制改革。2004年11月，民生银行通过事业部改革、实现了零售业务独立核算和运营。农业银行于2008年启动实施“三农”金融事业部改革试点，事业部设立“三部六中心”。“三部”即“三农”政策与业务创新部、农村产业与城镇化金融部、农户金融部，“六中心”即风险管理、核算与考评、信用管理、信用审批、资本和资金管理、人力资源六大县域中后台管理中心，形成县域业务和城市业务中后台共享机制。2015年4月，农业银行将改革试点覆盖到所有县域支行。2013年，交通银行实施“5+5+5”事业部模式改革，即先行推出信用卡、金融市场、贵金属交易、离岸金融、票据交易5个成熟的利润中心，陆续启动理财、投行、托管、期货、私人银行5个准事业部，探索集团式客户、省分行大客户、汽车供应链金融、便民金融服务中心社区银行、互联网金融5个事业部[①]。

党中央、国务院高度重视发展普惠金融，2017年的《政府工作报告》指出，“鼓励大中型商业银行设立普惠金融事业部，国有大型银行要率先做到，实行差别化考核评价办法和支持政策，有效缓解中小微企业融资难、融资贵问题”。普惠金融事业部改革是深入贯彻落实中共十八届三中全会、四中全会精神和国务院有关要求，聚焦弱势群体，以实现基础金融服务覆盖为目标，主要依托和发挥现有机构作用，建立健全适应我国国情实际的组织机构和公司治理体系，不断提升金融服务的覆盖面、可得性和便利度，使最广大的人民群众公平分享我国金融改革发展成果的改革（郑金宇，2017）。大中

① 尤胜光．普惠金融事业部改革的实践及启示［J］．现代商业，2017（12）：181-183.

型商业银行普惠金融事业部是为实施普惠金融服务专业化经营采取的一种内部组织管理模式。

2017 年 5 月，银监会印发了《大中型商业银行设立普惠金融事业部实施方案》（以下简称《实施方案》），推动大中型商业银行设立聚焦小微企业、“三农”、创业创新群体和脱贫攻坚等领域的普惠金融事业部。《实施方案》明确了大中型商业银行设立普惠金融事业部的总体目标，通过建立适应普惠金融服务需要的事业部管理体制，构建科学的治理机制和组织架构，健全专业化服务体系，提高普惠金融服务能力，缓解小微企业、“三农”、创业创新、脱贫攻坚等领域的融资难、融资贵的问题，体现普惠金融服务的普及性、便利性和优惠性，提高金融服务覆盖率和可得性，为实体经济提供有效支持，防止脱实向虚。《实施方案》涵盖了总体要求、组织架构、经营机制、监督管理、配套政策、组织实施六方面内容，明确了设立普惠金融事业部基本原则，即商业化运作、条线化管理、专业化经营、差异化发展、分步骤实施、配套政策支持。《实施方案》重点要求大中型商业银行按照商业可持续原则，建立专门的综合服务、统计核算、风险管理、资源配置和考核评价等机制。通过逐步建立完善事业部体制机制，进一步提高大中型商业银行普惠金融服务水平和能力。

目前，我国五家大型商业银行全部建立了普惠金融事业部，进行单独的核算、运营和考核。截至 2017 年底，五大银行中有 185 家分行设立了普惠金融事业部。全国性的股份制商业银行中，已有六家银行建立了普惠金融事业部。以我国五家大型商业银行为例，普惠金融事业部构建的模式主要有以下几种①：

一是“三农 + 普惠”金融事业部模式，这是“三农”金融事业部的先行先试。目前，农业银行和邮储两家银行采用此种模式，分别设立了“三农”金融事业部，以开展农业专业化服务的重要目的，即服务县域优势产业、现代农业、扶贫开发、农村产业融合、重大涉农工程和新型城镇化建设等。农业银行“三农”金融事业部改革经历了初步试点（2008 年）、深化试

① 魏鹏．商业银行普惠金融事业部经营管理机制研究［J］．金融监管研究，2017（9）：78-94.

点（2010年）、扩大试点（2012年）以及逐步推广（2015年）四个阶段，改革试点已覆盖到所有县域支行。随着普惠金融的发展，农业银行从“三农”普惠向“综合”普惠的转变，以适应新常态下商业银行转型发展、创新服务模式、提高对实体经济服务能力的现实要求。

二是在原有村镇银行的基础上构建普惠金融事业部模式，这种模式经营主体较为集中，发展模式可持续。我国村镇银行的发展始于2007年3月，经过十余年的发展，村镇银行市场的定位明确，发展较为成熟。以村镇银行为平台搭建普惠金融事业部模式，本行发起设立的村镇银行在数量上达到了一定规模，经营主体较为集中，基本形成了一整套可持续的普惠金融商业模式。中国银行以中银富登村镇银行为基础，在整合相关业务基础上，成立了普惠金融事业部。

三是在原有相关部门基础上组建着惠金融事业部模式，这种模式方便快捷，成本较小且可操作性强。采用此种模式的是工商银行、建设银行和交通银行。

工商银行的模式是在总行公司金融业务部原所属二级部——小企业金融业务部基础上组建普惠金融事业部。总行普惠金融事业部作为总行内设一级部管理，主要承担小微金融业务营销管理、业务发展机制和制度建设、产品和流程创新、风险管理以及队伍建设等职责，原小企业的业务部被撤销，同时将在一级（直属）分行层面设立普惠金融事业部。建设银行是在总行小企业业务部基础上组建普惠金融事业部，小企业业务部保留。普惠金融事业部目前仅设立在总行，承担全行普惠金融业务牵头工作，跟进中央和监管部门的政策要求，推动政策落地，落实该行普惠金融发展委员会确定的管理和发展目标。交通银行是在总行小企业金融部的基础上组建普惠金融事业部，小企业金融部保留。总行小企业金融部（普惠金融事业部）负责制定全行小微业务（含个人经营性贷款）发展规划和管理办法，牵头推进全行“三个不低于”目标。

三家大型商业银行在普惠金融事业部的构建基础方面有相同之处，比如，工商银行与交通银行在部门层次设置上都是按照“稳妥实施、分步推进”的思路，在一级（直属）分行、部分重点二级分行（一级支行）层面逐步铺开，最终覆盖全行。各行普惠金融事业分部直接对口总行普惠金融事业部，条线管理特征更为突出。同时，普惠金融事业分部进一步明确了普惠金融工作的部门牵头职责，包括普惠金融服务体系的统筹规划、制度建设、管理推进、统计分析等，通过审查内嵌和全流程风控等措施，有效提高了小微金融服务专业化水平。

第四节　银行业普惠金融发展中存在的问题

1. 普惠金融配套机制建设滞后

一是顶层设计有欠缺。虽然国内外关于普惠金融体系的研究成果颇丰，但是目前仍未构建出一个适合我国国情的、完备的普惠金融发展体系，在全局性、系统性和可操作性方面仍有待完善。虽然一些商业银行已在总行层面设立普惠金融事业部，但是普遍缺乏总体的战略规划或指导意见。普惠金融的发展还是一个相对孤立的模块，未形成系统性工程。

二是欠缺完善的风控机制。普惠金融的发展缺乏完善的法律法规，缺乏包容性金融发展指标体系，风控体系有待完善，普惠金融的持续发展还存在一些制度障碍。由于普惠金融的重点扶持对象特有的经营规模小、抗风险能力差等特点，不良率较高，且缺乏市场化程度较高、运作规范的担保机构提供风险缓释。

三是缺乏有效的政策激励机制。小微企业缺乏足够的信贷风险补偿资金，补偿范围有待扩大补偿力度有待进一步增加，小微企业贷款风险补偿机制欠缺。

2. 普惠性与银行追求利益的矛盾导致逆向选择

商业银行受到国家政策引导，积极响应相关号召，在有政府作为担保的情况下，乐意“锦上添花”；但其作为标准的营利性组织，在利益驱动下，会重点考虑将信用好、资金雄厚的个人或组织作为长期客户，往往忽略贫困群体及小微企业的需求。信贷资源是一种稀缺资源，商业银行考虑到无利可图或利润较低，信贷扶持力度和整体规模有限，且针对小微企业和涉农贷款利率普遍上浮，盈利性和普惠性之间的不平衡阻碍了普惠金融在我国的发展。

逆向选择是指那些最可能造成不利后果即制造信贷风险的潜在借款人往往是那些最积极寻求贷款，并且最可能获得贷款的人。相较于信用贷款，民间借贷因其门槛低、提款快的特点更容易被民众接受，但民间借贷多是高利贷形式，伴随民间借贷而生的不良影响较大，最终产生“劣币驱逐良币效应”。此外，道德风险也加大了贷款无法清偿的概率。同时民间借贷对信用借贷的替代效应也制约了普惠金融的普及和发展。

3. 普惠金融生态体系薄弱，金融消费者保护机制不完善

一是未建立完整的社会信用体系。我国信用管理中介服务发展相对较慢，央行征信系统尚未完全覆盖小微企业和涉农企业，相应的征信系统、信息通报机制有待完善。

二是小微企业为获得更多信贷支持虚假“骗贷”。有些小微企业为获得贷款而提供虚假资料，甚至个别小微企业联合外部机构“骗贷”，金融法制环境有待完善。

三是消费者权益保护机制不完善。我国消费者的金融知识与迅速发展的金融市场匹配度较低，金融知识比较匮乏，缺乏对金融法规政策、金融市场和金融产品的专业认知。普惠金融服务的目标群体金融和法律意识淡薄，再加上信息不对称，导致消费者的风险承受能力较低。

4. 金融基础设施不完善，金融本能的排斥性难以改善

金融存在天然的排斥性，即排斥穷人和经济较为落后地区。我国特有的城乡二元化格局导致我国金融机构和金融服务的分布也呈现城乡两极分化格局：越需要金融帮扶的群体，越不易得到金融服务；资本越充足的地方，金融市场越完善。因此金融往往是锦上添花而不是雪中送炭，这与“理性人假设”理论是一致的。金融服务应当有更广的普及范围，惠及更多人，才能实现“普”与“惠”的目标。

5. 普惠金融的持续发展受风险较大、成本高、创新力度不够的支持

小微企业、“三农”和贫困群体是普惠金融的目标群体，特殊、复杂的群

体对金融产品和金融服务有更为多样化和差异化的需求，这对银行提出了更高的要求。在金融产品的创新上无法满足客户多样化的需求；在服务方式上仍依赖抵押品，手续烦琐、贷款审批周期长，导致金融服务效率不高；在服务渠道上不能有效实现线上和线下的有效结合，未能很好地利用互联网和信息科技的发展成果，线上服务功能有待完善，这都使普惠金融的持续发展受到制约。

第五节　政策建议

1. 健全普惠金融配套政策，风险管控松紧适度

一是在全局性、系统性和操作性方面完善顶层设计。银行等金融机构应重视普惠金融发展，制定出台符合自身发展特色的普惠金融发展规划。二是完善普惠金融法律法规，完善包容性的指标体系，消除普惠金融持续发展的制约因素。三是建立正向激励，银行是支持普惠金融发展的主力军，给予相应的税收优惠政策以增加其开展普惠金融发展的动力。四是采取差异化监管手段和松紧适度的风险管控政策。要继续鼓励银行成立专门的普惠金融部门，在监管评级方面给予差异化支持。推进金融产品和服务方式创新，有效防范金融风险，寻找审慎和效率之间的平衡。

2. 完善社会信用体系建设，加大普惠金融信息披露力度

通过完善基础信息数据库，建立各方联动的守信激励和失信惩戒机制，来提升消费者防范信用风险的意识和风险承受能力。增加普惠金融信息披露的透明度，减少因信息不对称造成的逆向选择和道德风险。加强对“三农”、小微企业的信用风险教育，增加信用借贷，减少民间借贷的替代效应，寻求银行营利性和普惠性之间的平衡。

3. 构建均衡的普惠金融生态体系，完善金融消费者保护机制

一是建立完整的社会信用体系。完善相应的征信系统和信息披露机制，增加其对小微企业和涉农企业的覆盖广度和深度。二是均衡普惠金融区域

间的发展，增加金融服务空白地区和落后地区专营机构设立，建立更加适合“三农”、小微企业等普惠金融业务的专业化经营体系。三是完善金融消费者保护机制，增加金融法律知识的宣传教育，提高金融风险防范意识。增加普惠金融服务对象对互联网银行、手机银行、电话银行等服新型金融产品的使用频率。

4. 加大金融创新力度，构建普惠金融可持续发展体系

特殊、复杂的群体对金融产品和金融服务有更为多样化和差异化的需求，传统金融服务和产品已经不能与普惠金融多元化的需求相匹配，必须增强创新意识，推出个性化的产品和服务。在服务方式上，拓展普惠群体收益范围，探索新型的担保方式，与担保公司、保险公司建立稳定合作、积极拓宽信贷领域、推出新的金融产品。联合推出新产品，拓宽信贷领域。

在“互联网+”背景下，利用现代科技手段和互联网信息技术，提高金融服务效率，创新直营银行，与第三方支付平台等合作提高自主终端覆盖率，将普惠金融服务覆盖范围由线下改为“线下+线上”，进而惠及更广泛的群体。

第五章　证券业普惠金融的发展和方向

资本市场是现代金融体系的核心，普惠金融的全方位、立体式发展离不开资本市场的强力支撑。早在普惠金融的前身——微型金融阶段，金融服务就已经从单一的贷款，向存储、汇兑、保险、担保、消费金融、股权融资等多元化方向发展。其中，在部分小微企业（特别是创意型、技术型小微企业）的股权融资上，天使投资、风险投资和私募股权投资等发挥了重要作用。若从更加宏观的资本市场视角观察，多层次股权市场、债券市场和期货市场等，分别从不同领域对中小微企业以及涉农企业、民办医疗等弱势产业提供了支持。同时，证券监管部门大力倡导和推进的中小投资者权益保护、提高交易信息透明度、金融教育和金融扶贫等，有效推动了普惠金融的全面发展。由表 5-1 可见，我国现有的普惠金融政策主要集中于证券业服务中小微企业融资（如“双创”企业）、证券业扶贫、证券业支持困难地区发展（如灾后重建）、中小投资者权益保护、互联网金融监管（主要是股权众筹）。从具体专业领域看，主要包括多层次市场为小微企业提供直接融资服务、多渠道支持弱势产业发展、强化中小投资者的权益保护和开展金融教育、证券市场开展金融扶贫等。

表 5-1　中国证监会颁布有关普惠金融的政策文件

年份	监管主体	制度法规条文
2018	一行二会	《关于金融支持深度贫困地区脱贫攻坚的意见》
2017	中国证券监督管理委员会	《关于开展创新创业公司债券试点的指导意见》

续表

年份	监管主体	制度法规条文
2016	中国证券监督管理委员会等十五部门	《股权众筹风险专项整治工作实施方案》
2016	中国证券监督管理委员会	《关于实施〈证券期货投资者适当性管理办法〉的规定》
2016	中国证券监督管理委员会	《关于发挥资本市场作用服务国家脱贫攻坚战略的意见》
2015	中国证券监督管理委员会	《关于对通过互联网开展股权融资活动的机构进行专项检查的通知》
2010	一行三会	《关于进一步做好汶川地震灾后重建金融支持与服务工作的指导意见》

第一节　资本市场发展普惠金融的基本着力点

资本市场发展普惠金融主要有两个着力点：一是在融资端为实体企业，尤其是小微企业提供资金服务；二是在投资端加强对中小投资者的合法权益保护。事实上，这两个着力点能否被抓稳、抓实、抓牢，不仅影响普惠金融发展的广度和深度，也关乎资本市场的自身能力建设和健康可持续发展。同时，当前脱贫攻坚是党中央国务院的重大战略部署，是关乎我国全面建成小康社会的关键之举，因此，资本市场助力脱贫攻坚也成为发展普惠金融的重要内容。进一步来说，在资本市场中树立正确的普惠金融发展理念、持续展开中小投资者金融教育、完善市场基础性制度、探索与普惠金融相适宜的差异化监管模式，都将对我国普惠金融事业发展带来重要的推动作用。

1. 发挥为小微企业提供金融服务的天然优势

小微企业是普惠金融的两大服务客体之一。传统的金融中介机构难以从中获得足够利润，从而形成了金融排斥，而资本市场的投融资特点与小微企业资金需求具有较高的契合度，为小微企业提供多元化的金融服务，成为资本市场发展普惠金融的一个重点领域。

一是为具有不确定性特征的小微企业融资。小微企业的不确定性源自多个方面，包括抵御风险能力、企业主综合能力、公司治理程度和核心竞争力等。根据第三次全国经济普查数据，2013 年，我国关闭破产小微企业 16.8 万家，占当年全部关闭破产企业的 98.8%；小微企业的平均寿命只有 6.8 年，约为大型企业的 1/3 和中型企业的 3/5。鉴于这种高不确定性特征，秉持“审慎原则”的传统银行机构通常不愿参与小微金融。与银行机构不同，资本市场灵活权变，追求高风险、高收益的特性与小微企业更为接近。风险投资家和投资银行家通过市场化运作方式，发现和培育具有发展潜力的小微企业，并将其中的佼佼者推向更高层级的资本市场。

二是提升对小微企业价值和风险的评估有效性。小微企业的经营管理模式不成熟、内在价值非线性增长，传统的企业信用评估方法缺乏适用性，信贷交易难以达成。资本市场的交易规则“化繁为简”，即商品或资产的未来价值趋近于买者愿意支付的当前市场价格。也就是说，只要市场认同企业股权的当前价格并愿意成交，那么小微企业所蕴含的未来价值就等于企业总股本的市场价格总额。在实践中，资本市场对不同类型小微企业的估值方法更加多元化。比如，对初创期的互联网小微企业可以采用修正 DEVA 模型或梅特卡夫模型进行估值，然后进行验证。

三是为小微企业提供多元化服务。资本市场不仅带来了企业发展所需的资金，也提供了股权激励、管理咨询等服务。这可以帮助小微企业形成良好的激励机制、完善治理结构，从而能较快形成竞争优势。特别是当一个小微企业受到私募股权基金青睐，具备到四板、三板等多层次股权市场展示、挂牌、上市的潜质之后，股权期权计划会进一步提升企业员工凝聚力。同时，资本市场上的服务机构多种多样，还可以提供各类财务和管理咨询服务。这有助于小微企业脱离传统作坊式的经营方式，逐步成为现代企业。

2. 以中小投资者权益保护提升金融交易公平性

中低收入人群也是普惠金融的主要服务客体。在金融市场上，他们人数多、财力小，典型身份是普通金融消费者和中小投资者。但是，资本市场时常存在信息不对称、内部人操控、维权渠道不畅等现象，中小投资者的合法权益可能会受到侵蚀。这与普惠金融强调机会平等、公平公正等理念相背。因此，加强中小投资者权益保护，是资本市场发展普惠金融的另一个重要领域。

具体而言，一是保障中小投资者知情权。证券期货领域的投融资关乎参与者的资金收益。其中，有效信息是产品定价和交易的核心因素，且大多掌握于发行人、大股东或实际控制者等的手中。这会诱致部分人规避监管、抛弃诚信，利用信息优势谋取不正当收益。加之，资本市场具有一定的“杠杆效应”，会进一步放大信息优势，带来高额资金回报。与之相反的，中小投资者在技术掌控能力、信息获取能力等方面处于明显的劣势地位，甚至时常被误导，对虚假信息信以为真。在遇到“暗箱操作”的交易对手时，常因无力识别风险而蒙受经济损失。可见，资本市场发展普惠金融，一定要促进交易信息透明，保障中小投资者知情权。

二是提升中小投资者参与公司治理的能动性。参与被投资企业的公司治理，既是中小投资者合法权益得以实现的一个重要条件，也是资本市场发展普惠金融的潜在要求。如果未能有效地参与公司治理，中小投资者的合法权益则可能受到侵蚀。比如，股票市场再融资行为中，部分企业会利用非公开发行的信息披露标准低等特点，制定不合理的增发价格，损害中小投资者权益。而受制于股东投票方式、表决结果效力等因素，很多中小投资者难以有效行使参与权，甚至没有参与的积极性。因此，资本市场发展普惠金融，需要在审议再融资、利润分配等重大事项中，使中小投资者具备相应的话语权。

三是打击侵害中小投资者利益的违法、违规行为。当前，有的上市公司在公告中隐瞒重要事项、编造和传播虚假信息、不当更正盈利预测报告，甚至粉饰报表违法违规信息披露，这都会导致中小投资者信息误读而投资亏损。一些内部人进行内幕交易、操纵市场，不明真相且反向操作的中小投资者就会受到损失。这些行为与共享、公平等普惠金融理念背道而驰。同时，如果市场中基础性制度不完善，就不利于打击违法违规行为，会对普惠金融的发展带来障碍。比如，证券行业中民事赔偿诉讼制度不健全，寻求法律救助的维权渠道不畅通，市场多元化纠纷解决机制不完善等。鉴于此，在资本市场发展普惠金融的进程中，既要加强监管、增大查处力度，减少中小投资者权益被侵害，也要畅通维权渠道、降低诉讼和举证的成本。

在此基础上，提升投融资服务的安全性和满意度。

四是增强中小投资者的行动力。加强服务客体的可行能力建设，是发展普惠金融的核心内容之一。证券期货领域的知识专业性较强，投融资具有一定风险，更需要加强金融教育、增强可行能力。调查显示，85% 的中小投资者对股东权益和维权相关问题不甚了解，98% 的中小投资者读不懂企业信息披露中的财务报表。这会从主观上降低他们的风险防范意识和行权维权能力，阻碍他们更好地参与资本市场。从另一方面讲，这也会制约资本市场投融资的安全性和服务深度。

3. 以助力脱贫攻坚战为抓手全面提升服务实体经济能力

2015 年，习近平总书记在中央扶贫工作会议上明确指出："要做好金融扶贫这篇文章"，李克强总理也要求，要"走出一条有中国特色的金融扶贫之路"。在此背景下，金融扶贫成为有中国特色的普惠金融行动框架下的一项重要内容，成为打赢脱贫攻坚重大战略的关键之举。为此，证监会出台了《关于资本市场作用服务国家脱贫攻坚战略的意见》，对贫困地区企业首次公开发行股票、新三板挂牌、发行债券、并购重组等开辟绿色通道。同时，积极倡导证券期货行业机构参与金融扶贫，践行普惠金融，并取得良好成效。

具体而言，一是为贫困地区提供适度的政策倾斜。2016 年，证监会实行全国贫困地区企业 IPO 适用"即报即审、审过即发"金融扶贫政策，2017 年 1 月 24 日，贫困县太湖县企业集友股份在上海证券交易所实现 IPO 首发上市，成为当地第一家上市公司，也是全国首家全流程使用绿色通道政策的企业。截至 2017 年 3 月底，注册地在贫困地区的上市公司数量增至 87 家，其中贫困县 23 家、新疆 50 家、西藏 14 家。从 IPO 募资额度来看，贫困地区共有 10 家企业首发上市募资超过 37 亿元。在新三板市场，来自贫困地区的挂牌企业已有 326 家。

二是创新运用各种证券期货类金融工具服务贫困地区。比如，部分证券机构帮助贫困县通过债券市场融资，发行了易地扶贫搬迁项目收益债券、棚户区改造安置房建设项目企业债券等。此外，部分上市公司也开始参与设立贫困地区扶贫产业基金。期货工具扶持贫困区力度也在不断增强，2017 年

12月22日，苹果期货合约在郑州商品交易所正式挂牌交易。苹果主产区与我国重点扶贫区域高度重合，上市苹果期货可以形成公开透明的市场价格，有限转移苹果种植和经营风险，保障农户收益稳定，服务脱贫攻坚。

三是资本市场各类市场主体结对帮扶贫困地区。中国证券业协会、中国期货业协会发起“一司一县”“一县一企”“一司一结对”等帮扶贫困县。2017年共有61家证券公司结对帮扶贫困县行动倡议，倡导一家证券公司、期货公司至少结对帮扶一个贫困县。在此背景下，证券期货行业机构积极开展帮扶活动，2016年度，已有82家证券公司和19家期货公司开展与贫困县的结对帮扶。2017年，共有61家证券公司结对帮扶121个国家级贫困县，宁县、江西实现“一司一县”帮扶全覆盖，共有65家期货公司签订了89份结对帮扶协议帮扶62个贫困县（乡、村）。108家期货公司2017年共投入扶贫资金5567.47万元，通过开展专业培训、提供风险管理服务、“保险+期货”、专业知识培训、协助建立产业、录用贫困地区毕业生、残疾人等多种形式开展了扶贫工作。

四是监管机构积极参与扶贫工作。2016年以来，上海、深圳证券交易所创新上市公司信息披露制度，将扶贫工作纳入信息披露要求，鼓励公司披露精准扶贫规划、成效等方面信息，进一步提升上市公司的担当意识，压实上市公司的扶贫责任，体现资本市场坚持以人民为中心的发展思想。截至2017年底，证监会系统帮扶6个省（自治区）的9个县，对口帮扶的数量在中央国家机关中最多。2017年2月27日，河南兰考县在全国率先实现脱贫，兑现了2014年向习近平总书记做出“三年脱贫”的庄严承诺。

第二节　多层次股权市场为普惠金融对象提供直接融资服务

在我国，多层次股权市场为小微企业、弱势产业企业和贫困地区的直接融资发挥了重要作用，是资本市场发展普惠金融的“主战场”。

1. 新三板市场普惠金融不断发展

一是新三板市场为中小微企业提供的股权融资规模不断扩大。自新三板市场成立之后，始终坚持为创新型、创业型、成长型中小微企业提供多种形式的金融服务，不断改善中小微企业融资环境。近年来，新三板市场不断创新，降低准入门槛，简化程序，挂牌不设财务门槛和股权分散度要求，使一大批不符合上市条件的中小微企业得以通过资本市场发展壮大。截至 2017 年 12 月底，新三板挂牌企业总数达到 11630 家，总股本 6756.73 亿股，总市值 4.94 万亿元，分别是 2013 年初的 58.15 倍、122.25 倍、146.99 倍，其中，2017 年新增挂牌公司 1467 家。挂牌公司分布在 31 个省（区、市），覆盖所有 89 个非综合类大类行业，中小微企业占比 94%。由此可见，当前新三板市场在发展普惠金融的规模、深度和范围等方面，都有了长足发展。

二是新三板市场为中小微提供服务的融资环境不断优化。新三板初步形成了包括普通股、优先股等融资工具在内的直接融资体系。对于挂牌公司发行融资，遵循公司自治和买着自负原则，发行额度、时点、方式、定价由公司自主决定，形成了小额、快速、灵活、多元的市场化融资机制，大幅提升融资效率。2017 年，新三板挂牌公司中，2508 家挂牌公司在新三板完成了股票发行 2725 次，融资 1336.25 亿元，其中，小微企业发行 1415 次，融资 384.5 元，占比达到 29%。同时，新三板与 30 多家商业银行开展了战略合作，与 20 个省级人民政府签署了战略合作协议，促进服务中小微企业的资源聚焦和协同。

三是新三板市场引导和带动了早期投资。新三板市场拓宽了早期投资退出渠道，拉长了中小微企业直接融资链条，与私募股权基金紧密联系，为小微企业融资发挥了更大作用。据清科研究中心统计，2016 年，VC/PE 退出案例中通过新三板市场退出的分别占 61.5%、71.4%，改变了过去 VC/PE 集中做成熟项目的状况。

四是新三板市场金融扶贫深度开展。全国股转公司支持贫困地区（指国务院扶贫开发领导小组确定的国家扶贫开发工作重点县和集中连片特殊困难地区县）企业利用多层次资本市场融资，减轻贫困地区挂牌公司费用负担，自 2017 年 1 月 1 日起，暂免征收注册在贫困地区的挂牌公司的挂牌初费。挂牌公司在获得社会支持取得发展的同时，积极承担社会责任，成熟型企业回报股东力度较强。8084 家挂牌公司披露了扶贫与社会责任事项，其中，2151 家挂牌公司响应扶贫号召，积极投入扶贫工作。扩大就业方面，挂牌公司员工人数达 276.19 万人，同比增长 14.99%，较全国城镇就业人员增长率高 11.74 个百分点。权益分配方面，共 2350 家挂牌公司公布预案，占已披露年报挂牌公司家数的 22.27%。其中 1734 家实施现金分红，拟发放现金股利合计 239.82 亿元，占其 2016 年度净利润的 47.40%。与主板市场一样，新三板市场也为贫困民族地区设立单独通道，实行即报即审、审过即挂的扶持政策。截至 2017 年底，新三板涉农挂牌企业共有 432 家，全年发行股票 115 次，融资 62.89 亿元。贫困地区共有 258 家公司在新三板挂牌，2017 年发行股票 83 次，融资 65.19 亿元。

2. 区域性股权市场服务中小微企业能力逐步增强

为贯彻落实党中央、国务院的决策部署，规范发展区域性股权市场，中国证监会同有关部门代拟了《关于规范发展区域性股权市场的通知》（以下简称《通知》），2017 年 1 月 11 日，国务院常务会议审议通过了《通知》，1 月 26 日国务院办公厅正式发布。根据《通知》要求，2017 年 5 月 5 日，证监会发布了《区域性股权市场监督管理试行办法》。区域性股权市场的稳步发展，在普惠金融领域为小微企业的直接融资和规范运作发挥了积极作用。截至 2016 年底，全国共有 40 家区域性股权市场，挂牌企业 1.74 万家，展示企业近 6 万家，为各类企业融资余额 2871 亿元。在未来时期，监管部门会持续出台监管规则，规范区域性股权市场运作，逐步增强其服务小微企业得功能。

3. 规范发展私募基金的普惠金融供给渠道

私募股权基金在普惠金融的发展中具有积极作用。在急需发展的现代服务业、高新技术产业及各类消费品制造业和消费服务业中，存在大量的中小微企业和民营企业。鉴于中小微企业的征信不足和企业自身经营风险等问题，传统的银行体系很难能满足其融资需求。但是，中小微企业融资恰是私募股权基金大有作为的领域。同时，私募股权基金还有一个很大的优势，即它是真正市场化资源配置。基金管理者完全以中小微企业成长潜力和效率作为投资选择原则。投资者用自己的资金作为选票，将社会稀缺生产资源使用权投给社会最需要发展的产业，投给这个行业中最有效率的企业，只要产品有市场、发展有潜力，不管这个企业是小微企业还是民营企业。截至2020年11月底，股权类私募基金实缴管理规模达到9.43万亿元，私募管理基金只数从2016年底的15789只增长至94739只。此外，近年来，我国私募股权基金市场发展愈加规范，在普惠金融领域取得了一些显著的成绩。

一是私募基金规则体系逐步健全，为私募市场服务小微企业的融资功能发挥奠定基础。其一，推动《私募投资基金管理暂行条例》的起草工作。法制办已就《条例》草案征求相关部委意见，目前正在汇总梳理相关意见建议。其二，推进《私募投资基金监督管理暂行办法》的修订工作，力求吸收近年来私募基金监管经验，完善并细化规范性要求。其三，指导基金业协会出台《私募投资基金募集行为管理办法》《私募投资基金管理人内部控制指引》《私募投资基金信息披露管理办法》等一系列自律规则，使行业规范运作标准更加明确和细化。

二是健全私募基金市场的相关促进政策逐步建立。其一，结合股权类基金特点，在人员资质要求、信息披露内容和频率、托管机构职责要求等方面对私募股权和创投基金差异化监管，重在支持发展。鼓励创投机构开发符合创新需求的金融产品，提高创投机构的募资能力。其二，按照支持实体经济原则，审慎、有序放开私募机构新三板挂牌和融资，支持符合条件的私募机构开展新三板做市业务。其三，推动基金业协会成立早期投资专业委员会、建立天使投资联席会议机制，凝聚行业力量，促进私募股权基金和创业投资基金投早投小，更好地支持实体经济发展。其四，与财税部门沟通，推动出台创业投资基金、天使投资人税收优惠政策。

三是私募基金在服务“三农”领域开始发力。截至2016年12月底，私募基金投向“三农”行业，规模为594亿元。在未来时期，监管部门继续鼓励农业产业投资基金、农业私募股权投资基金和农业科技创业投资基金的发展，推动农业产业聚集的地方形成特色化的农业产业基金和农业科技创业投资基金，进一步拓宽“三农”行业融资方式。

4. 互联网股权众筹风险得到整治

在实现经济转型升级、创新驱动的宏观形势下，通过金融科技、互联网金融等创新方式来补足传统金融服务业的“短板”已是大势所趋。随着人工智能、大数据等先进科技的深度应用，金融服务门槛和服务成本将不断降低，金融机构服务小微、“三农”等普惠金融主体的效率在快速提升。特别是近几年来，互联网技术在金融领域的应用为普惠金融插上了翅膀，不仅降低了金融服务门槛和成本，提高金融服务效率和体验。而在中国证券业市场，互联网金融实际运用的一个重要业态就是互联网股权众筹，它也多被业界称为“五板市场”。从发展时间上看，主要有两个阶段：

一是中国互联网股权众筹的酝酿起步。从理论上讲，互联网股权众筹对于服务小微企业融资、建立资本市场小额再融资快速机制具有积极推动作用。因此，互联网股权众筹成为我国金融创新的一种重要形式。2014 年 11 月，国务院常务会、2015 年 3 月《政府工作报告》、2015 年 4 月《关于发展众创空间推进大众创新创业的指导意见》等均提出“开展股权众筹融资试点”或“开展互联网股权众筹融资试点”。

二是互联网股权众筹风险得到有效整治。但是，由于股权众筹背后潜在金融风险可能比 P2P 网络借贷还高，中国证监会于 2015 年 8 月出台了《关于对通过互联网开展股权融资活动的机构进行专项检查的通知》，叫停所有互联网股权众筹平台，指出“未经国务院证券监督管理机构批准，任何单位或个人不得开展股权众筹融资活动”。此后，监管部门将股权众筹界定为“公募股权众筹”，将现有私募股权众筹界定为“互联网非公开股权融资”。同时，对股权众筹界定三个标准：其一，设定个人投资者的金融资产门槛；其二，单个项目参与人数不能超过 200 人；其三，不能公开宣传。此外，中国证监会于 2015 年上半年初步拟好的股权众筹监管细则，至今尚未发布。

2016 年 10 月，《股权众筹风险专项整治工作实施方案》进一步规范国内股权众筹市场，排查相关风险，监管重点有以下几个方面：一是平台以“股权众筹”等名义从事股权融资业务；二是平台以“股权众筹”名义募集私募股权投资基金；三是擅自公开或者变相公开发行股票；四是平台虚假宣传，误导投资者；五是欺诈发行股票等金融产品；六是挪用或占用投资者资金；七是从事非法集资活动；八是持牌金融机构与互联网机构联合开展违法违规业务。2018 年，股权众筹又重新进入金融监管层的工作列表，在指导全年工作的证券期货监管工作会议上，证监会时隔两年后再次提出要开展股权众筹试点工作。

5. 多渠道支持弱势产业企业发展

在我国，农业、民生等领域的发展相对滞后。它们既是“十三五”期间补短板的主要领域，也是普惠金融的服务对象。目前，资本市场依托自身优势，为这些弱势产业提供了多元化支持。

一是为涉农企业提供上市融资服务。我国股权市场对涉农企业的融资服务逐步增强。2016 年，A 股市场共有雪榕生物等 3 家涉农企业 IPO 首发上市，募资超过 12 亿元；南宁糖业等 6 家涉农企业提出再融资申请，拟融资 40 亿元。截至 2016 年底，新三板挂牌涉农企业 386 家，共完成 101 次股票定向发行，累积融资约 40 亿元。

二是对社会办医企业提供融资服务。我国非公立医疗行业仍处相对弱势地位，与多元办医格局目标存在差距，需要普惠金融提供支持。2015 年 6 月，国务院印发了《关于促进社会办医加快发展的若干政策措施》，鼓励金融机构根据医疗机构特点创新金融产品和服务方式，扩大业务规模。

第三节　债券与期货市场的普惠金融功能持续增强

债券市场和期货市场是我国普惠金融体系的重要组成部分，在加快实施创新驱动发展战略，充分发挥支持实体经济发展等方面具有积极作用。我国公司债券市场起步较晚，且主要为大型企业提供融资工具，普惠金融功能相对较弱。但在近年来，这一情况已有明显改观。期货市场上的农产品期货、

“期货+保险”等工具也在近年来为贫困地区农户的价格发现和风险规避发挥了积极作用。

1. 我国债券市场普惠金融发展的总体情况

2012年，我国首只中小企业私募债——深圳市嘉力达实业有限公司私募债在深交所发行。私募债的推出打开了非上市公司在交易所市场发债的大门，也让中小企业有了进入债券市场缓解其融资难题的通道。2015年5月，上交所和深交所出台了《中小企业私募债券业务试点办法》，在规范中小企业私募债券业务，拓宽中小微型企业融资渠道，服务实体经济发展，保护投资者合法权益等方面发挥了重要作用。此外，2015年，国家发改委推出双创孵化专项债，印发了《双创孵化专项债券发行指引》。为优化科技型中小企业的资本形成机制，推进大众创新万众创业，中国证监会于2016年推出创新创业公司债券试点，专门服务于中小企业、特别是科技型高成长性中小企业融资。

2. 债券市场发展普惠金融的重要创新——创新创业债券

2015年，《中共中央国务院关于深化体制机制改革加快实施创新驱动发展战略的若干意见》《国务院关于大力推进大众创业万众创新若干政策措施的意见》《中共中央国务院关于深化投融资体制改革的意见》等文件明确指出：“鼓励创业企业通过债券市场筹集资金”“支持符合条件的创新创业企业发行公司债券”“加大创新力度，丰富债券品种，通过多种方式加大对种子期、初创企业投资项目的金融支持力度”等意见。2016年，我国交易所债券市场主管部门并先后赴北京、浙江、深圳、青岛等国家级自主创新示范区开展创新创业公司债座谈推广，在此基础上制定了《中国证监会关于开展创新创业公司债券试点的指导意见》。

2016年后，中国债券主管部门建立了创新创业公司债专项审核、绿色通道等配套机制，提高了创新创业公司债上市预审核或挂牌转让条件确认工作效率，进一步加大了市场宣示效应。市场融资融资工具不断创新，逐步满足中小微双创企业的多样化的融资需求，降低了企业融资成本。同时，证券公司的服务不断得到加强。针对创新创业公司债发行规模较小、证券公司动力不足等问题，监管部门将证券公司创新创业公司债的承销情况，作为证券公司分类评价中社会责任考核评价的重要内容。截至2017年4月底，已发行9单，融资金额4.72亿元。2017年5月，首单双创专项债务融资工具在银行间市场完成发行。因此，随着双创债等试点的稳妥有序推广，债券市场的普惠金融功能也会日益提升。

3. 农产品期货和“保险+期货”服务贫困地区农户和涉农企业

借助期货市场，可为涉农企业和贫困地区农户提供套期保值、价格发现和规避风险等服务。目前，期货交易所正在开发符合实体经济需求的农产品期货品种，为期货市场发展普惠金融奠定基础。2017年，我国已上市21个农产品期货品种，且其价格运行平稳，在稳定农业生产、帮助涉农企业风险规避、增加农民收入等方面发挥了积极作用。与此同时，我国农产品期货品种正在不断创新，普惠金融功能日益增强。2016年12月，证监会批准郑州商品交易所和大连商品交易所分别开展白糖、豆粕期权交易。“保险+期货”的农产品期货试点也在稳步推广，已经以玉米和大豆为试点品种，开展了12个试点项目；以棉花和白糖为试点品种，确定了12个试点项目，覆盖多个省区。

第四节　中小投资者权益保护和金融教育水平不断提升

1. 中小投资者合法权益保护水平日益提升

加强对中小投资者权益保护，普及证券期货专业知识，是资本市场发展普惠金融的重要途径。近年来，我国资本市场在以下几个领域取得了积极成效：

一是妥善处理投资者投诉，畅通投诉处理渠道。中小投资者的投诉渠道是否畅通，投诉能否得到有效解决，是度量资本市场普惠金融发展程度的重要指标。2016年，证监会推进“12386”热线优化和直转试点，不断提高热线投诉处理效率。全年共接收各类诉求7.4万件，其中咨询建议类5.3万件、投诉类2.1万件，和解率平均为74%。这满足了部分中小投资者的需求，对其权益保护起到了一定的积极作用。

二是建立完善证券期货纠纷多元化解机制。推进证券期货多元化纠纷解决机制，在弥补现代型诉讼机制匮乏、加强中小投资者权益保护等方面，都具有重要价值。2016年，最高法和证监会联合下发了《关于在全国部分地区开展证券期货纠纷多元化纠纷解决机制试点工作的通知》。各地方证券监管机构与各辖区基层法院建立了对接机制，5家试点调节组织启动建设在线纠纷解决平台，探索服务中小投资者的小额速调等调解机制。19家地方证券监管机构建立辖区调解组织，调解工作实现全覆盖。

三是投资者保护法律体系不断完善。2017年4月底，第十二届全国人大常委会第二十七次会议对《证券法（修订草案）》进行了二读审议,《证券法》修改工作取得阶段性成果。《证券法》二读审议稿以投资者保护作为宗旨，专设一章集中规定投资者保护相关内容：其一，在法律层面确立了投资者适当性管理制度，明确规定证券公司负有了解客户、充分揭示风险、销售匹配产品三项义务，并将投资者分为普通投资者和专业投资者，规定了有利于普通投资者权益保护与实现权利救济的举证责任安排；其二，在法律层面确认了重大违法行为造成投资损失的先行赔付制度；其三，为了加强对中小投资者的保护，对国家设立的专门投资者保护机构的法律地位做出规定，并允许其作为一类法定主体参与先行赔付、股东大会表决权征集和股东派生诉讼等活动，明确规定其提出股东派生诉讼的持股比例和期限可不受《公司法》限制，为其开展持股行权提供便利。

2. 投资者教育活动深入开展

首先，证券监管部门不断推进将投资者教育逐步纳入国民教育体系。这是资本市场发展普惠金融、提升全民金融素质的一项重要举措。2016年，在证监会的倡导下，上海、广东、四川、青岛等十余个省市将投资者教育纳入中小学教育、高等教育课程设置。同时，中国金融期货交易所与国内高校联合举办金融知识竞赛，有效地推动了金融知识普及与国民金融教育相结合。

针对投资者重点关注的事项，多渠道开展常态化风险揭示，制作并投放了大批投教产品。

其次，以教育基地建设为重点，投资者教育工作全面开展。从 144 个申报主体中评出 13 家首批国家级证券期货投资者教育基地，并进行了正式命名和授牌。

再次，债券市场投资者教育水平不断得到提升。沪深交易所修订发布了与债券交易相关的投资者适当性管理办法，市场主要监管部门积极开展了“防控债券风险，做理性投资人”投保教育活动，编制了多期《债券市场投资者保护手册》。其中，组织开展债券投资者权益保护教育专项活动“防控债券风险，做理性投资人”可以帮助投资者了解债券投资的相关法规和知识，避免迷信于“刚性兑付”、过度运用杠杆投资等行为，提高风险识别能力和自我保护能力，强化理性投资氛围，推动债券行业健康发展。一是广泛开展债券知识普及和风险提示工作，使投资者了解债券投资风险，提高风险防范意识，明晰权利义务以及权益受到侵害时的依法维权途径；二是大力宣传债券法规以及自律规则，使市场各方明确债券市场监管自律要求，增强依法履行权利和义务的自觉性。

最后，贫困地区投资者教育得到改善。监管部门制定了《〈中国证监会关于发挥资本市场作用服务国家脱贫攻坚战略的意见〉的投保任务落实方案》，明确精准扶贫措施及进度安排。指导派出机构、投教基地及证券期货经营机构加大贫困地区的投教活动力度，鼓励贫困地区主体建设服务贫困地区投资者、符合标准的省级投教基地。

第五节　问题和方向

1. 现存的主要问题

一是新三板市场的普惠金融深度不足，市场流动性差。新三板市场服务微型企业、弱势行业的能力尚显不足，普惠金融深度有待提高；另外，新三板流动性不足的问题凸显，直接制约了中小微企业的融资实际效果，主要原因在于市场交易机制不够完善。目前，市场上连续3个月无交易的股票占比超过了50%。同时，分层之后进一步的制度供给未及时跟上导致市场信心流失，契约型私募基金、资产管理计划、信托计划等“三类股东”又阻碍了市场上企业的IPO转板上市之路。

二是区域性股权市场发展不规范，融资功能较弱。我国区域性股权市场起步较晚，由于自身发展尚不成熟规范，所以普惠金融功能发挥偏弱。一方面是部分省级地区区域性股权市场存在重复建设问题。区域性股权市场是由省级人民政府批准设立，其发展规划以及监管主要由地方政府负责。在各个省份中，广东省有3家，山东、福建、辽宁、黑龙江、天津、浙江各有2家。同时，不同区域性股权市场的运行模式和业务规则不一致，发展政策不统一，在基础设施、交易系统、风险控制等方面重复建设和同质化严重。另一方面是区域性股权市场对金融服务机构的吸引力不高。对中小微企业服务的金融成本高、周期长、见效慢，导致整个区域性股权市场对金融服务机构的吸引力有限。加之，中小微企业的经营风险相对较高，进一步弱化了相关中介服务机构的重视程度和资源投入；此外，还有大多数区域性股权市场自身体制机制仍不完善，对中小微企业的吸引力不足。目前，区域性市场的融资功能较弱，对中小微企业等融资主体的吸引力不足。部分符合区域性股权市场挂牌条件的企业甚至直接可以到全国中小企业股转系统挂牌。

三是中小企业债券的违约率高，制约债券市场普惠金融发展。违约率高，是债券市场服务中小微企业和普惠金融发展的最大掣肘。中小企业私募债是为解决中小企业融资难而推出的债券品种，实行交易所备案制，不强制评级和担保。该类债券对发行人的净资产和盈利均无要求，发行门槛较低。在实践中，在2014年以后，中小企业私募债出现了大量的兑付违约问题，偿债能力不足成为私募债违约的最核心的原因，担保机构不能实际履职，也是一个重要因素。从违约的行业分布来看，违约企业多发生在电器机械、专用设备制造、建筑工程等同质化、产能过剩严重、强周期性行业，还涉及纺织皮革、制鞋业、餐饮等竞争激烈的行业。在债券类型上，2015 年以来违约券种扩大至超级短期融资券、中期票据和企业债券，违约债券种类进一步扩大。由此可见，债券市场发展普惠金融，对于发债中小微企业还需进一步设定合理标准，以降低市场风险。

2. 未来时期的重点发展方向

一是推进新三板制度改革，提升服务普惠金融服务深度。“工欲善其事必先利其器”，要充分发挥新三板的普惠金融效能，必须先完善自身的发行融资和监管等制度建设。“新三板”交易制度创新与流动性改善相辅相成，解决流动性问题是“新三板”开启“二次创业”的关键。在交易制度逐渐被完善、市场逐渐被规范的过程中，对于二级市场交易的准入资格适时予以调整，特别是降低个人投资者门槛，是有效活跃市场的重要途径。对基础挂牌公司要加强服务和引导，逐步完善公司治理，优化公司的信息披露制度，加强业务公司的基本业务培训，有针对性地培育、孵化、并购重组。要着重研究基于新三板市场特点的流动性“一揽子”解决方案。监管机构应全面评估流动市场状况，流动性基础上从源头定位，再推动完善，以提高挂牌公司质量，增强做市商组织和交易定价的能力，改革交易制度，优化做市转让方式，奠定盘后大众交易制度。

二是进一步明确区域性股权市场的发展路径。首先加快相关法律法规及制度的设计。区域性股权交易市场作为我国多层次资本市场的重要组成部分，在其蓬勃发展的态势下，相关部门应当及时根据已设立较长时间的区域性股权中心的发展过程中存在的问题制定相应的法律法规，统一监管、统一规范，使市场能够有序发展。从而使地方的区域性股权交易中心也有章可循，其次明确服务对象和功能定位。区域性股权市场的服务对象是中小微企业，眼光要向下看，包括服务的地域要向下延伸，服务的企业要向下延伸，特别是小微企业。

三是大力发展私募市场，积极为中小微企业拓宽多元化股权融资渠道。第一，继续完善私募市场相关法律法规体系。推动《私募投资基金管理暂行条例》尽快出台，梳理对创业投资基金差异化监管和特别扶持的上位法依据。进一步明确创业投资基金可享受国家政策支持，并对基金实行差异化监管和差异化行业自律。同时，需进一步合理修缮《私募投资基金监督管理暂行办法》，完善证券投资基金业协会的自律规则体系，促进创业投资基金健康发展。第二，继续推进相关促进政策，引导股权和创业投资基金服务小微企业的广度和深度。建议财税部门对创业投资基金给予合理范围内的税收优惠政策，可以实施试点的形式开展，及时总结经验，为推动 VC/PE 更好的服务中小微企业奠定良好基础。

四是健全期货市场制度体系，为普惠金融报价护航。第一，推进《期货法》立法工作，积极研提涉及普惠金融内容的相关意见，开展期货市场与普惠金融相关的专题研究。第二，持续开展期货市场的投资者合法权益保护工作。期货业协会应该应该加强自律管理规则中细化适当性管理的可操作性规范，发布《期货经营机构投资者适当性管理实施指引》，并与《证券期货经营机构投资者适当性管理办法》同步实施。第三，加强期货市场功能评估工作，提高期货市场普惠金融服务质量。适时建立完善期货市场普惠金融指标体系，推动期货交易所聚焦市场功能向普惠金融客体拓展。通过指标监测，及时发现和解决问题，不断改善长期形成的不利于市场功能发挥的市场惯性，逐步调整限制市场功能发挥的制度安排。努力解决部分涉农期货品种存在的近月合约不活跃、活跃合约不连续等现存问题。

第六章 保险业普惠金融的原理和实践

保险的基本职能是风险管理和长期储蓄，对于居民的投资和财富管理、服务国家治理和社会管理也具有重要意义。既源于中国保险业在规模和质量上还处于初级发展阶段，也源于保险产品的复杂性和“低调性”，保险金融的价值还有待进一步挖掘。

第一节 保险普惠的含义

基于国内外的政策实践，普惠保险（Inclu-sive Insurance）的概念有两个要点：一是强调保险的可及性（Availability、Access），尤其是为弱势群体提供适当程度的保险产品和受到与其他群体平等服务的机会；二是采用商业可持续性，区别于社会救济、某些保险扶贫。

很多拉丁美洲国家的保险实践中存在与普惠保险相似的一个概念——大众保险（mass Insurance）。与普惠保险相比，大众保险有如下特点：①更强调通过非传统的销售渠道改进保险的可及性，对于这些中介有更低的监管要求；②更强调产品的标准化、简单，不提倡对针对个别群体设计产品。在2016年，至少有13个拉美国家对大众保险设计了专门的监管框架或者在监管中广泛考虑了大众保险的特点，其中有5个国家[①]对大众保险和小额保险采用了不同的监管要求（Access to Insurance Initiative，2016）。

保险普惠，是指保险业在运行中关注普惠性，以解决人民日益增长的保险服务需求和保险供给不平衡、不充分之间的矛盾。保险普惠既包括了发展普惠保险产品，也包括了利用保险投资支持普惠事业、在不满足商业可持续原则的某些保险扶贫、保险捐赠等。

保险被认为是实现世界可持续发展的重要内容。在联合国2030年可持续发展议程（Agenda for Sustainable Development，2030）中提出的17项目标上，其中6项与保险有直接联系，与至少5项有间接关系，即反贫困、食品安全、就业促进、农村和城市发展、灾害救助、基础设施投资（GIZ，2017）。

发展保险普惠对中国有重要意义。基于银保监会（2018）对普惠金融意义的分析，发展保险普惠能够促进保险业自身的可持续均衡发展，推动经济发展方式转型升级，增进社会公平和社会和谐，引导更多金融保险资源配置到经济社会发展的重点领域和薄弱环节。

第二节　保险普惠的产品服务

1. 小额保险

根据国际保险监管官协会（IAIS）的定义，小额保险（Microinsurance）是针对低收入者、可以由多种主体提供的、遵守普遍接受的保险原则的产品和服务。根据小额保险网络组织（Microinsurance Network）的定义，小额保险是主要针对低收入者和被主流保险及其他风险应对手段所排斥者提供的保

① 这13个国家为玻利维亚、巴西、智利、哥伦比亚、哥斯达黎加、萨尔瓦多、危地马拉、洪都拉斯、墨西哥、尼加拉瓜、巴拿马、秘鲁和波多黎各，这5个国家为巴西、墨西哥、尼加拉瓜、巴拿马和秘鲁。

险服务。2013 年，全世界小额保险的投保者约有 5 亿人，到 2020 年，预计将超过 10 亿人（Microinsurance Network，2013）。在各国的实践中，为了制定针对性的发展和监管政策，需要明确界定小额保险，这包括“保险”和“小额”两方面。

虽然小额保险针对低收入者，但从国际上看，经营小额保险并没有亏损。下面考察不同地区和不用产品的小额保险的成本费用情况。

（1）赔付成本。就所有小额保险而言，基于 2014 年的情况，亚洲、非洲和拉丁美洲的小额保险的赔付率分别是 79%、32% 和 26%。不同产品类型的赔付率见表 6–1，可见不同险种的赔付率差别较大，其亚洲、非洲和拉丁美洲之间的差别也较大。

表 6–1　不同产品类型的小额保险的赔付率　（%）

	整体	信贷人寿保险	一般寿险	人身意外伤害保险	健康保险	财产保险	农业保险
亚洲（2012 年）	79	NA	90	121	79	81	59
非洲（2011 年）	44	23	44	40	103	69	25
非洲（2014 年）	32	22	33	20	52	24	91
拉丁美洲（2013 年）	26	36	24	16	15	53	NA

资料来源：Biese 等（2016）。

（2）管理成本。为了盈利，降低普惠保险的管理成本是关键。如表 6–2 所示：①非洲和拉丁美洲的小额保险的管理费用率均在 20%~25%；②在非洲，管理费用率最高的农业保险和人身意外伤害保险分别为 77% 和 64%，但是从中位数上看，二者分别是 19% 和 16%，这是由于这两个大险种中有些大公司的管理费用率非常高；③非洲的健康保险的管理费用率显著低于拉丁美洲。

（3）佣金成本。小额保险通常通过小微金融机构、非政府组织、社区组织销售，有时也通过健康服务提供商、农用品商店、电信运营商等销售。非洲平均的佣金率是 17%，与拉美的 21% 相近。小额保险不同产品的佣金率情况见表 6–3。

表 6–2　不同产品类型的小额保险的管理费用率　　（%）

	整体	信贷人寿保险	一般寿险	人身意外伤害保险	健康保险	财产保险	农业保险
非洲（2014 年）加总	25	31	22	64	24	45	77
非洲（2014 年）中位数	22	27	24	16	22	33	19
拉丁美洲（2013 年）加总	25	13	21	31	42	19	NA

注：中位数是各企业的管理费用率的中位数。

资料来源：Biese 等（2016）。

表 6–3　不同佣金率的产品的占比　　（%）

	0~10	11~20	21~30	31~40	41~50	>50
非洲（2014 年）	63	22	9	4	2	1
拉丁美洲（2013 年）	20	38	18	14	9	2

资料来源：Biese 等（2016）。

2. 健康保险（小额保险基础上分析）

能获得一定质量的医疗服务是一项基本人权诉求，很多国家为全体国民提供了基本的医疗保障。重大疾病所带来的高昂的医疗费用往往给中低收入家庭带来灾难性后果，此时，如果不放弃治疗，就要变卖资产或大量借款。全球每年有 1 亿人因病返贫（Holtz，Hoffarth and Phily，2014）。在印度，每年有大约 5% 的家庭由于健康服务开支问题跌入贫困线以下，涉及 3460 万人（Shahrawat and Rao，2012）。

保险是健康服务融资的重要方式，是解决贫困户“因病致贫、因病返贫”的一个主要途径。与其他保险产品和服务一样，健康保险[①]是人们在健康风险领域的风险分摊和补偿机制，与公共部门的社会医疗保险属于互补关系。不仅如此，健康保险往往会改进社会医疗保险的运行，如保险机构能发

① 本书中的健康保险是指私立的（private）健康保险，也称商业健康保险。

挥专业技术优势，加强与基本医疗保险、大病保险、医疗救助、疾病应急救助、社会慈善等衔接。

基于 Holtz 等（2014）的文献，推动小额健康保险，保险人可以采用如下对策：①设计简单产品。采用固定保险赔付，减少产品类型和赔付上限，无现金操作，使用通俗简洁的保单语言。这令消费者易于理解，令保险人易于销售、易于理赔。②提供增值服务。提供预防性服务，包括健康教育、医疗营房；提供咨询性服务，包括当面咨询、电话咨询、医生上门看望；提供低成本服务，包括低成本诊断、低成本药物、低成本治疗、急救。这能提高客户的医疗服务的可及性、改善健康状况和减少医疗支出，也能支持保单销售、提高保单持续性和减少理赔处理成本。③为客户创造积极的体验。包括采取明确的投保要求、灵活的保单支付方式、简单的索赔程序、赠送辅助性的医疗服务。其中，改善理赔可以注意以下 6 点：①借助已经存在的社会渠道，与其形成深度合作，或者雇用本地的活跃人士，减少各类成本。②让理赔通知和提交材料的过程易于理解。③完善产品设计，将风险控制措施前移，从而减少处理索赔的时间。这对客户的好处是尽快获得赔款，对保险人的好处是有更少的管理成本、更高投保率和续保率。④多使用科技。移动支付能提高投保率和便于保费收入、改进沟通，智能卡能利用数字信息改建效率、减少欺诈、查询医疗历史，管理信息系统能处理自动索赔、减少欺诈和便于监督。⑤与储蓄产品配合。这能缓解客户的流动性约束，为保险人获得潜在的交叉销售利益，提高续保率。举两个例子。一是在中国，新型农村合作医疗综合了储蓄和保险来帮助人们更有效地管理医疗服务支出。新农合的给付方案是基于 3 个模块："模块 1"覆盖乡镇医疗中心和医院的住院医疗服务；"模块 2"增加医疗储蓄账户，覆盖村级中心的门诊费用；"模块 3"覆盖乡镇医疗中心和医院的住院和门诊费用，并提供了医疗储蓄账户。"模块 2"和"模块 3"的规模是模块 1 的 2 倍。二是印度的 UpLift 公司引进了储蓄账户连接的健康保险产品，将客户的交费存入账户，使其续保率达到了 70%。⑥与健康服务提供者（主要是医院和药店）合作。令患者获得更高质量的健康护理服务，令保险人少面对保险欺诈，降低赔付和索赔管理成本。

任何国家的健康保障体系均是公立的社会医疗保险与私人健康保险相结合的。设计良好的公私合作（PPP）的健康保险在医疗系统中的作用如下：首先对于社会医疗保险部门来说，能扩大全社会的保险覆盖率，形成多层次的健康保障体系，提高公共服务运行效率（或降低管理成本），提升投保人满意度；其次对于健康保险机构来说，能扩大承保业务规模，获得服务费，从公共部门获得数据信息（见图 6–1）。

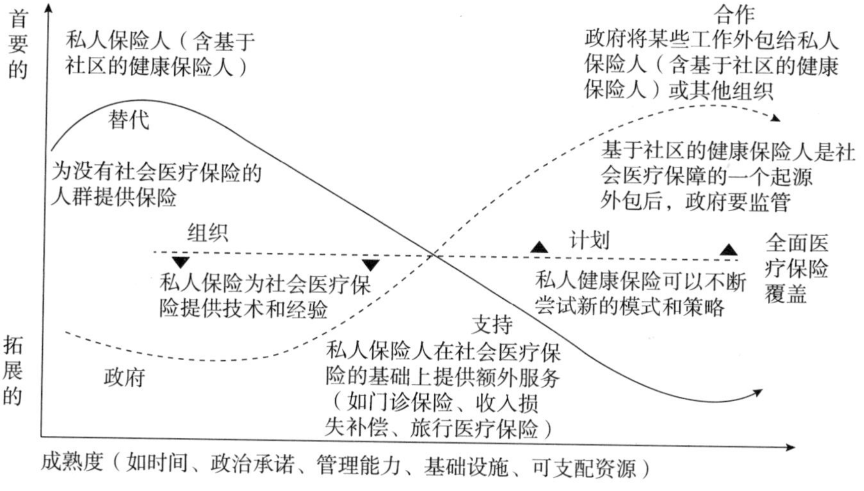

图 6–1　健康保险机构在医疗保障体系中的作用

资料来源：Kimball 等（2013）。

3. 农业保险（小额保险基础上分析）

农业保险是指对于种植业、林业、畜牧业和渔业等产业中的被保险人，具体而言是在农业生产过程中因保险标的遭受约定的自然灾害、意外事故、疫病或者疾病等事故所造成的财产损失，由保险人承担赔偿保险金责任的保险活动。

农业保险普惠有如下机理：①农业是国民经济的基础，农业生产者占劳动者的重要部分，为农业提供保险能惠及大量人员。②农业是弱质产业，农民的收入水平低，农业和农业企业获得的保险程度低。③根据贫困落后地区的资源优势和产业特色，保险人能因地制宜的开展特色农业保险。

经过初期推广阶段后，发展农业保险需要注意将农业保险嵌入农业价值链之中。对农业生产者来说。这提高了保险的可及性、节省了购买成本，提高获得信贷的可能性，方便支付后续保费。对保险人来说。这降低了销售成本，能借助合作的服务商的信誉，减少面临的逆向选择和欺诈。对服务商来说。这提高了农业生产者的忠诚度，获得了渠道服务收益。

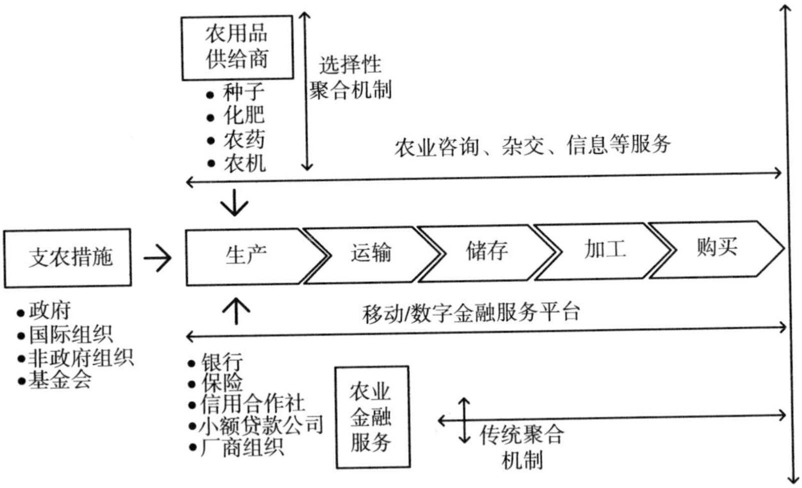

图 6–2　将农业保险嵌入农业价值链

资料来源：Prashad（2016）。

从图 6–2 可知。①农业保险能嵌入农业价值链的各个环节，从要素投入农产品产出。②由于目标农户和合作商的特点不同，存在几种合作方式。

指数保险是农业保险发展的一个趋势。指数保险是指以一个或者几个外生于保险当事人的要素为触发条件，保险人基于该要素的指数向被保险人支付保险金的一种保险。最常见的是气象指数保险。发展指数型农业保险主要有以下 4 个好处：①减少逆向选择；②减少保险营销和理赔等费用；③几乎能避免保险欺诈；④易于被金融素养不足的人群理解，较少纠纷。指数保险的主要问题在于基差风险（basis risk），发展指数保险需要基于气象、地质等指数的建设。

4. 小企业保险（小额保险基础上分析）

小企业面对的风险可以从表 6-4 中的 4 个维度分析。几乎所有的财产保险险种和以团体为投保单位的人身保险险种能够用于解决小企业面临的风险。对于实体风险，绝大部分是可以承保的；对于财务风险，保险能部分发挥作用，尤其是能帮助小企业管理现金流风险和信用风险；对于操作风险，大部分是不可保的，需要采用其他的风险管理方式；战略风险。小部分不可保。

承保小企业风险主要面临以下 3 个问题（Merry，2016）：

（1）很多保险人没有提供有价值的或合适的产品。对此，保险人应当：立足于小企业已有的风险管理机制，互补性的服务；提供全面的风险保障（即使保额较低），这比单一风险管理产品对小企业更有吸引力；有限定制化；优先考虑承保小企业员工的健康风险。

表 6-4　小企业面临的风险

风险维度	具体风险内容
实体风险	火灾和其他事故损失，风暴、洪水和其他自然灾害，盗窃和其他犯罪活动，人员受伤，营业中断，疾病和失能，面临的责任索赔
财务风险	价格（资产价格、利息、外汇、商品等），现金流（产品被召回、机会成本），信用（违约、评价下调），通货膨胀造成的购买力损失，对冲和基差风险
操作风险	营业操作、知识产权、信息技术、财务报告
战略风险	声誉损失、技术进步、资本可得性、人口和社会文化的变化、管制和政治风险

资料来源：Casualty Actuarial Society（CAS）（2003）、Yusuf 和 Dansu（2013）。

（2）小企业是异质性的并且是松散的，所以团体销售的效果一般。对此，保险人应当与小企业供应链上的主导企业合作，或者与为小企业融资的金融机构合作，这两类主体一般也愿意与保险人合作。

（3）小企业对保险的理解和信任水平低，需求不足。对此，保险人应当：逐步建立信任，从经营强制性小额保险产品开始；将小企业分类，先发展教育程度高、收入高、有金融知识的小企业客户。

5. 信用保证保险（小额保险、农业保险和小企业保险的基础上分析）

信用保险是由权利人投保，承保自身因义务人不能偿付或拒绝履行义务而遭受的经济损失的保险。保证保险是指由义务人作为被保险人（被保证人），当自己以作为或不作为的方式不履行合同义务而造成权利人的经济损失时，由保险人代替自己向权利人承担赔偿责任的一种保险。普惠性质的信用保证保险通常采取保险、银行、政府三方合作模式：保险公司承担信用风险，银行提供资金，政府给予保费补贴、利息补贴、税收减免等支持。低收入家庭和小微企业往往缺乏可用于抵押的资产，信用保证保险作为增信工具，增强了它们获取信贷资金发展生产的能力。普惠性质较强的信用保证保险包括小额贷款保证保险、助学贷款保证保险、小额贷款人身保险、农业保险保单质押、土地承包经营权抵押贷款保证保险、农户土地流转收益保证保险、农房财产权抵押贷款保证保险等。

6. 保险投资普惠

保险部门的资金具有资金量大、期限性长、稳定性高的优势。保险投资能从以下途径实现普惠的目的。①通过银行存款转化为银行贷款、购买各类金融工具（债券、股票、债权计划、股权计划等）支持经济社会发展。②多投资落后地区和落后人群，而监管机构可能适当降低有普惠性质的投资所要求的监管资本。③降低经济融资成本，遏制“层层嵌套”的资金运行方式。④开展捐资助学公益活动，为贫困地区改善教育办学条件提供帮助。

第三节　中国保险普惠的政策

一、中国保险普惠的目标和原则

中国保险业的发展程度相对较低，中国的保险普惠是以保险扶贫为抓手的。

二、中国保险普惠的监管支持

（一）分支机构设立撤并

（1）在机构开设上。监管部门鼓励贫困地区的保险分支机构网点建设，推进乡、村两级保险服务网点建设，努力实现网点乡镇全覆盖和服务行政村全覆盖。实现西藏保险分支机构地市级全覆盖，实现“三区三州”[①]和其他深度贫困地区保险分支机构县级全覆盖，实现深度贫困地区贫困人群医疗补充保险广覆盖，实现政策性农业保险乡镇全覆盖；监管部门支持现有的保险机构到贫困落后地区开设分支机构，给予地区市场准入方面的优先审批。包括适当降低深度贫困地区分支机构审批标准，放宽保险机构中心支公司高管人员的任职学历要求至大学专科，县级支公司、营业部高管人员任职资格由审批改为备案管理[②]。

（2）在机构撤并上。监管部门严格控制贫困落后地区现有保险机构网点撤并。监管部门要求深度贫困地区的保险分支机构在脱贫前不得撤销。

（二）产品设计

（1）在产品内容上。监管部门支持在贫困地区开展相互制保险试点；监管部门鼓励保险机构开发涵盖贫困农户生产生活全方位风险的“特惠保”等“一揽子”保险产品，并优先予以审批或备案；监管部门对投向贫困地区项目的保险资金运用产品优先予以审批或备案。

（2）在产品费率上。对于明确建档立卡贫困户的意外伤害保险和商业型农业保险，费率可在向监管部门报备费率的基础上降低10%~30%；对于明确建档立卡贫困户的农业保险，保险公司开发的涉农保险产品和针对可带动农户脱贫、吸纳贫困农户就业的新型农业经营主体的保险产品，费率可在向

---

① “三区”是指西藏、新疆南疆四地州（和田地区、阿克苏地区、喀什地区和克孜勒苏柯尔克孜自治州）和四省（青海、四川、甘肃和云南）藏区。“三州”是指甘肃的临夏州、四川的凉山州和云南的怒江州。2016年底，“三区三州”的贫困人口占全国贫困人口总量的8.2%，贫困发生率约为16.69%，相当于全国平均水平的3.7倍，是全国典型的深度贫困地区。

② 在2014年版本的《保险公司董事、监事和高级管理人员任职资格管理规定》中要求，保险公司分公司、中心支公司总经理、副总经理和总经理助理应当具有大学本科以上学历或者学士以上学位。

监管部门报备费率的基础上降低 20% 后，再降低 10%~30%。

（三）保险资金运用

监管部门鼓励保险资金按照风险可控、商业可持续原则，向贫困地区基础设施和民生工程倾斜。这包括支持保险资金以债权、股权、资产支持计划等多种形式，积极参与贫困地区基础设施、重点产业和民生工程建设；支持可带动农户脱贫、吸引贫困农户就业的新型农业经营主体的融资需求；支持保险机构参与各级政府建立的扶贫产业基金；支持保险机构参与贫困地区发行的地方政府债券置换存量债务。

（四）专项统计

监管部门建立脱贫攻坚保险服务专项统计监测制度，实现了保险信息与建档立卡信息对接，及时动态跟踪监测各地、各保险机构工作进展，为政策评估提供数据支撑。保险普惠统计报表和分析报告的报送频度为季度，保险普惠统计内容主要是与建档立卡贫困人口生产、生活密切相关的农业保险、大病保险、健康保险和意外伤害保险等业务数据。在具体指标上，普惠保险包括 4 张表:《保险扶贫分地区统计表》，主要反映各地区保险普惠业务的基本情况，包括签单数量、签单保费、承保人（户）次、保险金额、赔付支出、赔付人（户）次等统计指标;《保险扶贫分项目统计表》，主要反映各级政府部门以统保形式推动的保险普惠项目开办情况;《保险扶贫项目开办地区表》，主要反映保险普惠项目覆盖的地域范围信息;《保险扶贫分公司统计表》，主要反映各保险公司承办的保险普惠业务情况。

（五）奖惩激励

（1）监管部门对保险机构的奖惩制度。监管部门定期对各地、各保险机构脱贫攻坚保险服务工作进展及成效进行考评，并将考评结果作为市场准入、高管资格和差异化监管的重要依据。

（2）监管部门要求保险机构对其分支机构的奖惩制度。监管部门要求保险机构对其在贫困地区分支机构实行差异化考核。包括：各保险机构总公司应根据贫困地区实际情况，科学设定绩效考核指标，引导贫困地区基层机构积极发展普惠保险业务；保险机构对贫困地区分支机构因重大自然灾害或农产品价格剧烈波动导致的经营亏损，不得纳入该分支机构的绩效考核指标。

三、中国保险普惠的其他支持措施

（一）通过多种行政方式推动保险普惠

中国各级政府逐步认识到保险服务脱贫攻坚的作用，把保险作为促进经济发展、转变政府职能、完善社会治理、保障改善民生的工具。各级政府探索运用保险风险管理功能及保险机构网络、专业技术等优势，通过市场化机制，以委托保险机构经办或直接购买保险产品和服务等方式，降低公共服务的运行成本。加大组织推动力度，引导贫困和低收入人群参保、续保。各级政府鼓励各类慈善机构和公益性社会组织为贫困人群捐赠保险。

（二）对某些保险产品给予税收优惠

中国对以下有普惠性的保险产品和服务有税收优惠措施：第一，对保险公司开办的一年期以上人身保阶产品（人寿保险、养老年金保险和健康保险）取得的保费收入免征增值税（根据财税〔2016〕36号文件）。第二，对个税递延型商业养老保险实行优惠政策：2018年5月起，个人在上海、福建和苏州工业园区购买符合规定的商业养老保险产品的支出，允许在一定标准内税前扣除；养老资金账户的投资收益暂不征收个人所得税，待领取时再征收（根据财税〔2018〕22号）。第三，对税优型商业健康保险实行优惠政策：对个人购买符合规定的商业健康保险产品的支出，允许在当年（月）计算应纳税所得额时予以税前扣除，扣除限额为2400元/年（200元/月）。单位统一为员工购买符合规定的商业健康保险产品的支出，应分别计入员工个人工资薪金，视同个人购买（根据财税〔2017〕39号）。第四，对于农牧保险以及相关技术培训业务免征增值税，其中，相关技术培训是指与农业机耕、排灌、病虫害防治、植物保护业务相关以及为使农民获得农牧保险知识的技术培训业务（根据财税〔2016〕36号）。第五，对于农牧业保险合同免印花税（根据国税地字〔1988〕37号）。第六，在计算应纳税所得额时，企业参加财产保险，按照规定缴纳的保险费，准予扣除（根据《企业所得税法》）。

第七，明确了企业参加雇主责任险、公众责任险等责任保险，按照规定缴纳的保险费，准予在企业所得税税前扣除（根据国家税务总局公告 2018 年第 52 号）。第八，在计算应纳税所得额时，对于手续费及佣金支出，财产保险企业按当年全部保费收入扣除退保金等后的余额的 15% 计算限额，人身保险企业按当年全部保费收入扣除退保金等后余额的 10% 计算限额（根据财税〔2009〕29 号）。第九，个体工商户参加财产保险，按照规定缴纳的保险费，准予算入个人所得税的扣除项目（根据国家税务总局令第 35 号，2014 年 12 月）。第十，对保险营销员佣金中的展业成本，免征个人所得税；对佣金中的劳务报酬部分，扣除实际缴纳的营业税及附加后，依照税法有关规定计算征收个人所得税；佣金中展业成本的比例暂定为 40%（根据国税函〔2006〕454 号）。

（三）改善保险与其他扶贫政策的协调配合

各地扶贫办将保险纳入扶贫规划及政策体系，在政策指导、资金安排、工作协调、数据共享等方面支持保险机构进行扶贫和普惠工作。鼓励各地结合实际，对建档立卡贫困人口参加农业保险、普惠小额信贷保证保险、普惠小额人身保险、商业补充医疗保险和涉农保险给予保费补贴，提高扶贫资金的使用效率。健全贫困地区风险分担和补偿机制，专项用于对建档立卡贫困户贷款保证保险及带动贫困人口就业的各类扶贫经济组织贷款保证保险风险补偿。

第四节　中国保险普惠的产品服务

一、中国的小额保险普惠

（一）基本情况

中国的小额保险发端于当时没有最低生活保障的农村地区。2008 年 6 月，原中国保监会人身险监管部启动了小额保险试点。2008 年，中国人寿、中国人保人寿、泰康人寿、新华人寿等公司被率先批准开展小额保险业务，小额保险最初在山西、黑龙江、河南、湖北、江西、广西、四川、甘肃和青海这9个省区开展。此后，参与试点的保险机构和地区逐步增加，到2011年已有8家保险公司在24个省区开展了小额保险业务（Bester et al.，2018）。

我国在小额农业保险、小额财产保险、小额寿险、小额意外保险、小额健康保险等方面都取到了一定成绩。不过，随着新型农村合作医疗和新型农村养老保险的推广（“新农合”和“新农保”），中国小额保险发展得并不快，产品丰富程度较低、保障范围较小，目前主要是为新农合提供小额的补充医疗保险。

（二）典型案例

近年来，宁夏有15万户建档立卡贫困户、58万建档立卡贫困人口。在政府资源有限、贫困人口规模较大的情况下，宁夏通过引入“脱贫保”实行小额人身意外伤害保险、大病补充医疗保险全覆盖，实现产业保险对贫困地区优势特色产业的重点保障，着力解决因意外事故、因病因灾致贫、返贫问题。

主要做法如下：①创新产品，精准帮扶。“脱贫保”将4种保险产品形成一个组合，建档立卡贫困人口，为其提供意外伤害、借款人意外、大病医疗、特色农业等“一揽子”风险保障。②政府引导，市场运作。四种“脱贫保”产品均采取政府补助和贫困户自筹相结合的形式购买，原则上保费的80%由政府补助承担，剩余20%由贫困户个人承担，各市县也可根据自身情况确定分担比例。

宁夏“脱贫保”项目服务全区58万建档立卡的贫困人口，突出了对贫困人口的风险兜底和产业发展的风险保障目标。

二、中国的健康保险普惠

（一）基本情况

综合李航和张俊兴（2018）、中国人民银行金融消费权益保护局（2018）

等提供的资料，中国的健康保险普惠目前取得了如下成绩：

（1）保险业整体承办城乡居民大病保险。保险业助力大病保险制度实现全覆盖，2017 年，16 家保险公司在全国 31 个省（区、市）开展了大病保险业务，承保 10.6 亿城乡居民（其中城镇职工约 5000 万人），将大病保险患者实际报销比例在基本医保的基础上平均提升了 13.99%，为 102.57 万人安排了转外就医服务。从 2012 年到 2017 年，大病保险赔付超过 1700 万人，有效缓解了“因病致贫”“因病返贫”现象。保险业推动大病保险向困难群众适当倾斜，降低起付标准，放宽报销范围，提高报销水平。

（2）保险业主动开展其他普惠健康保险工作。①配合各地政府开展贫困人口补充医疗保险。截至 2017 年底，保险公司在全国 25 个省（区、市）1152 个县（市）承办了针对贫困人口的商业补充医疗保险业务，覆盖贫困人口 4635 万人。②参与经办社会救助。截至 2017 年末，保险公司在全国 275 个县市开展了医疗救助经办项目，提高了基本医疗保险、大病保险与医疗救助之前的衔接效率。

（二）典型案例

某家保险公司在江西赣州市推开贫困人口疾病医疗商业补充保险。截至 2016 年 8 月底，该保险公司在江西赣州市 11 个县（区）承办农村贫困人口疾病医疗商业补充保险项目，累计保障农村贫困人口 62.96 万人。

该保险公司归纳形成了贫困人口疾病医疗费用报销的“一站式”信息系统即时结算模式。会昌县政府安排信息系统建设专项资金，对涉及贫困人口医疗补偿的 4 个部门和 4 套系统进行了整合，开发了“会昌县农村贫困对象疾病医疗补偿结算报账系统”。这套系统将涉及贫困人口医疗保险补偿各经办部门的数据信息进行了互联互通，使用这套系统的农村贫困患者在县内定点医院办理出院结算时，可同步结算各项医疗费用补偿金额，并由医院进行垫付，实现在定点医院窗口办理“一站式”即时结报，参保人员只需缴纳个人自负部分金额。对于医院垫付的补偿金额，由各保险项目承办部门审核无误后定期回拨给医院；对于未在定点医院治疗的农村贫困户，可前往县农医中心合署办公网点，在任意一个结算窗口提供一份索赔材料，即可将新农合、新农合大病保险、农村贫困人口商业补充保险和民政医疗救助 4 个保险项目进行同步补偿计算。被保险人可在合署办公网点实现 4 项保险一次性同步补偿。会昌模式的主要运行模式如图 6-3 所示。

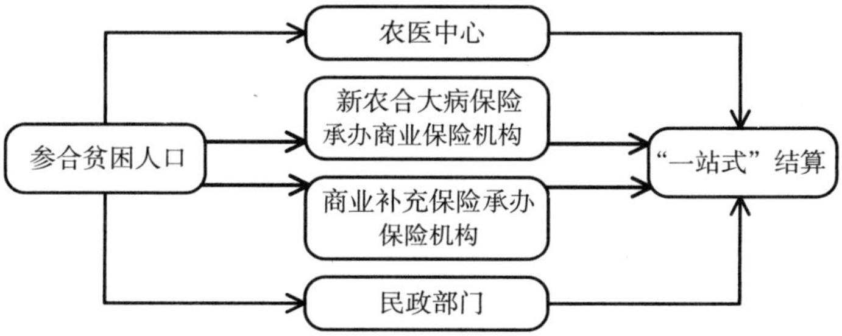

图 6-3　会昌商业保险"一站式"手工流水结算模式

成效如下：①减轻了贫困人口医疗费用负担。通过商业补充保险保障支付费用补偿，赣州市贫困人口住院医疗费自付比例由过去的 36% 以上，下降到现在的 7.19%，最低的只有 2.18%，贫困户单件补偿支付金额已达 9.08 万元。②实现了"先入院、后付费"，打消了广大贫困户"有病不敢医"的顾虑。③放大了财政资金使用效率。通过政府出资购买疾病医疗商业补充保险，由保险机构参与贫困人口疾病医疗商业补充保险保障，让政府用少量财政支出（90 元 / 人），提高了住院患者近 30% 的医疗费支付水平，减少了政府自办项目所需的人力、物力，节约了财政资源。

三、中国的农业保险普惠

（一）基本情况

2004 年，原中国保监会在上海、黑龙江、吉林、新疆、江苏、四川、湖南等 9 省区启动了农业保险试点，积累经验。自 2007 年起，7 省区试点推行了有中央财政补贴的政策性农险，保险费由中央财政、地方财政和农户共同承担。此后几年，中央财政补贴的政策性农险试点的各地区不不断增加，名单见表6-5。从农险深度（农业保险保费收入/农业增加值）和农险密度（农

业保险保费收入 / 农业人口）两个指标来看，中央财政补贴对农业保险的发展有显著的推动作用。

表 6–5　中央财政补贴的政策性农险在各地区的推进

年份	地区	各地区平均农险深度（%）		各地区平均农险深度（元 / 人）	
		补贴前一年	补贴后一年	补贴前一年	补贴后一年
2007	内蒙古、吉林、江苏、湖南、四川、新疆	0.10	0.85	4.42	52.00
2008	河北、辽宁、黑龙江、浙江、安徽、福建、山东、河南、湖北、海南	0.08	0.32	3.94	19.23
2009	江西	0.10	0.30	3.91	14.46
2010	山西、广东、云南、甘肃、青海、宁夏	0.16	0.32	5.92	15.70
2011	广西、重庆、贵州、西藏、陕西	0.07	0.33	2.89	15.13
2012	北京、天津、上海	2.69	2.76	134.25	152.75

注："平均"是指这些省区市的算术平均值。

资料来源：中国保险年鉴、国家统计局。

近年来，中国农业保险业务平稳较快发展。截至 2017 年末，农业保险乡村服务网站达到 36.4 万个，网店乡镇覆盖率达到了 95%，村级覆盖率超过 50%（中国人民银行金融消费权益保护局，2018）。根据银保监会网站和提供的数据，2017 年中国农业保险参保农户 2.13 亿户次，承保农作物 21 亿亩，占全国播种面积的约 84.1%，提供风险保障金额 2.79 万亿元；农业保险原保费收入 479.06 亿元，同比增长 14.69%，支付赔款 334.49 亿元，增长 11.79%，有 4737.14 万户次贫困户和受灾农户受益。2017 年中国共开发农业保险产品 1714 个，设计 215 类农产品，价格保险标的扩大到 4 大类 72 个品种（中国人民银行金融消费权益保护局，2018）。

（二）典型案例

河北省阜平县是革命老区，是中国共产党和人民解放军创建的第一个敌后抗日根据地——晋察冀边区政府所在地。阜平地处太行深山区，沟壑纵横、土地贫瘠、交通不便、产业基础薄弱、基础设施条件差、人均收入低，一直是国家级贫困县。2014 年，该县建档立卡贫困人口 10.81 万人，占该县总人口的 48%。

主要做法如下：①开发特色农险。按照“中央支持保大宗、保成本，地方支持保特色、保产量，有条件的保价格、保收入”的要求，除了中央和省政府提供补贴的玉米、马铃薯、花生、奶牛、能繁母猪、林木、设施农业等政策性农业保险险种外，开发了适合保障贫困山区生产发展的大枣、核桃、肉牛、肉羊成本价格保险和养鸡保险、种羊养殖保险 6 种县级财政补贴险种。一些保险公司还开发了食用菌、肉驴、蜂业、毛皮动物、杂粮、中药材等 28 款普惠保险产品。②联办共保。2014 年 11 月，阜平县采用“联办共保”模式推进农业保险，当地商业性保险产品农户和企业自缴保费的 40%，政府保费补贴 60%。农户、企业缴纳和政府补贴形成的保费收入，由某家保险公司和政府保险专户 5∶5 分成，保险理赔由该保险公司、政府相关部门和乡村两级金融服务机构按照实际损失程度进行赔付，保险赔款由该保险公司和政府保险专户 5∶5 分担。同时，为防止把政府负担部分的保费赔穿，阜平县政府拿出 3000 万元设立保险风险保障基金。③探索“基本 + 补充”普惠农险。由阜平县政府对基本保障全额补助保费实行统保，农户根据自身投保意愿和缴费能力可以自费提高保障水平。

成效如下：①农户的风险保障显著增加。2016 年，阜平县共办理农业保险 1039 笔，为 188 个村的 5.48 万户农户，累计提供风险保障 13.7 亿元，为 103 个村 1.8 万户农户支付保险赔款 1980.84 万元。②富民产业快速发展。2016 年全县食用菌种植产业从无到有，发展到 1 万亩，建成 3500 个大棚，直接参与农户 6260 户，覆盖贫困户 3316 户，实现年产值 1.03 亿元；新增中药材种植面积 3 万多亩，总面积达到 4.1 万亩，总产值 1.03 亿元，效益 9648 万元，带动贫困户 2230 户 5421 人，户均增收 2.09 万元。

四、中国的小企业保险普惠

（一）基本情况

绝大部分保险是能服务于企业生产的，不过中国财产保险中主要服务于居民生活的机动车险的占比很高（七成左右），这显得主要服务于企业生产的险种发展相对不足。中国小型企业在经济社会中非常重要[①]，但中国企业财产保险的发展还不充分。

（二）典型案例

章丘市位于山东省济南市东部，现辖 11 个街道办事处、9 个镇，908 个行政村，人口约 110 万，城区面积 23.5 平方千米。章丘历史悠久，早在 8000 年前就有人在这片沃土上生息繁衍，是“龙山文化”的发祥地。保险参与扶贫得到当地政府的高度认可，中药材种植保险作为政府精准扶贫项目之一。

主要做法如下：①政企配合默契，出台一系列支持配套政策，联手推进药业发展。设立专项扶持资金扶持中药材发展，提出由财政出资为中药材种植提供保险资金。②保险充分调研学习，产品开发更接地气。产品开发过程中，多次召集药农代表参与座谈论证了灾害预测、保险责任、保险金额、费率的厘定等重点事项。③结合当地省、市级贫困户情况，章丘市扶贫办与该保险公司共同商讨，开发了分级投保扶贫策略。

成效如下：①普惠保险覆盖面广、保障作用明显，2016 全年，该保险公司共计承保 5426 亩，为当地贫困户提供 543 万元保险保障，放大扶贫资金 14~18 倍。②普惠中药材保险体现了当地普惠方式由“输血”向“造血”的成功转变。

① 中国的中小微企业的贡献是“五六七八九”——50% 以上的税收、60% 以上的 GDP、70% 以上的技术创新、80% 以上的城镇劳动就业和 90% 以上的企业数量。对于中国小企业获得了多少保险服务，我们目前还未找到数据。

五、中国的信用保证保险普惠

（一）基本情况

信用保证保险是信用保险和保证保险的统称。中国运行的信用保险包括商业信用保险、银行信用保险、国家信用风险等，业务量最大的是出口信用保险。2016 年，中国信用保险的保费收入和赔款支出分别为 201.2 亿元和 92.5 亿元，占所有财产保险的业务的比重分别为 2.2% 和 1.8%。中国经营的保证保险主要是履约保证保险和忠诚保证保险。2016 年，中国保证保险的保费收入和赔款支出分别为 179.3 亿元和 54.4 亿元，占所有财产保险的业务的比重分别为 1.9% 和 1.1%。2017 年，全国小额贷款保证保险业务累计实现保费收入 33.77 亿元，承保金额 466.39 亿元，为 11.09 万家小微企业获得银行融资金额 292.73 亿元（银保监会，2018）。

（二）典型案例

黑龙江保险业创新开展国家助学贷款信用保险，运用保险的风险管理专业优势，转移和承接贷款违约风险，扩大了助学贷款发放范围，保证了贫困学生获得教育机会。

主要做法如下：第一，黑龙江保险业实行“政、银、保、校”四位一体，构建国家助学贷款合作模式。政府负责政策推动、统筹协调和考核督导，指导相关部门、高校、银行和保险公司签订合作协议，财政提供贷款风险补偿资金支持。某银行指定专门支行成立国家助学贷款服务中心，负责受理贷款申请、审查审批及发放贷款，对贷款集中投保学贷险，并将贷款违约信息载入人民银行金融机构征信系统。该保险公司发挥风险管理的专业化优势，负责业务宣传、核保核赔、贷后管理及追欠追偿等工作，提供信用风险保障服务。高校或基层教育主管部门设立学生资助中心，负责组织经济困难学生的贷款申请，构建一套完整的风控体系。第二，助学贷款分为就学地和生源地两种类型，分别指通过就读学校向银行申请、通过学生户籍所在地教育局申请的贷款。每名借款学生在校期间每年的贷款额度，本科最高为 0.8 万元，研究生为 1.2 万元，最长贷款年限为 20 年。“学贷险”业务根据贷款类型，保险费率分为10.4%和15%，年化费率最低为0.52%和0.75%，保险承保期限为整个还款周期。保费从财政拨付的国家助学贷款风险补偿金中列支。

成效如下：2007年业务开办以来，某保险公司累计为40万人次的近20亿元的国家助学贷款资金提供风险保障，共帮助15万名贫困学生圆了大学梦。仅2015年当年就惠及贫困新生2.7万人，约占黑龙江省高校新生比例的15%，支持国家助学贷款2亿元。自2007年以来，"学贷险"累计向当地银行支付赔款1800万元。同时，保险公司专项投入资金、技术和人力，全程参与贷前、贷中和贷后管理，承接了贷款管理相关工作，优化了国家助学贷款运行机制，也提升了政府公共服务效率。

六、中国的保险投资普惠

（一）基本情况

（1）支持实体经济增长。截至2018年5月，保险业总资产17.5万亿元，保险资金运用余额15.5万亿元，其中为实体经济提供融资余额超过10万亿元（银保监会，2018）。截至2017年6月末，保险资金通过债权计划、股权计划等方式，直接投资国家重大基础设施建设、养老社区和棚户区改造等民生工程，累计金额超过4万亿元（中国保险资产管理业协，2018）。

（2）降低实体经济融资成本。①保险公司投资于服务实体经济的领域所要求的监管资本更低。②保险资金参与"层层嵌套"的资金运行方式提高实体经济运行成本的情况不多，多是委外资金，占比非常低。

（3）2016年8月，中国保监会在北京召开中国保险业产业扶贫投资基金成立大会。保险业产业扶贫投资基金类型为契约型，由中保投资有限责任公司作为管理人，本着自愿原则面向保险行业募集。第一期的10亿元在3天内募资完毕，共39家保险机构参与认购。基金将重点投向连片特困地区、革命老区、民族地区、边疆地区的特色资源开发、产业园区建设和新型城镇化发展等领域，并带动其他社会资金流入，促进贫困地区经济发展和产业脱贫。

（二）典型案例

2017 年 8 月，中国保险业产业扶贫投资基金首个项目经过半年多的建设运营，建成了标准化食用菌大棚共 666 栋，分布于河北省阜平县色领口等 13 个园区，靠近易地扶贫搬迁项目聚居点和贫困村，方便贫困人口就近就业。据阜平县统计测算，项目通过大棚租赁、务工等形式，目前共覆盖建档立卡贫困人口 14361 户，有 557 户农民参与香菇种植，整个老香菇种植产业链惠及 1674 个贫困人口在当地就业。农户通过租用高标准棚室并获得龙头企业技术指导，如在能够保证香菇 2 年、3 个周期（一个周期 8 个月）不间断生产，菇农每年的净收益可达 9 万元；务工方面，每个大棚在一个周期中有 5 个月收菇期需要雇用劳动力 1~2 名，按每人每天 70 元测算，每个务工人员每月可领取 2100 元，每年可增加工资收入约 14000 元。

第五节　政策建议

1. 完善公私合作机制设计

中国推动保险普惠需要完善公私合作（public-private partnership，PPP）。一方面，中国是各类风险事故频发的国家，政府推动普惠保险需要借助私人部门的力量。这是因为中国正在发挥市场在资源配置中的决定性作用，提高全社会风险管理的效率；政府的财力增长在“新常态”下将所有放缓。另一方面，各级政府在制定精准扶贫、改善收入分配、区域均衡发展、扶持弱势产业等方面政策时，应当将其纳入保险部门，将运用保险工具作为制度性安排。这是因为普惠保险领域存在较多的市场失灵现象，中国保险部门的力量还较为薄弱，普惠保险需要商业可持续性和风险可承担性。

2. 改善普惠保险供给

一是从提供简单产品开始，再扩展保险利益。二是从提供部分保障的、有强制性的保险产品开始。“部分保障”产品能提高产品的可负担性，降低道德风险；“强制性”投保能迅速扩大市场规模，减少逆向选择。三是提高保险的可及性。减少客户消费保险的障碍，如减少繁杂的文件、给予询问机会。四是改善客户对索赔和其他售后服务的理解。五是基于客户已有的风险管理方式，提供补充性的解决方案。六是将保险与其他金融服务组合，这往往是客户、保险人和其他金融服务提供者“三赢”的方案。七是发展指数保险。

3. 完善组织保证

为了发展普惠金融，国有大型银行设立了普惠金融事业部 / 服务中心，大型银行均在董事会及管理层新设专门委员会或指定现有委员会，负责指导全行普惠金融业务发展和经营管理，并明确董事会、高管层在普惠金融业务发展中应承担的职责（银保监会，2018）。相关银行的普惠金融事业部成立后，新发放普惠金融贷款共 422 万余笔、3.41 万亿元（银保监会，2018）。中国很多财产保险公司成立了农业保险部门，促进了农业保险的发展。为了促进普惠保险部门，可以成立普惠保险事业部，个别大公司已经这么做了，其他公司可以效仿。对于公司而言，其好处在于：这是公司履行社会责任和提高声誉的展示；对口监管，便于产品设计、数据统计工作的开展；帮助公司积累大量客户，促进公司的长远发展。

4. 推动普惠保险教育

中国金融保险市场发展较快，但居民的金融素养较发达国家仍然不高。普惠保险教育是培养大众关于风险管理和保险的知识和技能，让大众能懂得如何使用保险进行风险管理。由于保险教育和知识普及的公益性、长远性的影响，它需要多类机构的参与。①监管部门和其他政府部门应当将风险管理和保险作为居民基本知识的一部分，将其整合到相应的活动中，促进全民“学保险、懂保险、用保险”。②保险机构要承担重要工作。中国的保险公司对于支付类似的费用应当理解，并支持保险教育的项目和会议论坛。③保险学会、保险行业协会等组织要多开展教育活动，并注意将知识技能普及与保险产品结合起来。④社会公益性组合和基金会等应当关注风险管理和保险教育。

5. 评估保险发展的社会绩效

度量一个地区的保险发展程度，传统上主要使用保险深度（保费收入/GDP）和保险密度（保费收入/人口数）这两个基于保险市场规模——保费收入的指标；但是，对于普惠保险，应当采用更丰富的指标体系。这是因为：①普惠保险有重视客户价值的特点，特别是关注保险在产品设计、销售、理赔等环节中为社会大众尤其是低收入者创造的价值，这在保险深度和保险密度指标中没有体现；②采用保险深度和保险密度指标会忽视普惠保险的重要性。对于保险供给者而言，重要普惠保险的社会绩效也有好处：①通过关注目标客户来改进保险产品和服务；②提高客户留存率；③改善信息不对称，从而降低经营成本；④提高自身声誉；⑤增加在发展潜力大、竞争程度低的保险市场中的份额。

第七章　第三方支付与普惠金融的发展

第一节　中国第三方支付的发展情况

1. 第三方互联网支付的发展状况

第三方支付指的是非金融机构在收付款人之间作为中介机构提供支付服务。自 2010 年以来，中国的第三方支付获得了极大的发展，而这一发展在很大程度上是依托互联网，尤其是移动互联网而获得的。在 2018 年第二季度，第三方互联网支付的业务数量为 1230.14 亿笔，金额为 48.29 万亿元人民币。从图 8–1 可以看到，自 2014 年以来，第三方互联网支付的业务季度规模几乎一直保持增长，在 2017 年第一季度和 2018 年第二季度出现了环比增长率为负的情形，而这两个季度业务规模的同比增长率也是正的，分别为 42% 和 53%（见图 7–1）。

互联网支付交易规模的增加主要源自互联网金融相关的线上信贷和网络理财业务的增长。从交易规模结构来看，以网络借贷、理财资管产品销售为代表的互联网金融业务占比最高，达 42.5%；包括信用卡还款业务、转账业务等在内的个人业务占比次之，为 23.1%；以网络购物、机票酒店、O2O 等为代表的线上消费占比有所下降，占 14.9%；手机话费充值、游戏充值、水电燃气生活费用缴纳等充值缴费类支付占比为 2.3%（见图 7–2）。支付宝和财付通两大龙头企业占领了几乎全部个人业务的规模，第二梯队的支付企业则在互联网金融业务领域与前两大企业开展激烈争夺，积极布局网络借贷、理财、基金、保险等细分领域，并开始向消费金融领域进军。

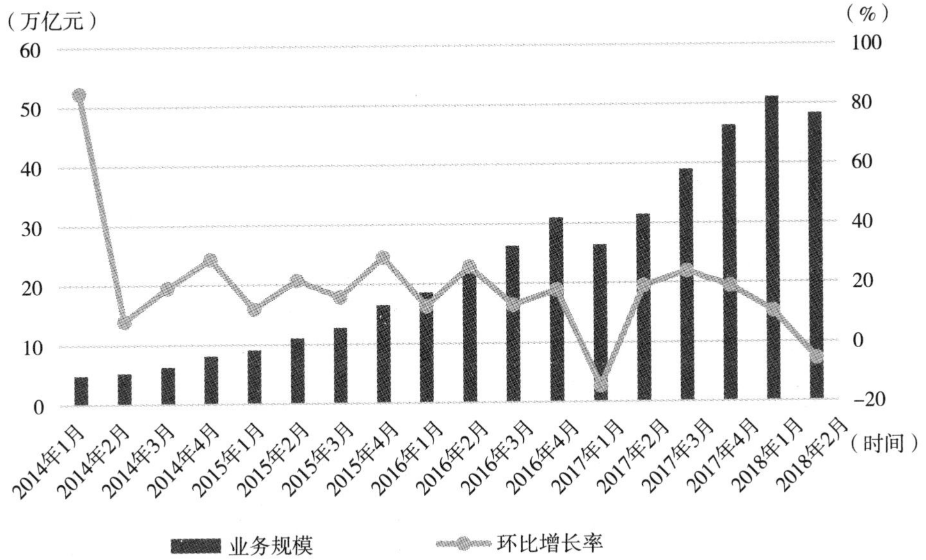

图 7–1　第三方互联网支付的发展情况

资料来源：中国人民银行。

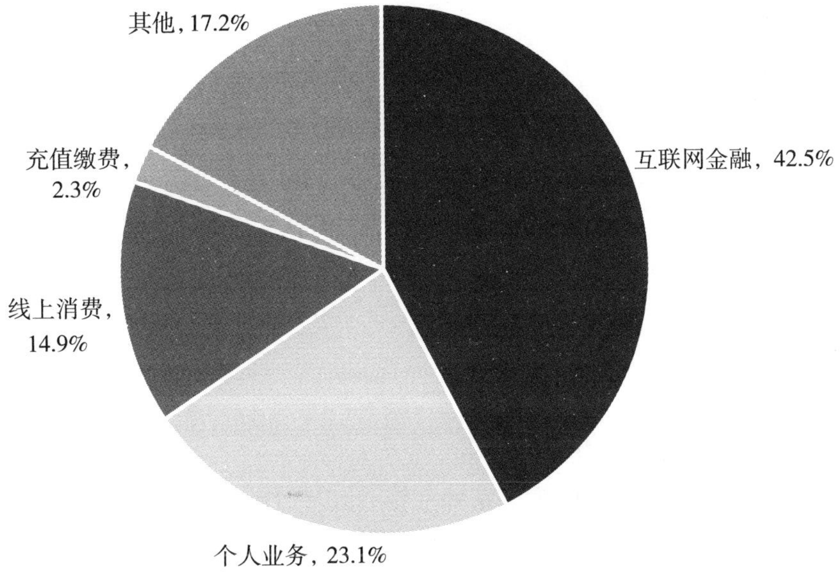

图 7–2　第三方互联网支付的业务结构

资料来源：艾瑞咨询。

从市场份额来看，支付宝和财付通虽然也在互联网支付领域保持领先，占比分别为29.2%和18.3%，但尚未如移动支付领域一样形成垄断地位。第二梯队凭借着在互联网支付细分领域的深耕细作，发挥各自优势，实现差异化发展。其中，银联商务占比为16.3%，快钱占比为7.9%，汇付天下占比为7.7%，中金支付占比为5.2%，宝付占比为5.2%，易宝支付占比为3.5%，京东支付占比为3.1%，苏宁支付占比为2.2%（见图7–3）。

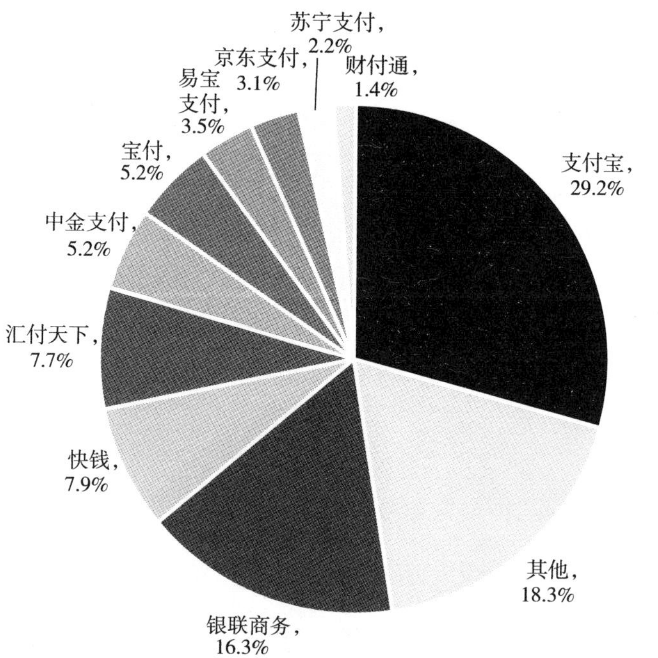

图7–3　第三方互联网支付企业市场份额

资料来源：艾瑞咨询。

2. 第三方移动支付的发展状况

移动支付是指交易双方为了某种货物或服务，以移动设备为载体，接入通信网络或使用近距离通信技术完成信息交互，实现资金从支付方向受付方转移从而实现支付目的的一种支付方式，移动设备泛指手机、PDA、移动PC等。移动支付的参与方既有各银行业金融机构，也包括第三方支付机构，在某些领域电信运营商以及手机厂商也是移动支付的参与者之一。2012 年，中国移动与中国银联签订移动支付业务合作协议，标志着我国移动支付的标准确定为 13.56MHz 标准（NFC 标准），国内移动支付标准自此统一，去除了一些技术层面的分歧。同时，联通沃易付网络技术有限公司、中国移动电子商务有限公司和天翼电子商务有限公司先后成立，并同时取得了支付业务许可证，在移动支付产品的开发和推广上起到了积极作用。

经过数年的发展在 2017 年第四季度，中国第三方移动支付交易规模为 32.6 万亿元，环比增长率为 12.8%（见图 7–4），移动支付占整体支付的比例达到82.4%。移动支付占整体支付比例提升的原因主要是二维码收款的普及。由于二维码收款的广泛使用，中国的数千万小商家包括个人都可以使用移动支付来收银，这极大地推动了移动支付的发展。目前，移动支付增长速度有所下滑但仍保持增长，随着中国第三方移动支付产品的完善以及消费者支付观念的转变，移动支付将会进一步普及，短期内移动支付交易规模将保持稳定增长。

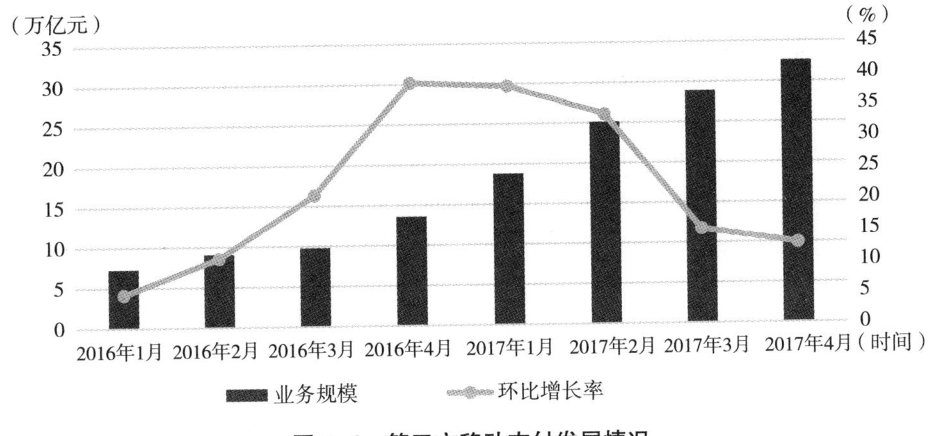

图 7–4　第三方移动支付发展情况

资料来源：比达咨询。

中国的移动支付用户规模增长迅速，2017 年达到 5.27 亿，较 2016 年底增加 5783 万人，年增长率为 12.4%，手机支付的使用比例达到 70%（见图

7–5）。从地域上看，2017 年使用移动支付用户占比超过 90% 的省份达到 11 个，分别为贵州、山西、新疆、海南、内蒙古、青海、西藏、广西、陕西、宁夏和云南。中国移动支付用户规模的增长源于手机用户规模的增长。中国互联网络信息中心第 41 次《中国互联网络发展状况统计报告》数据显示，截至 2017 年末，我国手机网络用户规模达 7.53 亿，网民中使用手机上网的人群占比进一步提升至 97.5%，较 2016 年末提升 2.4 名。经历发展初期用户规模迅猛发展后，中国移动支付市场趋于成熟，用户规模增速开始减缓，预测未来中国移动支付用户规模将保持低速稳定增长。

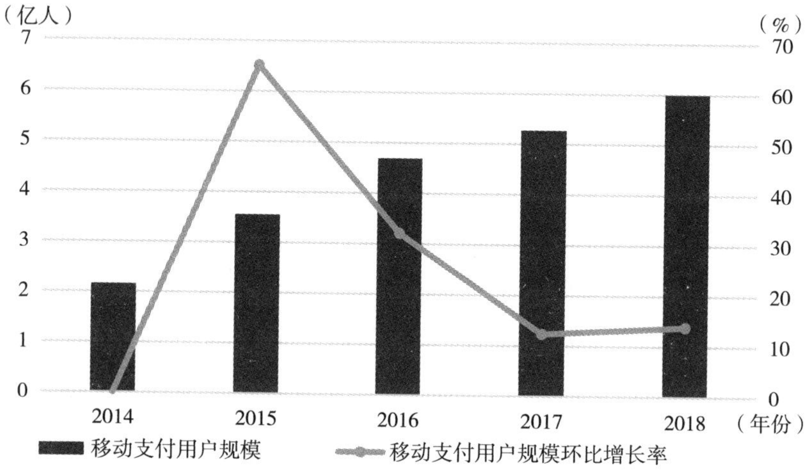

图 7–5　移动支付用户增长情况

资料来源：比达咨询。

在移动支付用户的性别结构上，2017 年男性用户占比为 54.0%，略高于女性。在用户的年龄分布上，以 31~35 岁的用户最多，占比达到 35.3%，其次是 36~40 岁，占比为 21.6%，40 岁以上的用户占比只有 5%（见图 7–6）。在移动支付的应用场景方面，生活消费场景使用移动支付的用户比例为 97.1%，其次是票务类，占比为 80.4%，商旅类场景排名第三，占比为 64.7%。

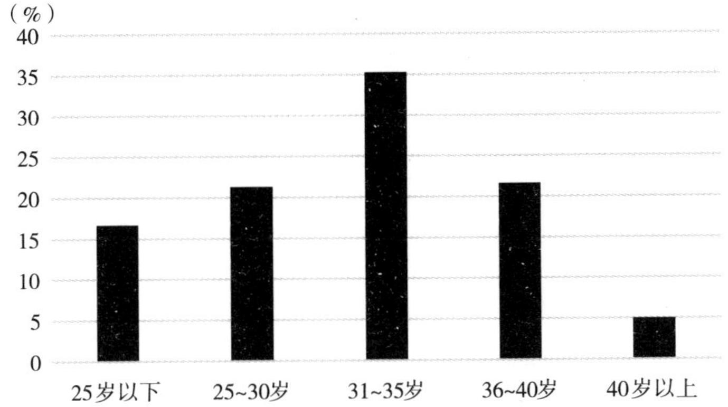

图 7-6　移动支付用户年龄结构

资料来源：比达咨询。

在影响用户使用移动支付的因素方面，安全性是用户最关心的因素，占比最高为 82.2%；其次是移动支付功能方便性，占比为 72.5%；快捷性位列第三，占比为 56.1%。

从移动支付的市场份额来看，支付宝、财付通两家依然维持垄断地位，占据约 90% 的市场份额。虽然财付通发展晚于支付宝，但微信支付凭借其社交属性获得更多用户青睐，整体市场交易规模占比紧跟支付宝，并且这两者在不同消费场景中各具优势。调查数据显示，44.9% 和 45.5% 的受访网民更愿意在电脑端和移动端电商类消费场景中使用支付宝支付，受访网民偏好使用支付宝支付的场景主要为线上电商消费场景。非电商类线上消费及线下出行场景中网民更偏好使用微信支付，在线下餐饮、出行等生活场景中，网民偏好使用微信支付的比例分别为 36.3% 和 22.0%。这可能是由于线下生活场景中社交需求高，使用微信支付无须打开多个 APP。微信支付凭借其社交性和便利性，在生活场景中更能获得网民支持。随着国家对互联网金融安全日益重视，银联推出云闪付 APP，其制度优势会对财付通和微信支付造成一定冲击。壹钱包除 APP 业务保持增长外，外部支付向房地产、商业地产、互联网金融等行业拓展推广，交易规模处于第三的位置。京东支付得益于金融领域和线下支付方面的增长，排名逐渐上升。快钱依托万达集团开展场景拓展，在电影院线、购物中心、文化旅游等方面发力，交易规模也有较为明显的增长（见图 7-7、图 7-8）。

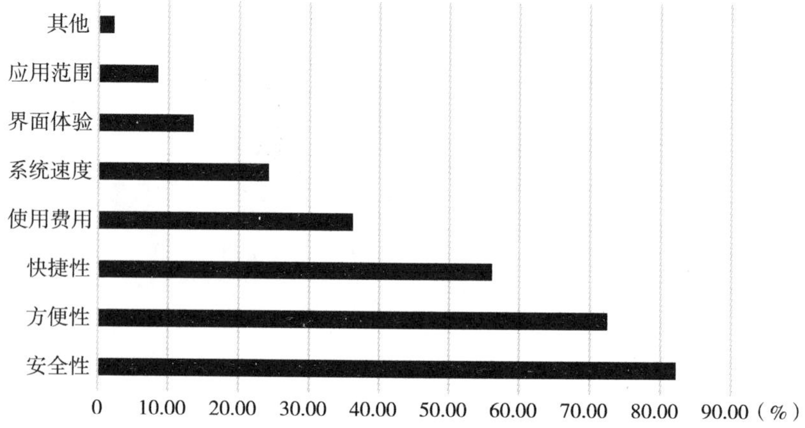

图 7-7　影响用户使用移动支付的因素

资料来源：比达咨询。

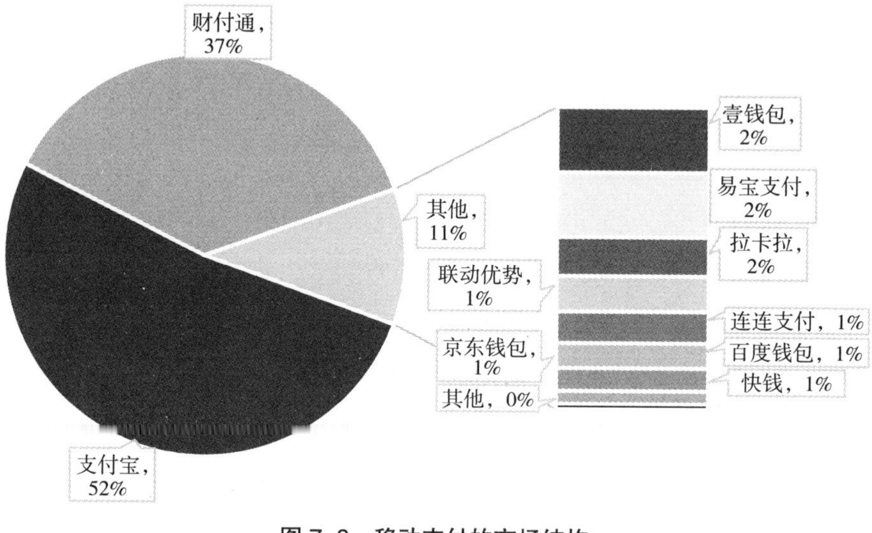

图 7-8　移动支付的市场结构

资料来源：比达咨询。

3. 第三方支付的发展趋势

（1）从线上向线下。中国互联网络信息中心数据显示，2017 年消费者在线下消费时使用手机移动支付的比例提升至 65.5%，较去年同期提升 15.2%。第三方支付在线下衣食住行等方面进行了全方位的覆盖和渗透，无论是广度还是深度均明显加深。从线下支付的应用区域看，北京、上海、广东、福建和浙江使用线下支付比例最高，这与我国各地区经济发展程度也呈现一定的关联性。在移动支付的线下使用场景方面，2018 年第一季度，移动支付偏好的使用线下场景中购物和生活缴费分别以 54.1% 和 51.4% 的比例占据第一位和第二位，在餐饮、充值服务、出行、给他人转账等场景使用第三方移动支付偏好也均高于三成。此外，消费者在餐饮和线下购物场景偏好使用现金支付的占比较高，分别为 43.5% 和 40.8%。线下扫码消费的用户平均金额呈现与使用频率成正比的趋势。这意味着一旦线下扫码支付的习惯被养成，支付金额将会逐渐提高。随着线下支付市场的发展，用户依赖性增强，应用场景覆盖度进一步提升，未来还将呈现更加广阔的发展前景（见图 7–9）。

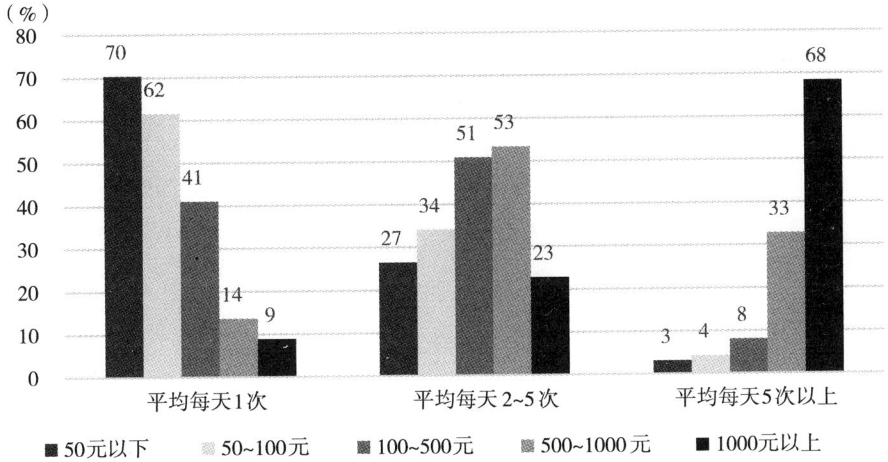

图 7–9　线下扫码用户使用频率与平均金额

资料来源：艾瑞咨询。

（2）从支付向金融。支付与金融的相互渗透、相互融合程度加深，第三方支付机构通过虚拟账户与金融机构开展产品创新和引流合作，合作领域从最初的支付业务逐渐拓展到引流获客、理财基金和保险销售、风险数据共享、P2P 借贷等诸多细分金融领域。中国互联网络信息中心数据显示，2017 年末我国购买互联网理财产品的网民规模达到 1.29 亿，同比增长 30.2%，货币基金在线理财规模也同样保持高速增长（见图 7–10）。

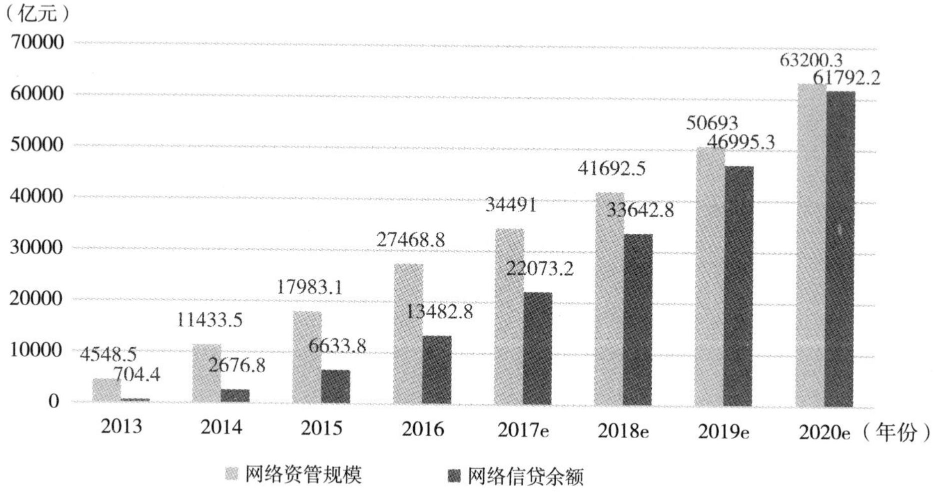

图 7–10　网络资管和网络信贷业务规模

资料来源：艾瑞咨询。

如图 7–11 所示，在购买理财产品的过程中，用户年龄与使用支付宝的比例成反比，也即年轻人更愿意通过支付宝而非银行端来购买理财，这也与年轻人会更加频繁地使用淘宝、支付宝、微信等 APP 的习惯有关。随着年轻人工作时间的增长所带来财富积累的增加，以及年轻人对于其父母长辈支付和购买习惯的影响，未来第三方支付在金融消费中的规模和渗透率都将有所上升。

（3）从城市向农村。中国互联网络信息中心数据显示，截至 2017 年末，农村地区网民使用线下支付的比例已上升至 47.1%，较 2016 年末提升 15.4 个百分点。支付宝发布数据显示，国家级贫困县和连片特困地区县共 832 个，蚂蚁金服为其中的 795 个提供了支付、信贷等金融服务。2017 年，上述

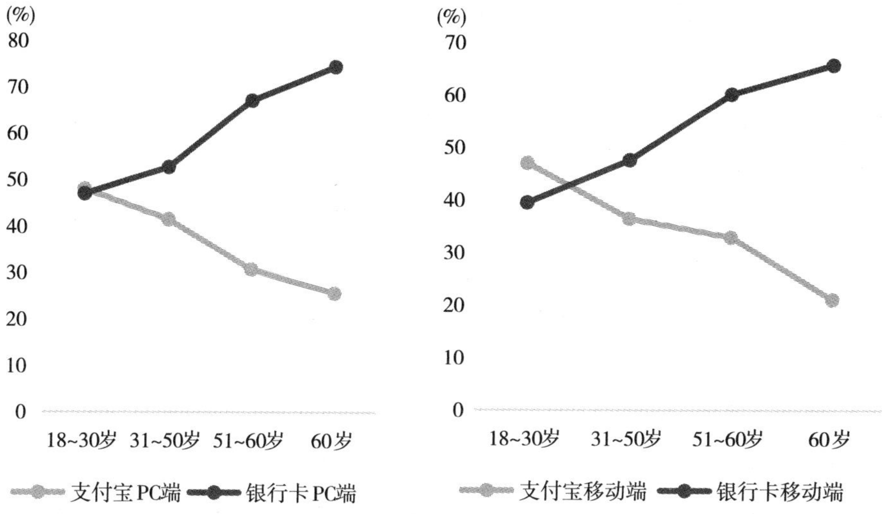

图 8–11　不同年龄段用户购买理财的支付工具选择

资料来源：艾瑞咨询。

地区的移动支付比例平均已达 90%。第三方支付通过海量用户信息和数据积累，为金融服务的纵深发展提供了坚实基础，广大农民群众使用智能终端便可触及各种金融服务，除补贴领取、转账、缴费等基础支付服务外，还包括采购结算、公共服务部门支付、理财购买等更多金融服务支付场景，以及基于支付大数据的小额信贷。第三方支付向普惠大力发展的同时，也为广大农村地区提供了更多机会。

第二节　第三方支付在普惠金融中扮演的角色

1. 中国第三方支付高速发展的原因

中国第三方支付能高速发展是由于互联网和金融科技为其提供了可能性。现代信息技术大大提高了支付效率，使支付与消费场景的融合成为可能，也极大地降低了支付市场的技术、资金和客户门槛，从而让非传统金融机构有机会进入支付市场。现代金融科技不仅可以依托移动终端带来的客流量提高覆盖范围，降低获客成本，还能够以大数据分析部分替代人工进行尽职调查，并提供精准的个性化服务。与此同时，中国第三方支付的崛起还具有其特殊的时代背景，即随着经济增长模式转型而进行的金融体系转型。中国的传统金融体系以银行为主导，尤其是国有企业，在功能上更注重动员储蓄和资金配置，在生产与消费上更重视生产端，在客户上更重视大中型企业。然而，随着经济的转型和人民收入水平的提高，小微企业的融资需求和家庭消费金融需要变得越来越重要，传统的金融体系难以满足这种需求，于是致力于满足个人客户小额、高频、实时、非面对面、低费用非现金支付需求的第三方支付机构获得巨大发展，甚至威胁到传统金融机构在这一领域的地位。

除了时代提供的机遇之外，中国第三方支付的发展还得益于在支付系统上的"后发优势"。由于文化因素和社会信用体系的缺失，中国未能形成以信用卡为核心的零售支付系统，并且既有的银行卡支付设施在效率与可靠性上也相对落后，这在一定程度上迫使相关各方寻找其他支付方式来弥补传统支付体系的不足。在这种情况下，基于互联网的计算机、手机终端成为便捷可得的支付物理设施，而基于大数据的客户信用分析和与消费场景融合的支付方式则成为在社会信用体系不足的条件下控制信用风险的新手段。比如，肯尼亚的 M-Pesa 手机银行业务，其成功并不在于肯尼亚金融系统的先进性，而恰恰因为它的金融设施非常糟糕，以至于它们不得不依靠手机履行其中的很多金融职能。

中国第三方支付的发展，其巨大动力是支付和其他金融经济业务的融合，这也是许多非金融企业开始对于支付业务高度重视的原因。第三方支付可以很好地发挥场景渗透和数据沉淀作用，促进相关业务发展。很多企业都把第三方支付作为引导客流的重要方式，也作为整合其他金融业务或者财务业务的重要平台。支付工具广泛应用于线上线下、购物出行等各个场景，以支付工具为推广渠道能够实现快速的场景迁移和较高的用户转化率，在平台沉淀大量的消费数据。支付与消费金融的深度融合，能够进一步优化产业结构，提升用户体验。

中国第三方支付的发展还有一个特殊的制度背景，就是国内对于金融体系的严格管制。由于金融领域的严格进入管制，使很多企业无法介入金融业务，支付业务就被作为进入被管制金融领域的路径。由于相对于其他金融业务，支付业务的风险相对较低，对于社会资金运行的影响也较小，获得牌照相对容易，一些企业试图通过从事第三方支付来得到开展金融业务的合法身份，并借此途径来吸收客户资金并发放信贷。这在本质上是一种监管套利行为，并且蕴含着相当大的风险，也因此在后来受到了监管当局的高度重视。自 2017 年以来，中国人民银行及其他监管部门出台的关于第三方支付监管文件已达十余份。而随着监管合规要求的强化，业内牌照稀缺现象将一直持续。从 2011 年 4 月底签发首张支付牌照起，在过去 6 年半时间，中国人民银行累计发放了 271 张支付牌照。截至 2019 年，市场存量牌照仅剩余 243 张，其中 2017 年注销 19 张，9 家公司因违规不予续展，10 家公司由于业务合并被注销。

2. 第三方支付的普惠金融功能

普惠金融的本质是要改善对小微企业和低收入者的金融服务。中小企业和低收入者通常具有不确定性大、硬信息少和抵押资产缺乏等特征，金融机构对它们做尽职调查的难度大、成本高，甚至无法做有效的风险定价，再加上信贷配给和征信系统还不完善等因素，导致这部分客户没有获得充分的金融服务。这部分客户数量巨大，是典型的长尾人群，是普惠金融的主要服务对象。第三方支付在普惠金融中的一个重要功能就是可以有针对性地解决一些普惠金融的目标人群在金融服务可及性方面的障碍，其中之一就是金融服务的边际成本和平均成本的问题。在中国，乃至世界，很多弱势群体无论是在地理空间还是在金融应用场景上都是高度分散的，如果要把它们做到完全的覆盖，就需要建立非常多的固定设施，这样就会导致金融服务平均成本居高不下。对于这一类的弱势群体进行金融服务的边际成本非常高，不像一般的金融服务边际成本是下降的，这也导致了金融服务当中的成本问题。第三方支付可以充分整合利用各类现有资源，包括借助电信运营商等部门业已建立的广泛代理网络，通过规模效应降低运营成本，促进支付服务市场合理竞争，从而大大提高这类分散群体的金融服务可及性。

限制金融服务可及性的重要障碍之一是潜在的金融消费者金融认知水平不足。由于教育水平和信息渠道的限制，这类人群的金融知识极为贫乏。他们不知道金融对于其生活与事业发展的含义，也不了解有哪些可用的金融工具，以及如何运用它们。金融认知水平的低下不仅使这些潜在的金融消费者不懂得如何获取金融服务，而且也让他们成为金融欺诈的高危人群，并使他们为了避免受害而更加远离金融服务，从而构成了一个恶性循环。第三方支付可以通过便捷易用的设备与程序来降低支付业务的使用门槛，并通过支付与消费场景以及其他金融业务的融合来帮助使用者潜移默化地学习金融知识，成为提高金融认知水平的一条快捷途径。

对于普惠金融而言，其目标人群面临的另一个主要问题是商业机会的缺乏。金融本身只能解决消费者的流动性问题，而要使普惠金融在具有商业可持续性的条件下真正改变目标客户的长期处境，就必须同时给予他们适当的商业机会。在此方面，第三方支付由于与相关金融服务和商业场景的紧密结合而具有独特的优势。第三方支付可以实现对客户信贷投放、政策补贴投放的精细化管理，将资金直接对接到最需要资金的家庭和企业。同时，第三方支付还可以满足开展生产与商业经营的多样化结算需求。第三方支付系统也有助于对其中资金流向的控制，保证所获得的资金得到了有效的至少是在预期方向上的使用，在一定程度上解决普惠金融客户自己难以进行资金控制以及信用程度比较低的问题。例如，网络小额贷款凭借电商平台和网络支付平台积累的交易和现金流数据，评估借款人资信状况，在线审核，面向小微企业、个人创业者提供纯信用的小额贷款，无须抵押和担保，具有“金额小、期限短、随借随还”的特性。

3. 第三方支付的普惠金融应用案例

第三方支付已经在中国的普惠金融中得到了相当多的应用。例如，对于我国普惠金融的一个重要领域——农村，互联网企业都依托其支付和电商平台积极开展业务。2014 年 10 月，阿里巴巴宣布启动千县万村计划：在 3~5 年内投资 100 亿元，以线下实体服务农民的形式，建立 1000 个县级运营中心和10万个村级服务站，相应地全国1/6的农村地区都将获得其电子商务服务。2015年京东“县级服务中心”在全国区县铺开，年内开业数目超过500家，而京东金融是京东集团2015年的重点业务。蚂蚁金服依托其“3分钟申请，1秒钟放款，0人工干预”的“310”智能授信模式服务农村，累计放款金额达到7500亿元，户均贷款金额在3000元左右。截至2018年9月底，蚂蚁金服在信贷方面服务的“三农”用户数达到1.33亿。其中，服务了467.4万家农村小微企业、农村个体工商户、农村种养殖户。

在便民支付领域，从事第三方支付业务的拉卡拉是中国最大的社区金融自助终端运营商，覆盖全国300多个城市，为超过1亿的个人用户提供服务，覆盖95%以上的品牌连锁店。在智能支付领域，拉卡拉是中国最大的智能支付硬件运营商，产品覆盖个人与企业用户，创新推出了拉卡拉手机刷卡器、手机收款宝、开店宝、互联网POS机、拉卡拉手环等产品，且具有方便携带、高效快捷、方便安全等特点，使边远地区的消费支付成本大大降低。拉卡拉不仅覆盖了一、二线城市，县级市、农村及社区等领域也是拉卡拉发展的重点目标。2015年，中国人民银行、银联以及拉卡拉在全国各地农村推行的“银行卡刷卡无障碍示范街”建设项目，让更多的农民了解、接受并使用银行卡，改变其消费观念和消费习惯。

聚合支付是农信银资金清算中心为应用机构商户提供的集应用机构间互认二维码、支付宝、微信等第三方支付机构的聚合扫码支付业务，具有当前市场主流扫码产品的全部功能，实现“一码聚合，通收通付”。该业务具备多机构、多渠道、多场景整合；推进手机银行业务发展，实现手机银行二维码互认；创新行业解决方案，提供差异化服务；商户信息和交易数据自主可控等多项特点。在便捷性方面，客户只需持智能手机等移动设备，通过主动扫码、被动扫码等直接支付，提升了支付效率，也为广大商户提供了便捷、安全、通用的线上、线下一体化全新金融服务。农信银资金清算中心联合农村中小金融机构以聚合支付为纽带，运用大数据技术深度挖掘中小商户的经营状况和融资需求，为其提供信贷融资、存款理财、电子银行、代发工资等全面的金融服务，以数据化、纯信用、全线上的融资产品降低小微企业获取金融服务的门槛和成本，缓解小微企业的融资困境。

第三节 问题和对策

1. 第三方支付的普惠金融应用存在的问题

尽管第三方支付在普惠金融中具有广阔的应用前景，但它也可能具有一定的副作用。大部分情况下第三方支付都是具有商业导向的，和政府的包容性金融的导向并不完全一致，所以它很有可能带来一些问题。例如，第三方支付在APP上设计和相关金融知识介绍上更多考虑其本身的商业活动，导致知识捆绑问题，会带来对消费者的信息扭曲。尤其是在消费者的金融认知程度比较低的情况下，这个问题会更加严重，包括鼓励超前消费和过度信贷。还有就是借助第三方支付平台开展非法集资活动或从事其他经营范围之外的金融业务，有可能造成比较大的社会风险和金融系统性风险。从中国人民银行2017年的处罚情况看，支付机构在合规经营方面仍存在大量问题。一方面，部分支付机构因自身管理水平限制无法按时达到监管要求；另一方面，仍有机构合规意识不强，有章不循，故意破坏行业秩序。特别是在备付金的管理上，针对此前备付金被挪用问题较为严重的情形，2017年，中国人民银行两度发文提出对备付金进行集中管理问题并不断上调计提比例。但支付机构利用多个备付金账户进行资金挪用的情况屡有发生，特别是仍有个别机构利用目前备付金上缴比例未达到100%，网联直连模式还未完全接入的监管过渡期，将备付金挪用购买理财产品和进行高风险投资，从中赚取收益。此外，多数第三方支付机构将自己定义为科技公司，忽视自己金融机构的属性，极易出现信用风险和流动性风险。

第三方支付机构自身的盈利能力和业务可持续性也是影响其普惠金融功能的一大问题。根据人民银行调查，目前第三方支付机构中除了少数市场占比靠前、口碑较好的公司能够实现盈利外，其他大部分支付机构仍处于亏损运营状态。一方面，行业特性决定了只有占有市场，形成规模效应的企业才能从中获利。第三方支付市场上，支付宝和财付通两家公司基本占据了整个市场 80% 以上的份额，而余下的 20% 的份额则由剩下的 200 多家企业竞争，残酷的竞争环境使中小型支付机构很难靠目前的业务来实现盈利。另一方面，支付机构单纯追求规模发展，而忽视在业务模式创新探索上。如何更好地利用机构积累的庞大数据，创新拓展增值服务，才能摆脱现有依靠收取支付佣金的亏损经营模式仍然是有待解决的问题。

在消费者方面，尽管第三方支付已经大大降低了金融服务的使用门槛，但并未消除这一障碍，并且由于其属于传统金融机构之外的新兴事物，也增加了特定客户的认知负担。例如，受教育程度、年龄和生活习惯等因素影响，落后农村地区用户对现金的依赖程度依然较高，移动支付客户基础差。由于青壮年劳动力的流失，农村地区以老幼为主体的人口结构在行为特征上通常表现为传统习惯顽固，不太容易接受新事物、新工具，并且缺乏主动性。一些涉农补贴资金虽多通过银行卡发放，但部分农村客户因“看不见”卡上的钱不放心，习惯把卡里的钱转存到存折中，平时的零星开支也主要通过现金，创新型支付工具要想在这些地区培养用户习惯还需要很长的时间。同时，农村和边远地区客户风险意识淡薄，信息泄露风险突出。例如，许多农民对钓鱼网站等金融诈骗手段缺乏足够的了解和防范意识；其设置的支付密码往往过于简单或具备明显特征；身份证、账户等信息保管能力弱，金融消费权益被侵害的风险较大。因此，在普惠金融的目标区域，青壮年人口的流失和年龄结构的失衡对本就稀薄的移动支付发展生态带来了不小的挑战。

第三方支付对于电信等基础设施有一定要求。经过多年的发展，农村和偏远地区的“村村通电话”工程和“信息下乡”活动的成效开始逐渐显现，有了手机、宽带等现代通信设施，但智能电话、便携电脑、平板电脑等高科技信息产品的普及率还不高。农村和偏远地区移动支付的使用成本偏高。以广西壮族自治区为例，虽然其农村地区的智能手机渗透率不低，但手机的移动支付功能适用性差。如果要使用基于金融 IC 卡标准的移动支付服务，消费者往往需要更换手机，从而带来额外的使用成本。商户在使用移动支付收银的情况下，需要对每笔交易收取手续费。同时，第三方支付的客户体验亟待改善。例如，手机支付需要用户输入账号、交易金额、密码等，一旦发生数据输入错误的情况，可能导致资金损失。而当前的差错处理流程无论是对商户还是对消费者而言都稍显复杂，影响双方对移动支付的接受度。

2. 推动第三方支付普惠金融应用的政策建议

在普惠金融中，政府的作用是不可或缺的，对推进其中第三方支付的应用，政府的职责主要包括三个要点：一是为相关的企业提供足够的激励，这里的激励包括两方面：提供足够的商业利润以保证其业务的可持续性；通过企业的社会责任披露来鼓励其积极从事普惠金融业务。二是对于第三方支付机构及其业务的监管，其目的不仅是防范系统性风险，更重要的是对消费者的保护。三是提供更加完善的基础设施。

具体而言，相关的政策措施包括以下几个方面：

首先，政府应当将普惠金融中第三方支付的发展视为系统性的长效工程，给予大力的肯定和支持，并确定人民银行的主导地位。在此基础上，人民银行协同财政部门、税务部门、工商部门、农业部门、商务部门以及电信主管部门，共同确定产业边界，明晰规则，维护市场秩序，制定符合我国国情的普惠支付发展框架。前几年，农村地区的支付服务环境得到极大改善，与人民银行、中国银联的刷卡手续费减免等惠农政策是分不开的，但 2017 年的刷卡手续费改革暂停了这些政策，虽然这些优惠政策的暂停与“套三农”“套县乡”等违规行为不无关系，但是站在大局的角度，政策不可因噎废食，一些有利于推动农村地区移动支付产业发展的优惠政策，如费率减免、费用补贴等，应持续跟进。同时，还应提请政府部门根据实际情况对积极使用移动支付的涉农商家、企业实行适当的减免税收政策，鼓励移动支付在农村地区的铺开。

其次，要完善基础设施建设，在中国人民银行制定的法规框架下和各方共同构建的支付生态圈内，各电信运营商、银行机构、支付机构、网络平台可尝试从横向开展合作共建，从纵向开展错位竞争，充分引入城镇发展的成功经验，针对普惠金融特点加以适当调整，加大基础设施投入力度，顺利将优势发挥到最大化。特别是电信运营商，可以针对普惠金融性质的移动支付，出台一些具备 NFC 功能的智能手机优惠政策，让移动支付的硬件设施能够迅速在相关地区铺开，完善地区移动支付受理环境。在偏远的农村地区，可以由行政部门出面打造符合我国农村特色的、有别于城镇移动支付技术标准和受理网络的农村移动支付品牌，在一定时期内专门用于农村地区资金流转，并将移动支付的功能延伸至涉农企业、农资采购销售、农产品销售等环节，结合农村电商的不断延伸和扩展，使农民群众真正感受到“互联网 +”和移动支付的方便和实在，从而更好地让移动支付扎根于农村，服务于“三农”。

再次，加强投资者教育与消费者保护。普惠金融潜在消费者的金融知识水平偏低，可以考虑监管部门、互联网金融协会和数字普惠金融平台合作，组织多种形式的投资者教育，普及风险决策和投资回报的知识。与此同时，监管部门也应该加强消费者与投资者保护，尤其在网络借贷、数字保险、互联网财富管理和数字众筹等领域，应该积极实行“投资者适用性”原则，对那些不计后果地将风险产品推销给不适合的消费者的平台，应予以严厉处罚。

最后，加强对第三方支付信息的安全保护。我国最早制定关于互联网信息保护的法律政策是在 2012 年 12 月，由我国人大常委会签订并通过了《关于强化网络信息保护的决定》，对网络信息保护的各项事宜进行了规定。不过，由于配套的法律体系仍不完善，导致第三方支付信息的保护工作中存在一些漏洞。因此，我国相关部门应联合第三方支付企业，加强对用户、商户、交易信息等第三方支付信息的安全保护。应加强对大数据使用的管理，明确数据所有权，对数据交易、转让等环节进行全程监管，对于将用户信息数据进行买卖的第三方支付企业一定要严肃处理，在企业中树立正确的网络数据信息安全意识，明确指出网络平台应负有保护用户信息的责任。监管部门在监管过程中，也应善于利用各种大数据技术，对第三方支付交易的每个环节进行实时监管。

第八章　消费金融与普惠金融的发展

摘要：普惠金融的有效供给，尤其是对农户、弱势群体等特殊群体信贷服务供给问题，是我国普惠金融发展战略的重中之重。众所周知，在金融市场上由于存在信贷配给问题，即均衡状态下信贷供给小于信贷需求，所以金融市场常常表现为卖方市场，普惠金融市场尤其如此。新时代的消费金融以消费信用贷款为标的，通过银行、持牌消费金融公司、互联网公司等广泛金融机构向各阶层消费者提供以消费贷款目标的现代金融服务，具有“普惠金融”主要特征，尽管我国消费金融从无到有发展迅猛，并有良好的发展前景，但在践行普惠金融方面却存在诸多问题，故而需要构建与完善消费金融视角下普惠金融。

关键词：消费金融；普惠金融；普惠消费金融

第一节　普惠金融概述

1. 普惠金融概念

普惠金融（Inclusive Finance）始于 20 世纪 70 年代，主要采用微型金融概念。孟加拉国乡村银行利用社会压力和连带责任建立起了成功的小额贷款金融模式，并获得了 2006 年的诺贝尔和平奖，成为孟加拉国第一大银行。进入 21 世纪以来，很多人开始提倡用“普惠金融”取代“微型金融”，即从资助分散的微型金融机构和金融创新向建立包容性的金融体系转变。这种转变意味着金融服务外延和内涵都进一步扩大，更加重视金融服务的广度和深度。用“普惠金融”的概念取代“微型金融”，还意味着微型金融不再被边缘化，而是与更加广泛的金融体制融合，成为一个国家金融体制的一部分。2005 年，联合国正式提出了涵盖微型金融，并具有更广泛定义的“普惠金融”概念，即以可负担的成本，有效、全方位地为所有社会成员提供金融服务。

2. 普惠金融内涵

普惠金融主要包括两方面的内涵：①普惠理念，实质是信贷和金融融资渠道等公平性问题。与金融有关的各方面创新。为使每个人获得金融服务的机会，金融体系应进行制度、机构和产品等方面的创新。②社会责任，普惠金融担负着为未被传统金融机构吸纳的低端客户，如中低收入者、贫困人口和小微企业。

中共十九大报告中提到，“中国特色社会主义进入新时代，我国社会的主要矛盾已经转化为人民日益增长的美好生活需要和不平衡、不充分的发展之间的矛盾”。不断拉大的贫富差距和劳动力转移政策促使社会不稳定风险的增加，为维护社会稳定繁荣发展，各行业政策应向小微企业、农民、城镇低收入人群等弱势群体重点倾斜。金融机构应在可承担的范围内为有金融服务需求的社会阶层和群体提供恰当且有效的金融服务。

我国国务院印发的《推进普惠金融发展规划（2016~2020 年）》，对普惠金融的定义、覆盖群体及发展目标做了明确的界定，即指立足机会平等要求和商业可持续原则，通过加大政策引导扶持、加强金融体系建设、健全金融基础设施，以可负担的成本为有金融服务需求的社会各阶层和群体提供适当的、有效的金融服务，并确定农民、小微企业、城镇低收入人群和残疾人、老年人等其他特殊群体为普惠金融服务对象。

2019 年以来，普惠金融的概念有了进一步的深化。全球普惠金融合作伙伴组织白皮书《全球标准制定主体与普惠金融：不断变化发展的格局》中提出了数字普惠金融的概念，即“泛指一切通过使用数字金融服务以促进普惠金融的行为。它包括通过部署数字手段，为金融服务缺失或不足的群体提供一系列正规金融服务，匹配他们的需求，对客户而言成本可负担，对服务提供商而言商业可持续”。由此可见，数字普惠金融涵盖各类金融产品和服务（如支付、转账、储蓄、信贷、保险和证券等），通过数字化或电子化技术交易的电子货币（包括网上或手机方式），付费卡和常规银行账户。

3. 国内外普惠金融发展情况

从国际视角来看，金融机构参与普惠金融的三大动因分别是监管政策的要求、企业社会责任意识的增强和纯粹的商业动机。国际银行开展普惠金融的四大模式包括，直接经营小额信贷业务模式、整合社会资源发展代理银行模式、支持现有小型金融机构模式、设立或参与普惠项目基金模式。

从国内视角来看，我国大型银行、中小银行、持牌消费金融公司、小额贷款机构和新型农村金融组织在普惠金融体系中处于不同的层面，它们在普惠金融体系构建中应有不同的角色和定位。对于“农字头”机构、小贷公司、民营银行等，可采取直接经营和全面铺开的方式，投放普惠金融产品与服务。对于一般大型银行，除了为“三农”和小微企业提供必要的信贷支持外，现阶段可通过为小型机构提供渠道和技术上的便利等间接方式介入普惠金融（引入普惠金融生态体系的概念），既发挥自身专长和优势，又规避在信息不对称、经营成本、管理机制上的不足和风险点。

4. 发展普惠金融的意义

首先，普惠金融体系是对现有金融体系的反思和扬弃。现代金融体系在经济发展中发挥着核心作用，但其中的一个弊端是越来越倾向于服务价值较高的客户，而忽视那些数量众多的自然人客户。也就是说，众多小客户被排斥在金融服务对象之外，很大一部分低收入人群只能通过非正规金融途径才能获得他们需要的金融服务，当然，这些金融服务不仅是不可持续的，而且代价高昂或条件苛刻，例如私人借贷、高利贷等，甚至可能造成社会风险。因此，普惠金融体系强调要从广度和深度上进一步完善金融体系，依靠技术革新和政策支持来推动金融市场向那些更加贫困和更加偏远的地区开放，并提供种类更加丰富、价格更加合理的金融产品。同时，也要在观念上进行更新，推进多层次金融机构建设，扩大金融服务覆盖面。

其次，建立普惠金融体系是小额信贷及微型金融的延伸和发展。从建立健全普惠金融体系与发展普惠金融的趋势来看，小额信贷和微型金融对于弱势地区经济增长的作用，特别是小额信贷在创造就业、改善经济状况等方面的作用是十分突出的。与此同时，在普惠金融理念中，建设普惠金融体系的过程，实质上就是一个向更加贫困的人群和更加偏远的地区开放金融市场和推进金融服务的过程。

最后，建立普惠金融体系的实质也是一种金融公平的体现。普惠金融体系的愿景是满足金融服务需求，为人们提供享有金融服务的公平机会，消除金融服务歧视和不公。我司在构建普惠金融体系过程中，一是在不违反金融机构基本规则的公平性和金融体系稳定性的前提下，应该给金融服务的提供者以创新的空间开发适当的金融产品和服务；二是制定宏观金融制度，如激励措施等，保证金融机构适宜的生存空间，使其有能力持续性地为贫困和低收入人口提供合适的金融服务或金融产品；三是通过差异化定价等手段引导资金和鼓励金融机构为贫困和低收入人群服务，提高金融普惠程度。

第二节　消费金融提供更普惠的现代金融服务

1. 消费金融定义

由于国家地域差异性、金融活动的复杂性、金融发展路径异质性，因此消费金融有着不同定义。学术中常将其称为消费者金融（Consumer Finance），指为消费者提供的各种金融服务来满足消费者的目标，包括储蓄、信贷、资产配置等。廖理（2010）认为，消费金融是指由金融机构向消费者提供包括消费贷款在内的金融产品和金融服务。锡士（1999）认为，所谓消费金融，是指向各阶层消费者提供消费贷款的现代金融服务方式。冯金辉（2010）认为，消费金融是指为满足居民对最终商品和服务的消费需求而提供的金融服务。Melton 和 Bodie（1995）提出的以基本金融功能来定义，以及 Tufano 提出以消费者需要的金融功能来定义消费金融的范围，包含四个方面：一是支付，如支票、信用卡；二是风险管理，如人寿保险、储蓄等；三是信贷，如按揭等；四是投资。

根据美联储的年度消费金融报告（Annual Survey of Consumer Finances）的定义，狭义消费金融包括：汽车贷款、耐用品消费贷款、学生助学贷款、个人信贷额度、无抵押个人贷款、个人资金周转贷款以及房屋修缮贷款等方面。日本也同样侧重消费信贷，日本的消费者金融是指在营业所所在地财政局都道府县政府取得营业执照的，提供个人消费性融资的小额贷款，或者指贷款业中以个人无担保融资为主的贷款业界的业态。其中，消费信贷是指以金融机构为中介，为消费者提供借贷服务，帮助消费者解决消费需求。在各种消费金融定义中，消费者信贷（Consumer Credit）是使用较多的词汇，指金融机构向消费者提供的借贷产品和服务，以帮助消费者购买住房、日常消费品、大件耐用品等，从而提高消费者的福利。

目前，我国并未给消费金融给出明确定义，银监会在 2009 年的《消费金融公司试点管理办法》对消费金融的业务范围做了规定："本办法所称消费金融公司，是指经银监会批准，在中华人民共和国境内设立的，不吸收公众存款，以小额、分散为原则，为中国境内居民个人提供以消费为目的的贷款的非银行金融机构。"截至 2018 年 5 月初，我国共有持牌消费金融公司 25 家。对消费贷款做出规定："本办法所称消费贷款是指消费金融公司向借款人发放的以消费（不包括购买房屋和汽车）为目的的贷款。"如表 8–1 所示，消费金融的实质依然是消费信贷。

中共十九大后，我国正式进入中国特色社会主义新时代，我国社会主要矛盾已经转化为人民日益增长的美好生活需要和不平衡、不充分的发展之间的矛盾。笔者认为，新时代的消费金融是以消费为目标的信用贷款，主要是指银行、持牌消费金融公司、互联网公司等向各阶层消费者提供消费贷款的现代金融服务；通过与消费场景深度融合，增强金融服务实体经济能力；通

表 8–1 国内持牌消费金融公司情况

序号	持牌消费金融公司名称	批准时间	开业时间	注册地	注册资金（亿元）	股东背景
1	北银消费金融	2010/1/6	2010/2/4	北京	8.5	北京银行、桑坦德消费金融、利时集团
2	中银消费金融	2010/1/6	2010/6/3	上海	8.89	中国银行、百联集团、上海陆家嘴金融发展有限公司等
3	四川锦程消费金融	2010/1/6	2010/2/25	成都	3.2	成都银行、马来西亚丰隆银行
4	捷信消费金融	2010/2/12	2010/12/1	天津	80	Home Credit
5	招联消费金融	2014/8/28	2015/3/3	深圳	28.9	永隆银行，中国联通
6	兴业消费金融	2014/10/14	2014/12/23	泉州	3	兴业银行、泉州市商业总公司、福诚有限公司、特步
7	海尔消费金融	2014/12/3	2014/12/23	青岛	5	海尔集团、红星美凯龙等
8	苏宁消费金融	2014/12/11	2015/5/29	南京	3	苏宁云商、南京银行、法国巴黎个人金融集团
9	湖北消费金融	2014/12/16	2015/4/18	武汉	3	湖北银行、TCL 集团、武汉武商集团、武汉商联
10	马上消费金融	2014/12/30	2015/6/16	重庆	22	物美控股、浙江小商品城、阳光保险、重庆百货、重庆银行等
11	中邮消费金融	2015/1/6	2015/11/20	广州	30	中国邮政储蓄银行、星展银行、渤海国际信托有限公司等
12	杭银消费金融	2015/7/7	2015/12/28	杭州	5	杭州银行、网盛生意宝、海亮集团等
13	华融消费金融	2015/10/23	2016/1/25	合肥	6	中国华融、合肥百货、新安资产等
14	盛银消费金融	2015/11/3	2016/2/24	沈阳	3	盛京银行、大连德旭经贸有限公司
15	晋商消费金融	2016/1/24	2016/2/24	太原	5	晋商银行、商飞翔艺软件、天津宇信宜诚科技有限公司等

续表

序号	持牌消费金融公司名称	批准时间	开业时间	注册地	注册资金（亿元）	股东背景
16	长银消费金融	2016/6/16	2016/11/23	西安	3.6	长安银行、汇通信诚租赁等
17	包银消费金融	2016/11/09	2016/12/29	包头	3	包商银行、深圳市萨摩耶互联网科技有限公司
18	哈银消费金融	2016/11/11	2017/2/6	哈尔滨	5	哈尔滨银行等
19	尚诚消费金融	2016/11/25	2017/8/28	上海	10	上海银行、携程旅游网络技术（上海）有限公司、深圳市德远益信投资有限公司、无锡长盈科技有限公司
20	中原消费金融	2016/12/20	2016/12/30	郑州	5	中原银行、上海伊千网络信息技术有限公司
21	长银五八消费金融	2016/12/29	2017/1/24	长沙	3	长沙银行、北京城市网邻信息技术有限公司、长沙通程控股股份有限公司
22	富滇消费金融	2015/12/21	未开业	昆明	3	富滇银行、视觉中国、广东网金控股、昆明顺城若普商贸有限公司
23	珠海易生华通消费金融	2017/1/12	未开业	珠海	10	吴江银行、海航创新、珠海铧创、明珠深投、亨通集团
24	河北幸福消费金融有限公司	2016/11/10	2017/06	张家口	3	神州优车、张家口银行、蓝鲸控股
25	厦门金美信消费金融	2018/05/05	未开业	厦门	5	厦门金圆集团、台湾中国信托银行等

资料来源：中国银监会官网。

过深化金融科技的应用，为更多的消费者提供普惠金融的服务方式。消费金融可分为广义消费金融和狭义消费金融。广义消费金融泛指一切以消费为目的的信用贷款，包括住房按揭贷款、汽车贷款等大额信贷。狭义消费金融不包括住房和汽车等消费贷款，专指日常消费需求，包括日耗品、衣服、房租、电子产品等小额信贷。

2. 消费金融的“普惠金融”特征

普惠金融具有四个主要特征：①“普”遍性（accessible）。不但是所有的人群，而且在所有需要金融的时间和地点，都应该能够得到覆盖；好的金融，应该无微不至。②“惠”及性（affordable）。普惠金融用以触达用户和覆盖风险成本要具有“惠”及性，如果没有技术创新带来的成本降低，普惠金融是没有办法广泛发展的。③便捷性（convenient）。普惠金融具有便捷性，普惠金融服务越便捷，其生产要素的潜能越能够得到释放。④包容性（inclusive）。普惠金融从商业角度上应具备可持续发展并可复制的特点；从金融消费者角度上应有效保障消费者权益。

新时代的消费金融以消费信用贷款为标准，通过银行、持牌消费金融公司、互联网公司等广泛金融机构向各阶层消费者提供以消费贷款目标的现代金融服务，具有以下的“普惠金融”特征：

（1）单笔授信额度小额分散，具有普惠金融的包容性。《消费金融公司试点管理办法》明确规定，消费金融公司是指经银监会批准在中华人民共和国境内设立的，不吸收公众存款，以小额、分散为原则，为中国境内居民个人提供以消费为目的的贷款的非银行金融机构。同时，规定消费金融公司向个人发放消费贷款不应超过客户风险承受能力且借款人贷款余额最高不得超过人民币 20 万元。这都充分体现消费金融的单笔授信额度小额、分散的特征。小额、分散的特征，有利于消费金融公司通过分散降低风险，实现可持续发展，这就是普惠金融内在的包容性特征。

（2）贷款期限较快较短，具有普惠金融的便捷性。在新科技、新技术的背景下，互联网、大数据、人工智能持续发展，与消费金融紧密结合，形成一种更准确、更敏捷、更科学的风险控制体系；同时，通过运用智能决策审批系统，形成更智能、更效率的贷款审批体系；在创新的风控模式以及单笔授信额度较小的特点下，决定了消费金融贷款审批的速度往往较快。消费金融面向的众多场景往往具有频次较高、额度较小的特点，一般来说贷款期限相对会比较短，期限一般在一个月到一年之间，有些现金贷系列产品，其贷款期限更短。通过多次往复的资金循环，来不断满足不同消费者的贷款需求。例如，《蚂蚁花呗服务合同》规定：在不分期服务情况下，蚂蚁小贷当月发放的消费贷款的贷款到期日为下月还款日，还款期间为一个月左右。

（3）服务方式灵活，具有普惠金融的“惠”及性。传统银行的信贷模式，大多是通过线下材料递交、审核、放款等流程，互联网背景下的消费金融采用金融科技手段（比如大数据、人工智能、生物识别等技术），通过创新的风控模式，以及互联网等线上渠道方式，或者通过与相应的消费场景（比如教育场景、装修场景、旅游场景、家电场景等）相结合，所提供的服务方式更为灵活多样，如垂直分期购物场景提供的消费金融服务等，都呈现出灵活的服务方式。

（4）无须抵押担保，具有普惠金融的“惠”及性。传统商业银行的信贷中，更多的需要抵押、质押或者担保方式，互联网背景下消费金融由于其数额较小、较为分散，基于金融科技手段的创新风控模式，如基于大数据征信分析、生物识别技术、智能反欺诈系统，无须借款人办理抵押担保手续。

（5）用户群延伸，具有普惠金融的“普”遍性。得益于互联网、大数据、人工智能、生物识别等金融科技的发展，风控模式的不断推陈出新，消费金融场景从传统的高客单价、低频次的房、车等消费场景，逐渐向低客单价、高频次场景拓展，用户可触达性得到不断延伸，使更多的人，可以通过创新的消费金融获得更好的普惠金融服务（见图 8-1）。

消费金融具有多重“普惠金融”特征，笔者认为，普惠金融的核心是消费金融。我国普通白领、工薪阶层、蓝领、农民工等提前消费、分期支付的习惯尚未形成，而高昂的生活成本却令人难以承受。如果针对这些人群深入挖掘，去满足他们生命周期内在住房、教育、医疗、出行等方面的诉求，既能够挖掘出巨大的消费市场，也能很好地促进普惠金融的发展。

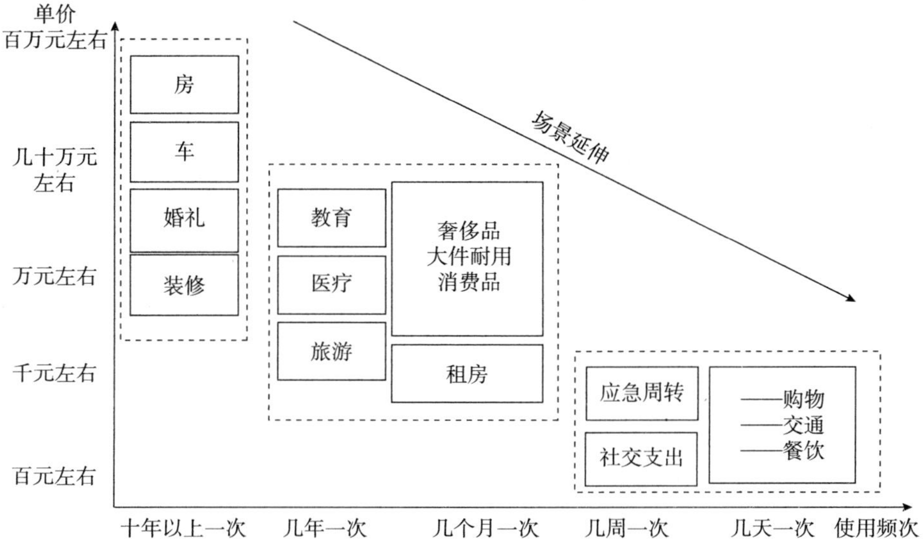

图 8–1　消费金融的用户群普惠性

资料来源：Talking Data，中国社会科学院金融研究所。

3. 消费金融产业链价值助推普惠金融

（1）消费金融产业链剖析。互联网背景下的消费金融行业在国内还处于初级阶段，消费金融产业快速发展，潜力巨大。消费金融行业的产业链也正在逐步被完善，完整的消费金融产业链包括上游消费需求方，核心消费金融圈（消费金融服务平台和监管机构）以及下游消费供给方。上游消费需求方的资金来源多样，可分为自有资金和借贷资金。下游消费供给方提供的场景是消费金融的基础。核心消费金融圈的基础是监管机构（监管、征信和坏账处理机构），但监管体系（特别是第三方独立征信与评级）在现阶段缺失，消费金融服务提供商风险控制成本较高，也导致普惠金融难以加速践行。

其中，上游消费需求方的资金端，常见的资金来源包括自有资金、股东存款、同业拆借、金融机构借款、ABS 等，资金端的融资能力是各消费金融业务降低资金成本博取更大利差的决定性因素之一；核心消费金融圈包括商业银行、消费金融公司、垂直产业或零售方、互联网公司、小额贷款公司等，此外风控辅助机构为消费金融平台提供专业化的外部风控支持，提供产品涉及贷前反欺诈、贷中风控流程构建、提供风控工具等；催收服务机构则为消费金融平台提供第三方催收服务等；下游消费供给方（场景端）覆盖“衣、食、住、行、游、学、玩、美”等行业的线上线下场景，为普惠金融服务提供更多场景支撑（见图 8-2）。

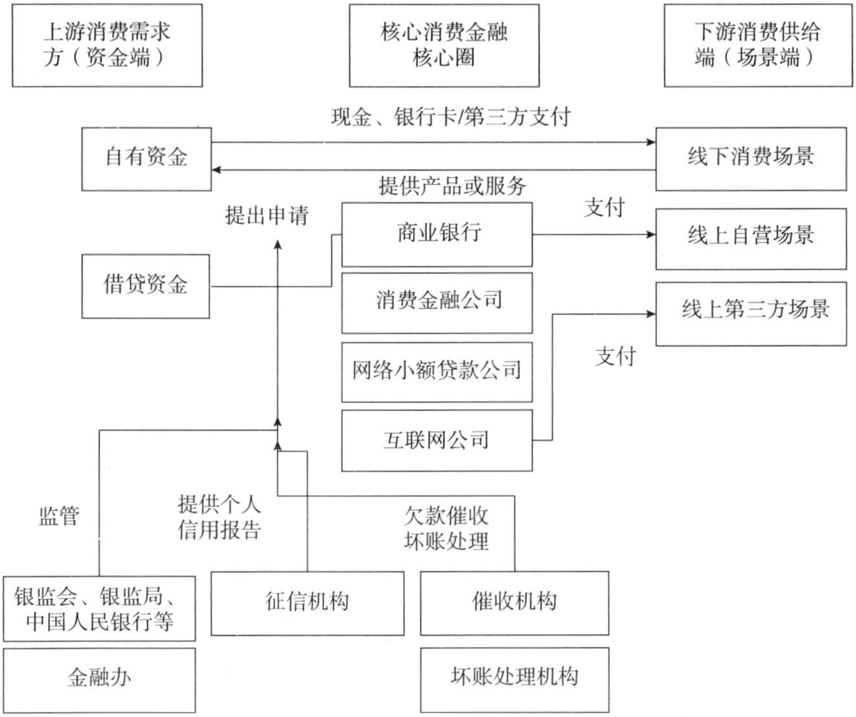

图 8-2　我国消费金融产业链

资料来源：上海交通大学凯原法学院、中国社会科学院金融研究所。

消费金融产业链的各个环节都吸引了众多的参与者，并产生了一些比较有代表性的企业，进而形成以场景为核心要素的消费金融供应链系统。随着市场的进一步发展，预计消费金融产业链将更趋完善，消费金融平台以外的第三方服务机构将更趋丰富和专业化，并进一步提升普惠消费金融的客户体验和运行效率。

（2）消费金融产业链市场结构。如表 8-2 所示，凭借不同的获客优势及人群定位，消费金融业务主体可分为以下几类：第一类是传统消费金融互联网化。主要是商业银行，可称为银行系，其贷款主要集中在按揭、汽车和信用卡，出于运营成本及风控标准考虑，其仍将牢牢把握信用卡优质人群（约 2 亿人）。第二类是银监会批准成立的持牌消费金融公司。具体包括银行系（银行控股、参股的持牌消费金融公司）、产业系消费金融公司（产业公司控股、参股的持牌消费金融公司）。第三类是依托于电商平台、垂直分期平台、网络借贷平台（网络小贷、P2P 平台）等以互联网系消费金融公司为主的非持牌消费金融公司，其并未获得消费金融公司的营业许可，但从事同质业务。主要覆盖无央行征信信贷记录人群（其中 20~60 岁人群约 5 亿人）。

表 8–2　基于不同人群及场景的消费金融矩阵分析

消费金融细分市场服务能力		银行	持牌消费金融公司		非持牌消费金融公司		
主要特征		银行系	银行系	产业系	互联网系为主		
					电商平台	垂直分期平台	网贷平台
典型公司代表		招商银行	招联消费金融	苏宁消费金融	蚂蚁金服	趣店集团	宜人贷
拥有央行征信记录人群	约 3.8 亿，其中拥有信用卡人群约 2 亿	5	3	2	4	2	2
无中国人民银行征信记录人群（约 10 亿）	20~60 岁网民，约 1.5 亿（其中 20~39 岁约 1 亿）	2	4	4	5	4	4
	20~60 岁非网民，约 3.2 亿	2	3	3	3	4	1
	60 岁以上老人 19 岁以下少年约 5.3 亿	1	1	1	2	1	1
驱动模式		资金驱动	资金驱动	线下场景驱动	技术驱动	线上场景驱动	技术驱动

资料来源：中国人民银行、CNNIC、国家统计局、中金公司研究部、上海交通大学凯原法学院。

1）银行消费金融商业模式。

作为国内最早发展消费金融业务的机构，商业银行消费金融业务自 20

世纪 80 年代发展至今，产品种类已从早期的装房按揭贷款、汽车贷款、耐用消费品贷款、旅游贷款、助学贷款与信用卡等发展出了更加细化繁多的消费金融产品种类。此外，商业银行的心态也日益开放，主动牵手互联网企业，推出各种"互联网 +"信用卡产品，例如民生信用卡牵手京东金融推出"民生白条联名卡"、工商银行在"百度钱包"手机 APP 推出信用卡在线办理服务、建设银行与腾讯推出"龙卡腾讯游戏信用卡"，等等。

2）消费金融公司商业模式。

消费金融公司是经银监会批准，定位于不吸收公众存款，以小额、分散为原则，为中国境内居民个人提供以消费为目的的贷款的非银行金融机构，包括个人耐用消费品贷款及一般用途个人消费贷款等。消费金融公司的市场定位为传统银行的补充，主要针对中低收入群体和新兴客户群，通过提供宽泛而灵活的信贷产品、广泛的地区覆盖和快速的市场将纳入提供金融服务。与银行相比，消费金融公司由于其单笔授信额度小、审批速度快、无须抵押担保、服务方式灵活等特点而具有独到的优势。

消费金融公司商业模式可以分为三类。一是以线下渠道为主的消费金融公司，如锦程消费金融、捷信消费金融等；二是主打 O2O 模式的消费金融公司，如海尔消费金融、苏宁消费金融、中邮消费金融；三将自身定位为互联网金融公司，如招联消费金融、马上消费金融等。目前，消费金融公司通过与商户合作的方式基本覆盖了网上零售、家装、租房、婚庆、教育、旅游、助业等消费领域。

3）电商平台商业模式。

电商模式具有独特的比较优势。首先，其拥有已经成型的消费场景——电商平台，与消费金融产品可以形成互通互补之势；其次，其拥有电商平台上已经积累的客户资源，可以以较低成本获得明显的流量优势；再次，其还掌握有海量的客户数据资源，对消费金融产品设计以及信用风险管控都具有极大的帮助；最后，较之传统的商业银行以及消费金融公司，其申请实现全线上流程，审批、放款速度快于其他模式的消费金融机构，极大地方便了客户。

然而，电商模式的消费金融也存在一定的缺陷。首先，通过对客户消费数据的分析与挖掘获取信用信息是否合法合规值得商榷。理论上，大数据虽然可以带来许多帮助，但能否适应我国的现实并产生真正的效果，目前来看，还需要继续探索。其次，各电商对于消费金融产品的风控能力也参差不齐。以蚂蚁金服和京东金融为代表的电商巨头由于其多元金融的业务布局以及对风控的多重布局，具备中小电商不可比拟的风控能力。

4）互联网分期平台商业模式。

互联网分期平台模式通过细分客户群体来针对某一类客户群体提供定制化的金融服务，从而牢牢掌握某一类客户群体。按客户类型划分，有校园分期平台、蓝领消费分期平台、农村消费分期平台等几类；按场景化分，则有旅游分期、租房分期以及其他生活服务消费分期等；在以上细分市场上，均已出现了一些有代表性的企业，如校园分期领域的分期乐、趣分期、人人分期等；蓝领分期领域的买单侠、即有分期、拍分期等；旅游分期领域的首付出发、拿去花、小驴分期等。

（3）消费金融，为消费者提供更普惠的现代金融服务。从消费金融角度看，一方面，面对复杂的经营环境，消费金融公司是普惠金融的践行者，不断推动普惠金融服务向基层、社区和县域延伸，促进线下分支机构经营重心下沉。根据当前形势即“不平衡”“不充分”既体现在城乡差距、区域差距、贫富差距、收入差距上，也体现在经济发展与社会发展的不平衡上，实现面向在校大学生、“三农”、弱势群体等社会所有阶层和群体有效、全方位地提供服务的金融体系。根据现实情况，科学决策，集全司智慧，以新技术为支撑，大力开发普惠消费金融产品，践行普惠金融理念，对贫困地区精准投放，为消费者提供更普惠的金融产品。另一方面，从数字普惠金融角度，互联网金融具有交易成本低、覆盖范围广、服务效率高等先天优势，与发展普惠金融高度契合，为解决普惠金融“最后一公里”问题提供了普惠平台。

第三节　消费金融视角下普惠金融的主要问题

1. 消费金融“普”遍性有待提高，难以触达“长尾”人群

传统消费金融模式下，由于受内外部诸多因素制约，我国消费金融机构类型、层次偏少，市场细分不够充分，普惠金融服务供给明显不足。一般消费金融机构缺乏足够的动力推动机构下沉至乡镇和农村地区，导致这些地区的金融服务缺乏渠道支撑。即使在有金融机构分支机构的地区，金融产品和服务也要经过层层授权，通过多个节点转换才能到达消费者手中，并未解决普惠金融“最后一公里”与“长尾”人群问题。

当前我国正规金融机构账户渗透率仅为63.81%，远低于经济合作与发展组织（OECD）的83.89%。此外，我国成年人群在金融机构贷款可得性仅为7.26%，不仅明显低于经济合作与发展组织（OECD）的个人信贷可得性（14%），甚至低于全球平均水平（9.05%）。此外，我国消费金融不仅未有效触达乡镇、农村、边远山区，而且未有效覆盖经济较为落后的城市与区域，这些都充分说明，当前我国消费金融服务覆盖率明显不足，依然有大范围的地区以及“长尾”人群未享受到正规的金融服务，普惠金融有待继续提高。

2. 消费金融贷款利率较高，难以“惠”及广大消费者

在实践中，消费金融业的成本较高，包括资金成本、运营成本、风控成本、人力成本、租金成本、催收成本等。有很多非场景类的消费金融公司，按照上限年化24%来经营，那么可能不仅难以获利，甚至会陷入亏损，故而在消费金融行业内存在着以各种名目的综合费（包括收取“砍头息”、各种服务费等）用来收取，消费金融贷款利率高企，难以普惠广大消费者。

消费金融机构从事消费金融业务，应该遵循消费金融的本质，即通过小额分散的贷款向消费者提供更普惠的金融服务，而不是超过36%，甚至100%以上的贷款利率。消费金融机构需要回归消费金融业务的本源，补充

普惠金融体系，为更多的金融“长尾”用户，提供更好的普惠金融服务。

3. 个人征信体系不够完善，加大消费金融风险

消费金融机构，因为除了一些持牌消费金融机构可以将信息对接中国人民银行征信系统，绝大多数消费金融机构（如产业系消费金融公司、互联网系消费金融公司、创业系消费金融公司等）尚未对接央行征信系统，个人征信体系不完备，所以其在贷前应用大数据分析时，因缺失信贷信息而容易面临较大信用风险。

个人征信体系落后，无法支撑消费信贷审批以及风险防控，其主要表现为：中国人民银行个人征信系统覆盖人群有限，绝大多数低收入群体没有个人信用信息；中国人民银行个人征信系统数据维度有限，无法有效评估“长尾”人群的相关风险。

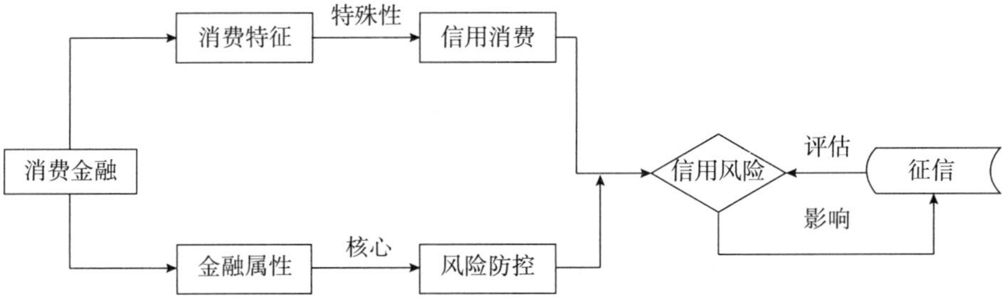

图 8–3　消费金融特性与风险防控

资料来源：上海交通大学凯原法学院。

4. 消费金融同业替代效应明显，引发激烈市场竞争

我国消费金融市场从无到有仅用 8 年时间，渐成“燎原之势”。截至 2020 年 9 月底，中国银监会批复的持牌消费金融公司有 30 家。截至 2018 年 4 月，全国范围内共有 285 张已获批网络小贷牌照。从事互联网公司消费金融业务主体繁多，而其贷款利率高企等现象繁多。

随着消费金融参与主体的增多，同业之间产品同质化现象严重，同业替代效应显著，令市场竞争激烈。一方面，随着利率市场化的推进，商业银行开始摒弃规模求大、业务求广的发展情结，主动寻求向特色化经营领域转

型，其中就包括借助专营机构与特色网点、网上银行、移动服务、信用卡等多渠道服务手段，加大对新消费金融领域的金融创新与支持力度；另一方面，互联网技术的变革衍生了新的业态，网络借贷信息中介、网络小贷公司、电商企业等有针对性地抓住中低收入阶层小额消费需求，迅速发展。面对激烈的市场竞争，消费金融公司特色化发展过程面临挑战，普惠金融可持续发展也面临着困境。

5. 风控体系高度相似暗藏风险，不利于普惠消费金融合规发展

虽然当下消费金融公司经营方向有所不同：有的意图“侵占”原有银行的信贷市场，有的另辟蹊径挖掘细分客群，但所秉承的风控体系却高度相似：“场景数据 + 央行征信 + 征信机构报告 + 运营商数据”，共同组成了主流消金公司赖以生存的风控命门。目前，人民银行征信覆盖全国 20%~30% 的市场，而第三方征信机构包括芝麻、前海等征信机构覆盖全国 70%~80% 的市场，如此看来第三方的“大数据征信”可以“完美”覆盖空白市场的信用需求，为消费金融公司开拓蓝海市场保驾护航，但大数据风控“盛世”的背后，却暗藏危机和风险。

消费金融公司总体发展平稳，但应对风险挑战的经验尚有不足。由于消费行为的变化和互联网金融的强大冲击，除获银监会批文的消费金融公司外，银行、电商、互联网金融纷纷抢滩，消费金融公司也面临着紧迫的转型发展压力。

6. “孤岛问题”导致业态割裂，影响普惠消费金融生态健康发展

消费金融是集资金端、平台端、资产端、场景端、风控端等诸多要素为一体的生态系统，然而，由于“孤岛”问题，绝大多数消费金融机构发展存在“堰塞湖”，其主要表现在：①“数据孤岛”导致消费金融机构仅仅能够依据部分信息、有限数据，片面评估个人信用，做出非完整的贷款决策；②“技术孤岛”导致绝大部分消费金融机构主要依赖自身技术开展服务，技术漏洞较多；③“系统孤岛”使消费金融机构内外部无法有效集成，造成支付、还款、催收等诸多流程无法高效衔接；④“业务孤岛”使绝大部分消费金融机构从事业务时，存在诸多“多头借贷”“共同举债”问题。

7. 消费者权益保护不力，信息泄露严重，不利于普惠消费金融稳健发展

目前我国消费金融处于快速发展阶段，个人信息使用不规范，个人隐私泄露严重，主要表现在于：消费金融机构为了拓展业务，扩大人群，存在诸多“信息买卖”“用户买卖”的现象；在消费金融授信业务过程中，存在“诱导用户”提供手机号、通信账号、购物平台账号、金融账户等信息；在催收过程中，通过运营商定位用户位置信息，造成“恶意催收”“暴力催收”现象丛生，消费者权益保护不力；消费金融机构内部信息有待提升，存在信息泄露风险。

第四节　消费金融视角下普惠金融的发展前景

一、我国消费金融发展水平低，发展空间大，但也要谨防杠杆风险

1. 我国消费金融发展水平低，发展空间大

我国的消费金融仍处于起步阶段，未来上升空间巨大。从消费信贷占比方面来看，虽然随着我国居民消费观念的转变，对消费信贷逐渐认可。消费信贷占消费支出的比例持续上升，截至 2016 年底达 16% 左右，相较 2008 年的 3.6%，翻了几倍。但远低于韩国的 41% 和美国的 30%，与发达国家仍有很大的差距，上行空间非常大。消费信贷 /GDP 占比，我国仅为 7% 左右，美国近 20%，韩国 24% 左右。消费信贷与社会消费品零售总额，美国高达 66% 左右，我国仅为 16% 左右。可见，我国消费信贷渗透率并不高。而这便意味着我国消费信贷规模未来存在巨大的上升空间。

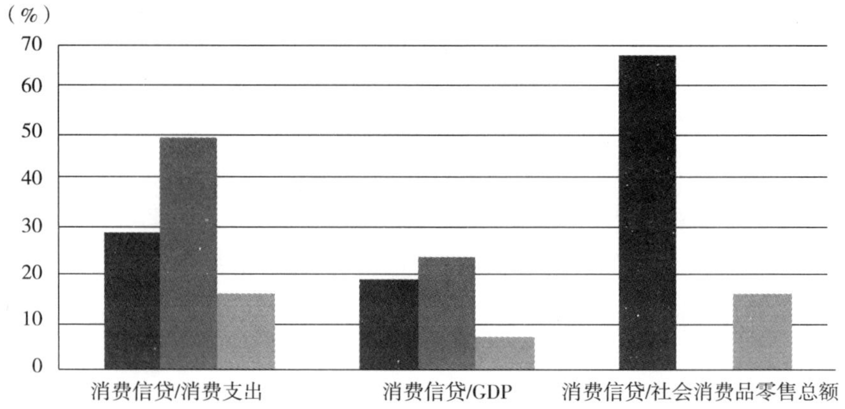

图 8-4 美国、韩国与中国消费金融渗透率比较分析

资料来源：《2017 年中国互联网消费金融发展报告及展望》。

在 2020 年我国居民消费支出预计达到 43 万亿元（约 7 万亿美元）的前提下，国内居民消费信贷比例每提高 1%，便是千亿元级市场。所以，目前我国消费金融的渗透率仍然处于较低水平，未来消费金融行业市场空间非常大。

2. 我国消费金融发展较快，需要谨防杠杆风险

在中共十九大报告中，习近平总书记强调了金融业要回归本源，服务于实体经济，也提出要着力防范系统性风险，守住不发生金融系统性风险的底线。

近年来，消费金融发展较快，居民杠杆率的快速增长需要引起高度重视：基于央行的统计口径数据，我国消费信贷增速较快，根据金融机构信贷收支表的统计，如图 8-5 所示，2015 年以来我国居民贷款的增长主要就是消费贷款（短期贷款中的“消费贷款 + 长期贷款”中的消费贷款），从 2015 年 1 月的 15.7 万亿元增加到 2020 年 12 月的 48.85 万亿元，增长了 211%。2017 年短期消费贷款和中长期消费贷款开始呈现明显的分化，短期消费贷款快速走高，长期消费贷款（主要是房贷）迅速下降；权威统计数据表明，1993~2008 年，居民杠杆率由 8.3% 上升到 17.9%，15 年间增长不到 10%；2008~2017 年，居民杠杆率则由 17.9% 上升到 49%，9 年上升了 31%，年均增幅近 3.5%；近两年的年均增幅更是达到 4.9%。作为居民杠杆率增加的直

接相关行业，消费金融行业需要合规稳健发展，谨防杠杆率过高带来的金融风险见图 8-5。

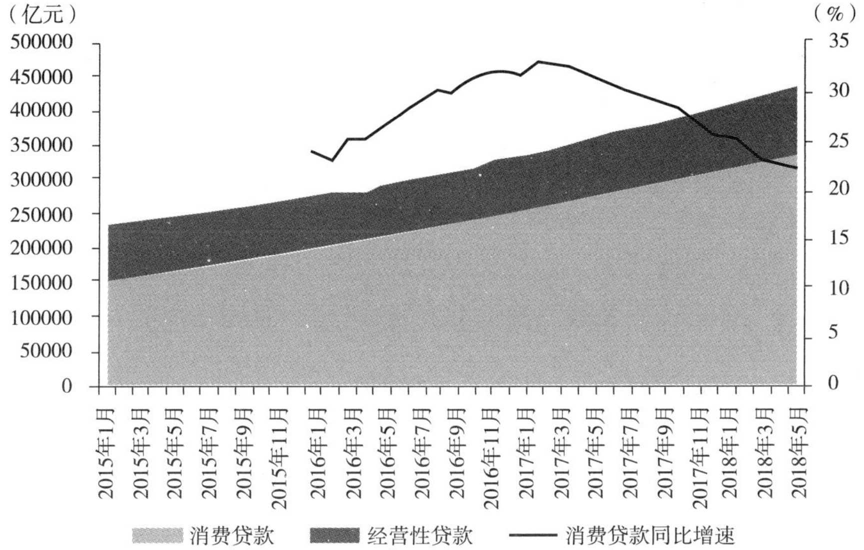

图 8-5　2015 年以来我国居民贷款的增长主要是消费贷款

资料来源：Wind 资讯，中国人民银行。

图表来源：《从消费升级到消费降级：消费金融是否昙花一现》。

二、消费金融将会日趋现代金融、普惠金融化

1. 消费金融将会日趋现代金融化

从微观角度看，消费金融帮助目标客群实现跨期消费决策和帮助其消费规划，有利于提高客群的总消费效用水平。从宏观角度看，消费金融加速了社会资本的流动速度，促进闲散资本向生产资本的转化，并给予经济增长持续、平稳的需求动力，消费金融对宏观经济增长具有重要的拉动作用。

新时代的消费金融是以消费为目标的信用贷款，主要是指银行、持牌消费金融公司、互联网公司向各阶层消费者提供消费贷款的现代金融服务，其中，银行运用到了诸多现代科技手段，比如互联网、移动互联网、大数据、

人工智能、区块链、生物识别等技术；金融公司信用塑造美好生活，通过货币资金的融通，为用户提供信用信贷的方式，满足人们日益增长的生活需要，日趋具有现代金融属性。

2. 消费金融将会日趋普惠金融化

消费金融作为我国普惠金融市场的一个重要环节，消费金融公司是普惠金融市场的重要支柱，因此，笔者认为消费金融可称为普惠金融体系下的普惠消费金融。新时代的消费金融通过与消费场景深度融合，增强金融服务实体经济能力；通过深化金融科技的应用，能够有效触达更多的消费金融长尾用户（传统消费金融客户主要是一般家庭，随着互联网消费金融发展，用户逐渐呈现年轻化、长尾化、普惠化，预计未来面向中低收入群体的以生活消费为目标的小额、短期消费信贷将会继续扩张），覆盖更多的区域（传统消费金融的覆盖区域主要是城市，尤其是一、二线城市覆盖，随着互联网消费金融发展，更多中西部城镇，甚至是偏远农村区域都成为消费金融的覆盖范围），有效地提高了消费金融效率（消费金融用户可以直接在 PC 端、移动端就可以实现个人消费金融服务；同时，自动化审批系统和智能决策系统等技术大幅提升了消费金融效率），降低了消费金融的成本（消费金融用户可以不用现场审批，在线审批即可完成申请；消费金融机构通过深化金融科技运用，也有效地降低了获客成本、风控成本、运营成本等，最终导致消费金融的总成本有效下降），为更多的消费者提供普惠金融的服务方式。

三、金融科技融合引领消费金融普惠发展

1. 互联网思维重塑消费金融普惠发展

近几年，我国互联网产业呈现蓬勃发展态势，网民数量不断增长，互联网与经济社会深度融合的基础更加坚实。与此同时，移动互联网不断发展成熟，手机网民数量大幅提升，成为带动网民增长的核心因素。

互联网行业的快速发展不断驱动消费金融普惠发展主要表现为互联网重塑用户消费习惯，网络购物消费金融的规模越来越大。艾瑞咨询预计该渗透

率到 2018 年将达到 19.2%，对应网络购物市场交易规模高达 7.5 万亿元；互联网逐渐助推消费升级和消费观念变更，品牌消费、体验消费、提前消费日益成为“80 后”“90 后”“00 后”的消费模式，公开数据显示，2020 年“双 11”全天，天猫成交额达 4982 亿元，京东以 2715 亿元紧随其后。随着移动互联网的迅速普及和移动支付手段的逐步完善，互联网模式能够为用户提供不受时间和空间限制的便捷消费金融体验，对社会生活服务各领域的渗透进一步加强，与日常消费场景的结合更加紧密。互联网重塑传统线下消费金融模式，让消费金融插上互联网的翅膀，随时随地触手可得，触达人群更加广泛，覆盖地域面积更加辽阔，风险控制更加精准，互联网消费金融“顺风启航”。

2. 人工智能推动消费金融向智能化发展

近年来，人工智能迅猛发展，日益成为一门广泛的交叉和前沿科学，并在消费金融领域进行深度应用，推动向智能化发展，能有效降低成本与提升效率，更好地实现消费金融业务的“普惠”发展。在人工智能“赛道”，机器视觉、图像分析、指纹识别、人脸识别、视网膜识别、虹膜识别、掌纹识别、智能决策系统、自动审批系统、智能搜索、精准营销、自动智能客服、智能风控等方面，在消费金融领域全面升级。

首先，人工智能在消费金融智能决策系统领域发挥重大作用，智能决策系统具有实时审批功能，审批自动高度化，有利于提升客户体验，支持灵活配置。其次，人工智能在网络反欺诈方面发挥着巨大的作用，机器可以从海量的交易数据中学习知识和规则，发现异常，比如防止盗刷卡、虚假交易、恶意套现、垃圾注册、营销作弊等行为，为用户和机构提供及时可靠的安全保障。再次，在金融平台上，如何识别有效的客户往往是难点。而人工智能可以通过用户画像和大数据模型精准找到用户，实现精准营销。最后，在消费金融客服中，客户咨询的问题大多是重复性的，而且往往限定在不多特定的领域内，这些特点使其成为自然语言处理和智能客服的极佳选择。智能客服可以解决用户的大部分问题，在确定答案的时候可以直接回答，在不确定时把可能的答案提供给人工客服，由人工客服判断选择最佳答案发送给用户。这样有利于提升了客服效率和用户体验；同时降低人力成本。

3. 大数据全面渗透消费金融行业

消费金融的客户具有小额、分散等“长尾”客户的特点，在过去，个人信用特征信息不易获取，而随着互联网技术的发展，各种 APP 信息、社交信息、行为信息的获取都变得成为可能。这些数据不但包括结构化数据，而且包含大量半结构化、非结构化数据，如日志信息、图片、影音信息等，对这些数据的分析、信息提炼都离不开大数据技术。

消费金融中的大数据技术可分为下面几类：①数据分析技术，包括数据挖掘、机器学习和人工智能等技术，主要应用在用户信用分析、客户聚类分析、客户特征分析、产品关联分析、营销分析等方面；②数据管理技术，包括关系型和非关系型数据管理技术、数据融合和集成技术、数据抽取技术、数据清洗和转换等技术；③数据处理技术，包括分布式计算、内存计算技术、流处理技术等；④数据展示技术，包括数据可视化、历史流展示技术等，主要用于金融产品健康度监视、产品发展趋势监视、客户价值监视、反洗钱反欺诈预警等方面。

大数据在消费金融中的具体应用场景为通过客户数据分析进行精准营销；通过客户消费行为数据进行风险管理和智能反欺诈；为管理层提供数据解读，改善经营效率；通过大数据技术，改善客户与机构之间的交互，进行服务创新，提高客户黏性；也包括通过大数据技术提供更为客户化、差异化的产品创新等。

4. 区块链技术重塑消费金融格局

区块链技术得到了人们的广泛关注，其所具有的不可篡改性、安全性、分布式账本和金融天然契合，多家银行、金融科技公司都在对区块链技术进行研究，包括平台研发、场景创新等。例如，百度发布基于区块链技术的 ABS 项目；腾讯发布可信区块链 TrustSQL，建立微众银行区块链联盟等。京东金融 ABS 云平台与建元资本宣布将合作发行一单全程基于区块链技术的汽车融资租赁 ABS 项目等。工商银行建立用于精准扶贫的区块链平台。随着区块链底层技术的研究发展，未来区块链的应用将越来越多。

区块链技术在消费金融领域的影响也是深远的，区块链技术也将对多个业务流程产生重大影响，例如在清算结算环节，微众银行与华瑞银行联合开发了一套区块链应用系统，用于两家银行微粒贷联合贷款的结算、清算业务，可以有效降低运营成本，节省中间流程，保证信息的准确性。应用区块链进行信息登记证明，联盟链中将客户信息上传到链上，保证信息的准确性、唯一性、可追溯性。通过智能合约，可以保证委托支付中保证贷款的定向应用、反洗钱等。这些区块链技术都在不断重塑消费金融格局，具有“普”遍、“惠”及、便捷、包容特征，引领普惠消费金融业务发展。

四、普惠消费金融乱象丛生，加强监管势在必行

鉴于普惠普惠金融的客户群和贷款机制的特点，消费金融公司经营风险较大，应对之进行相对严格的监管，以维护金融稳定。风险控制表现如下：①无论对比是美国模式还是英国模式，消费金融公司首先面向的主要是无力或不愿求助于银行信贷的“信用弱势群体”，这使其承担的信用风险比银行要高；②消费金融公司不能吸收存款，只能通过金融市场筹措资金，因此其利润来源高度依赖于市场利率水平，市场风险比银行高；③金融公司的贷款机制更加灵活，这也使其操作风险更高。综述消费金融公司承担的整体风险相较于商业银行更高，因此有差别的对标商业银行监管是十分必要的，然而过于严格的金融监管又不利于消费金融公司灵活性和创新性优势的发挥，进而从根本上削弱创设消费金融公司的意义，故而需要在两者之间进行平衡，不能采取“运动式”监管。

在当下“控风险、去杠杆”的政策背景下，对消费金融行业将日趋严格，部分不合规的企业将可能会退出市场，这对整个行业的长远发展而言，有着相当积极的意义。笔者认为未来消费金融监管重点可能会有两个方面趋势：①对非持牌消费金融机构的规范。实践中部分消费金融机构广泛开展一些未得到金融许可的业务，突破了现有的法律和金融监管规则的要求，游离于监管框架之外，部分产品还出现了风险暴露，造成了较大的负面社会影

响，这些业务将会受到较为严格的清理整顿。②加强消费者权益保护。在消费金融“黄金”时期，许多消费金融机构为快速占领市场，采取了较为激进的市场拓展手段，导致借款人多头借贷与共债风险，此外暴力催收、个人信息泄露等事件也时有发生。对此，保护消费者合法权益将是消费金融领域监管的重点，具体可能包括：建立合格借款人标准；加强消费信贷产品信息的透明化、规范化披露；严格禁止劝诱性宣传；严格禁止掠夺性放贷；建立消费者信息保护制度等。

我国消费金融监管体系在严格控制风险之下对金融科技的创新保持支持态度，对持牌消费金融公司是有利的。经过一段时间的调整、整合和市场筛选，未来可能会形成相对稳定的消费金融生态。不同的机构根据各自的专长，经过一段时间的尝试之后，将向更加专业化、合作化的方向发展，这是未来真正意义上可持续发展的普惠金融方式。

第五节　政策建议

构建与完善普惠消费金融体系是一项复杂的系统工程，既要发挥消费金融行业的主观能动性，也要政府和金融监管部门的推进和支持。

1. 完善法律供给，构建普惠消费金融法律体系，谨防监管套利

完善普惠消费金融法律供给，明确规则，营造公平竞争的市场环境。立法部门和金融监管部门，要及时建立健全法律法规，完善相应的法律供给，构建普惠消费金融法律体系，谨防监管套利。健全的法律法规是金融服务业发展的根本保障，也是普惠消费金融业发展的重要基础，如果没有健全的普惠消费金融法律供给，就如同没有防洪堤的水库，倘若“大雨倾盆”，那么水库就很可能引发灾难。美国作为消费金融行业发达的国家，构建了其专门的消费金融法律体系，《消费信贷保护法》和《统一消费信贷法典》作为美国消费金融的法律基石，为促进美国消费金融行业发展，助推普惠金融发展

提供了坚实的法律体系基础。

我国应该加快建立和完善普惠消费金融法律体系，制定具体可操作性的普惠消费金融法律细则，做到在普惠消费金融领域有法可依、有法必依，加强普惠消费金融监管，谨防监管套利（比如对持牌消费金融公司与非持牌的公司，监管上存在很大差距；不同区域在监管上也存在很大不同，具有地区监管套利）。切实保护普惠消费金融参与者的权利，为促进普惠消费金融发展夯实法律基础。

2. 建立健全我国普惠消费金融指标体系

构建与完善普惠消费金融体系建设，需要加快建立推进普惠金融指标体系建设，国际上主要采取以普惠金融全球合作伙伴（GPFI）为基础的指标体系，后续发展为升级版的《G20 普惠金融指标体系》，主要涵盖如下三个方面的内容：①金融服务使用情况。包括正规银行业务服务、非现金交易、个人贷款、企业贷款、购买保险意向等，主要涵盖个人和企业的信贷服务使用情况。②金融服务的可获得性。主要包括服务网点、电子资金账户以及服务网点的互通性等，一般是指每十万成年人所拥有的金融服务机构及设备的数量。③金融服务和产品质量。主要包括信息披露要求，纠纷解决机制，金融知识以及贷款障碍等，主要体现金融服务和产品的质量状况。

3. 普惠消费金融体系应与我国国情相结合

普惠消费金融公司的建设和发展应充分考虑本国的经济金融环境，与本国国情相适应。通过对美英等发达国家的消费金融公司进行对比，总结如下：①美国商业银行长期受《1933 年银行法》管制，业务受到一定程度的限制；而其金融公司则不吸收存款、不受银行法规管制，因此得以实现规模膨胀和业务扩张，成为可在消费金融市场中与商业银行分庭抗礼的庞大金融机构。②英国金融机构长期奉行专业化经营、自律性监管的原则，因此其金融公司种类庞杂、各有所专，监管也以行业协会的业内自律监管为主。

相较而言，我国目前实行的是金融分业经营、分业监管的基本框架，商业银行在我国金融体系中占据绝对主导地位。消费金融公司的建设和发展也应与此金融背景相适应。分业经营的基本框架决定了我国的消费金融公司应是非银行金融机构，商业银行的主导地位则决定了我国消费金融公司的建设和发展离不开商业银行的扶植和支持。

综上所述，笔者认为，消费金融公司成立之后的基本业务运作在相当长一段时期内应相对其控股银行保持较大的独立性，控股银行除予以必要的资金支持外，在日常运作中不宜对金融公司过多干涉。一方面，有利于完善我国金融机构体系的层次性和完整性；另一方面，也有利于消费金融公司更好发挥其灵活性和产品创新能力。更重要的是，只有较高程度的独立性，才能促使消费金融公司在与商业银行形成有效补充，真正促进普惠金融的有效增长。

4. 明确消费金融在普惠金融体系建设的角色定位

普惠金融所追求的目标是将零散的小额信贷产品和微型金融机构进行整合，使之融入整个国家的金融体系和金融发展战略之中，最终构建一个多层次、广覆盖、有竞争的包容性金融体系，以解决普惠金融供给不足的问题。

我国大型银行、中小型银行、持牌消费金融公司、小额贷款机构和新型农村金融组织在普惠金融体系中处于不同的层面。不同层面、不同类型的金融机构参与普惠金融的动机并不相同，各自的比较优势也不相同。因此，它们在普惠金融建设中应该有不同的定位和作用，彼此呼应、相互支撑、协同发展。一方面，城商行、小额贷款公司、消费金融公司、村镇银行等小型机构由于与小微企业和个人具有天然的联系，因而应成为推动普惠金融发展的前沿阵地；另一方面，基于渠道布局的区位优势，农业银行、邮储银行、农商行和农信社等应在促进“三农”发展中，发挥主导作用。

对于消费金融行业而言，应从自身优势和业务专长的角度，明确自身在普惠金融体系建设中的角色定位，并选取适当的模式或业务种类，采用线上商业模式为主，还是线下商业模式为主，还是线上线下结合的 O2O 模式，参与到普惠金融发展的过程中。

5. 建立与完善普惠消费金融风险管理制度

2018 年 3 月 5 日，政府工作报告将三大攻坚战“作战图”和盘托出：推动重大风险防范化解取得明显进展、加大精准脱贫力度、推进污染防治取得更大成效，其中将推动重大风险防范化解作为首要攻坚战。

风险管理是核心的管理，也是管理的核心，消费金融行业是国家整个金融体系中冉冉升起的新星，是国家经济战略和金融战略的重要组成。消费金融行业面临的主要风险可以分为两个方面：一是宏观层面的金融系统性风险与强监管；二是微观层面的市场信用风险和风控管理较弱。从消费贷款贷前申请、贷中审批、贷后跟踪全流程风控管理分析，具体总结如下：①贷前申请以确认客户“真人、真材料”为主要目的，通过客户申请提交的资料，包括身份证、手机号、借记卡、填写问卷，以及 APP 端经客户同意后抓取手机内的个人信息，包括手机型号、通讯录、通话记录、GPS 记录、交易记录等，合法获取更多的客户信息，才能够为多维度立体化客户画像提供要素。通过人民银行征信系统、公安系统、第三方征信或客户真实信息查询机构进行校验，来判断客户提供信息的真实性。②贷中审批以确认客户“真意愿、真能力”为主要目的，通过消费金融机构自身构建的“黑名单”，或外购的黑名单服务过滤申请客户中的以骗贷为目的的人群。同时通过信息交叉比对、聚类分析、关联分析以及异常信息评估等反欺诈规则方法，剔除客户中以欺诈为目的的客群。通过共债查询、法院失信人员企业查询、自建评级评分模型对客户的还款能力进行评价，筛选出真正具有还款意愿和能力的客户给予最终贷款授信。③贷后跟踪以确认客户还款行为，二次评级，对客户集中区域、产品、渠道等维度设置分级预警，并建立集中度模型、代偿模型等判断客户还款行为是否稳定正常，是否存在逾期或欺诈风险。对已经产生逾期的客户，采取合规合法的催收手段，诉讼手段来尽可能为消费金融机构挽回损失。同时，进一步加深了解存量客户，捕捉客户的行为轨迹，通过二次营销、额度管理、评级管理和价格管理，使客户产生多次贷款消费，为机构带来持续稳定低风险的财务价值。

综上所述，有效防范和化解风险是实现普惠消费金融商业可持续发展的重要前提。以“三农”普惠消费金融为例，农业生产由于受自然气候和天气的影响较大，风险损失率较高，因此有必要进一步完善农业保险制度（消费信托、消费保险等多元化保障），扩大保险覆盖范围，建立健全风险补偿机制，引导更多的金融资源流向普惠金融体系。可以利用地方财政资金组建政策性保险机构或担保机构，在相关主体出现贷款违约时按照一定比例对金融机构进行风险补偿；还可以与当地银行金融机构进行联动加快“农期货”、期权等金融产品创新，为目标客群提供充分的风险管理工具。

6. 深化消费金融科技应用，驱动普惠金融模式发展

消费金融的场景复杂多样，分期或贷款服务具有小额、分散的特征，业务特征使得对技术提出较高要求，而且随着互联网金融的发展，金融科技已经成为新型平台与传统机构差异化竞争或互补的关键，未来消费金融的发展，技术驱动的特征会越发明显，新型机构与传统机构之间的合作也会越来越多。

在消费金融领域，技术驱动将贯穿从资产获取到资金对接，乃至用户体验的全过程，主要涉及四个方面：①运用大数据技术和生物技术建立用户画像和关系图谱，精准识别用户并定价；②运用自动化技术自动生成贷后管理方案并自动实施；③运用自动化技术自动匹配相关资金提供方，快速提供最合适的资金渠道；④运用先进交互技术给予用户平滑顺畅的使用体验，提供个性化方案和扩展方案等，最终推动消费金融模式的创新与变革。

互联网技术是驱动消费金融发展的核心竞争力之一，未来对大数据、人工智能、机器学习、人脸识别、智能设备等新技术的应用将越来越普遍。在这种背景下，如何引入并实施新的技术，可能会有两种不同的路径。一种路径是独立第三方进行技术输出。目前国内专门的大数据征信、信贷技术服务商已出现，为消费金融平台提供金融云平台、大数据征信、智能信贷等全方位的科技支持。另一种路径则是电商平台的风控技术扩展与输出。目前，互联网公司，尤其是电商平台在消费数据积累和大数据应用方面，较独立第三方公司拥有天然优势。消费金融行业应利用其自身的优势，与电商平台互相补充，使普惠金融的客群下沉，在广度和深度进行战略布局。

在深化金融科技应用，驱动普惠金融模式发展上：①规划金融科技远景，建立长效目标机制，着力于互联网产品的与时俱进，即不断跟进最新的市场环境和用户习惯，不局限于眼前的客群和产品规模；②推行持续性、大规模的信息技术建设投入，自主和合作创新各类金融产品，长期来看此举能